KB174968

현토 완역

궁통보감 窮通寶鑑

현토 완역

김정혜 · 서소옥 · 안명순 공역

궁통보감

窮通寶鑑

自 序

窮通寶鑑, 原名欄江網. 書名俚俗, 詞意不達, 魯魚亥豕, 不能卒讀, 久矣不爲世重. 予於書肆中偶得之, 未之奇也. 嗣研習命理, 遇命造之不可理解者, 用其法輒驗, 始奇之. 爰取其書, 反覆研讀, 不禁喟然而嘆也. 夫世之懷才抱璞, 悃愊無華, 拙於口舌, 不能見重於當世者, 比比然也. 窮而著述, 又以拙於文筆, 以致精理奧義, 湮沒不彰. 夫口舌文筆, 宣達之工具, 於學理無涉也. 乃因缺乏工具之故, 以致畢生精力所萃, 經驗所得, 無由自見, 曲高和寡, 沒世無聞. 世之類此者, 又何可勝道? 無惑乎人皆捨本而逐末也. 或以此書僅談經驗而無原理, 知其然不知其所以然爲憾. 夫學術之發明, 大都出於試驗而偶得之, 有其事必有其理, 事已見而理未明者, 學術界不勝枚舉. 如光線之能透視, 至今以愛克斯(未知數)名之, 其一例也. 況乎命理所憑, 十干十二支, 何以於人事有驗, 亦未能舉其原理乎? 是書於十干性質, 生於十二月之用法, 已舉其大綱. 窮理致用, 正後人之事. 願讀是書者, 人人引爲己責焉, 是爲敍. 民國二十六年. 歲次丁丑.

『궁통보감』은 원명은 『난강망(欄江網)』인데, 書名이 촌
스럽고 속되며 말의 뜻이 명백히 통하지 않고 글자가 잘못
쓰인 듯하여 완전히 읽을 수 없으므로 세상에서 중요하게
여겨지지 않은 지 오래되었다. 나는 서점에서 우연히 이
책을 얻고 이것을 기특하게 여기지 않았는데, 이어서 명리
를 연구하고 익히면서 명조 중에 이해할 수 없는 것을 만
났을 때 그 법을 써보니 그때마다 증명되므로 비로소 이
책을 기특하게 여기고, 이에 그 글을 취하여 연구하고 읽
기를 반복하자 한숨 쉬며 탄식을 금하지 못했다.

무릇 세상에서 재능을 갖추고 옥덩어리를 품고 있으면
서 성실하고 소박하여 겉으로 화려하게 함이 없으며 언변
에 서툴러서 그 시대에 중요하게 여겨지지 못하는 자들은

모두 그러한 것이니, 힘을 다하여 저술해도 또한 문필에 서툴기 때문에 정밀한 이치와 깊은 뜻이 사라져 버리고 드러나지 않기에 이른다.

무릇 언변과 문필은 곡조가 높아도 화답이 적으므로 죽을 때까지 알려짐이 없으니, 세상에 이와 같은 자들은 다시 또 어찌 이루 다 말할 수 있겠는가? 사람들이 모두 근본을 버리고 말단을 따르는 것에 미혹되지 말아야 한다. 혹 이 책이 겨우 경험을 말하여 원리가 없다고 하나 그러함만 알고 그렇게 되는 까닭을 모르는 것을 한스럽게 여기니, 무릇 학술의 발명은 대체로 시험하여 우연히 그것을 터득하는 데서 나오는 것이므로, 그 일이 있으면 반드시 그 이치가 있어서 일은 이미 드러났어도 이치가 아직 밝혀지지 않은 것을 학술계에서 이루 다 낱낱이 들 수 없는데, 광선이 투시할 수 있는 것처럼 지금까지 그러한 것들을 사랑으로 극복하여 그것을 이름 지어 밝힌 것이 그 하나의 예이다. 더구나 명리가 근거로 삼는 것은 十干 十二支이니 무엇 때문에 인생사의 징험에 대하여 또한 그 원리를 들지 못하겠는가?

이 책은 十干의 성질에 대한 것이 12월의 용법에 나와서 이미 그 큰 강령을 거론했으니, 이치가 궁구하고 쓰기를 다하는 것은 바로 후인들이 할 일이다. 이 책을 읽는 자들이 사람마다 인용하여 자기를 위하고 남에게 권하기를 바라면서 이에 서문을 쓴다.

민국 26년(1937년) 정축년

凡 例

一. 窮通寶鑑, 原名欄江網, 不署撰人時代姓名. 觀其所引列之命造, 多明代名人宰輔. 可知此書爲明人著作, 而爲清季余春台所刻行.

一. 此書看法, 盡脫舊式命書之窠臼, 四正四偏, 吉凶神煞, 概行屏除. 專從十干性情, 理氣進退, 配合喜忌, 而定格局之高下. 其法出於經驗, 發前人所未發, 義理精邃, 闡發非易, 而其文筆又不足以達之. 閱者會其意, 略其文辭可也. (此書原名欄江網, 書名俚俗, 可知其出於江湖手筆, 經驗宏富, 文筆不逮, 亦固其所, 原爲秘本. 尚非余春台爲之刊行, 失傳久矣.)

一. 此書原以十干分列十二月, 每月各若干條, 列舉其經驗心得. 余春台氏編纂成書, 刪繁去蕪, 貫串成篇. (見原序) 無如繁簡失當, 以致意義前後重出, 字句複疊, 晦塞難明. 茲爲劃分段落, 略加評註, 以暢其意, 至於闡發義理, 深愧未能. (間或加以鉤乙, 以不失原來面目爲主旨.)

一. 此書錯字漏句, 不一而作, 蓋自明代至清季, 歷數百年珍秘傳抄, 原文難免無誤. (原序云其魯魚亥豕, 可知原文錯字極多.) 坎間木刻,[1] 僅得宏道堂巾廂本一種, 及鉛石印各一, 徧求精刻善本不可得. 除以三本互校外, 不得已意爲改正. 其有未能釋然者, 仍列原文, 而於評註中加以箋注, 以待後之學者. 斯書義理深邃, 因文字拙陋, 爲世所輕, 甚爲可惜, 深恐湮沒失傳, 勉爲評註. 學識不逮, 屢經易稿, 仍未洽意. (初稿一部份, 已盡更易) 同好催促, 勉付排印, 俟再版時, 從事修正.

---

1) 坎間은 坊間이 되어야 함.

一. 궁통보감은 원명이 난강망(欄江網)으로 지은 사람의 시대와 성명을 기록하지 않았는데, 그 인용하여 열거한 명조를 보면 다 명대(明代)의 유명인사와 재상들이 많으니, 이 책은 명인(明人)에 의하여 저작되었으며 청말(淸末)의 여춘태(余春台)에 의하여 간행되었음을 알 수 있다.

一. 이 책을 보는 방법은 구식 명서(命書)의 통상적인 관례를 모두 벗어나서 사정사편(四正四偏), 길흉신살(吉凶神殺) 등 대체로 행해지는 것을 제거하고, 오로지 십간(十干)의 성정과 이기(理氣)의 진퇴에 따라 희기를 배합하여 격국의 고하(高下)를 정하니 그 법이 경험에서 나오고, 전인(前人)이 밝히지 못한 것을 밝혔으며 의리가 정밀하고 심오하여 드러내서 밝히기가 쉽지 않은데 그 문필은 또한 거기에 도달하지 못하니, 보는 자들은 그 뜻을 이해하고 그 문사를 간략하게 이해하는 것이 좋다. [이 책은 원명이 난강망으로 서명(書名)이 촌스럽고 속되니, 강호인의 수필에서 나와서 경험이 풍부한데 문필이 미치지 못하는데, 또한 도리(道理)를 확고히 하고 있으므로 원래 비본(秘本)임을 알 수 있으니, 만일 여춘태가 그 간행을 하지 않았다면 실전(失傳)된 지 오래되었을 것이다.]

一. 이 책은 원래 십간(十干)을 십이월(十二月)에 나누어 배열하여 매월 각각 약간의 조목으로 그 경험하고 마음으로 터득한 것을 열거한 것이다. 여춘태가 편찬하여 책을 만들면서 번잡한 것을 간추리고 거친 것을 제거하여 전체를 꿰뚫어 책을 만들었으므로(원서를 볼 것), 아무래도 번거롭고 간략함이 마땅함을 잃어서 뜻이 앞뒤에 거듭나오고 자구(字句)가 겹쳐서 깜깜하게 막혀 밝히기 어려움에 이르렀으므로, 이에 단락을 나누어 간략하게 평주를 가하여 그 뜻을 밝혀서 의리(義理)를 드러내서 밝히기에 이르렀으니, 능하지 못함을 깊이 부끄러워한다. [간혹 구을(鉤乙, 괄호)을 가하여 원래 모습을 잃지 않는 것을 주지(主旨,

중심 되는 뜻)로 삼았음.]

一. 이 책은 잘못 쓰인 글자와 누락된 구(句)가 매우 많게 나타나니 대체로 명대(明代)로부터 청말(淸末)까지 수백년을 지내면서 진귀하고 비밀스럽게 전해진 초록이므로 원문에 오류가 없음을 면하기 어렵다. (원서에 글자가 비슷하여 잘못 쓰인 것이라 했으니, 원문에 잘못 쓰인 글자가 매우 많음을 알 수 있다.)

방간(坊間, 시장)의 목판본(木刻本)과 굉도당(宏道堂)의 건상본(巾廂本) 일종과 연석(鉛石) 인쇄본 각각 하나를 겨우 얻고, 정밀하게 새겨진 선본(善本)을 두루 구했으나 얻을 수 없었으므로, 오직 이 세 가지 책으로 서로 비교하는 것 이외에 부득이한 뜻은 고쳐서 바르게 했으니, 그중 석연치 못함이 있는 것은 그대로 원문을 배열하고 평주 가운데 전주(箋注)를 더하여 후대의 학자를 기다린다.

이 책의 의리(義理)가 깊은 데도 문자의 서툴고 비루함으로 인하여 세상 사람들에게 경시된 것을 매우 애석하게 여기며, 사라져서 실전될까 깊이 염려되므로 힘써서 평주를 행하되, 학식이 미치지 못하여 누차 원고를 고쳤는데도 여전히 마음에 흡족하지 못하지만, (초고의 일부분은 이미 고치기를 극진히 하였음) 동호인들이 재촉하므로 부지런히 인쇄에 들어가고 재판(再版)할 때를 기다려 일에 따라 수정하겠다.

原序

夫五行生尅之論, 創自漢儒, 至唐李虛中, 乃以天干地支配成八字, 專取財官印綬, 論人之得失. 迨後諸賢, 又著天官紫微神禽等書, 互會參用, 紛紛不一, 而命學燦若列眉矣. 但學者不潛心領悟, 故其術皆不能中肯. 余於搜輯詩文之暇, 亦頗涉獵命學諸書. 乃友人持欄江網繕本, 謂余曰, 某欲著簡易確切之說, 以爲後學之楷. 此本秘之, 行篋久矣. 以此權量人之富貴, 往往有驗. 子可爲梓之, 以爲子平書之一小補. 余披閱一過, 審其議論精詳, 取舍恰當, 實有得五行生尅, 八卦錯綜之妙. 因不揣剪陋, 細加編輯, 視其繁者汰之, 略者增之, 去其魯魚亥豕之訛, 使閱者瞭然若諸指掌. 此眞命學之指南, 子平之模範也. 乃更其名曰窮通寶鑑, 因序其顚末於簡端, 以付梨棗. 庶不沒作者之初心, 抑以廣君子知命之學之意云爾.

余春台序

　무릇 오행생극의 이론은 한유로부터 창시되어 唐의 이 허중에 이르기까지는 곧 천간과 지지로 배합하여 팔자를 만들어서 오로지 재관인수만을 취하여 사람의 득실(성공과 실패)을 논하였으며, 후대에 이르러 제현(諸賢)들이 다시 또 천관·자미·신금 등의 책을 지어 서로 합하여 섞어서 사용하니 어수선하고 한결같지 않지만 命學은 나란히 배 열된 두 눈썹처럼 분명한 것인데, 다만 학자들이 마음을 기우려 깨닫지 못하기 때문에 그 술법들이 모두 중요한 부 분을 적중시키지 못하는 것이다.

　나는 時文을 수집하는 여가에 또한 命學의 여러 책들을 제법 많이 읽었는데, 마침내 友人이 난강망 선본(繕本)을 가지고 와서 나에게 말하기를 "내가 간단하고 쉬우며 확실하고 적절한 학설을 저록하여 후학들의 본보기로 삼으려고 하는데, 이 책이 그러함을 비장했으나 상자에 들어가 있은 지 오래됐으며, 이것으로 사람의 부귀를 헤아리면 왕왕 증험함이 있으니, 그대가 이것을 출판할 수 있으면 그것으로 자평서에 하나의 작은 보탬이 될 것이다"라고 하기에 내가 펼쳐서 한번 훑어보고 그 의론의 자세함과 취사의 합당함을 살펴보니 실로 오행의 생극과 팔괘의 착종을 이루는 묘함이 있으므로, 이로 인하여 견문 좁음을 헤아리지 않고 자세히 편집을 가하고 그중 번잡한 것을 보면 좋은 것을 가려내고 간략한 것은 보태며, 잘못 쓰인 것을 제거하여 열람하는 자로 하여금 분명하기가 손바닥을 가리키는 것과 같게 하였으니, 이것은 진실로 命學의 길잡이고 자평의 본보기이다. 이에 그 이름을 고쳐 궁통보감이라 하고 이어서 책의 첫머리에 그 전말을 서술하여 출판하게 되었으니, 작자의 초심을 없애지 않고 또 군자가 命을 아는 학문의 말씀을 넓히기 바랄 뿐이다.

여춘태 씀

『궁통보감(窮通寶鑑)』은 『적천수천미』, 『자평진전』과 더불어 명리학의 3대 저서로 손꼽히는 命書로써, 전문가가 읽으면 더욱 정밀하고 깊은 원리를 터득할 수 있으며, 초학자가 통독하면 명리이론에 대한 근본을 깨우치게 되는 탁월한 힘이 있는 책이다.

원래 책의 原名은 『난강망(欄江網)』으로 저자는 미상이고, 시대는 책 속에 있는 명조가 대부분 明代의 인물로 확인되니 明代에 지어진 것임을 알 수 있으며, 『궁통보감』과 『조화원약』 두 가지 명칭으로 전해지고 있다.

『난강망』이 淸初 康熙연간에 천문담당 관리의 손에 들어가 교정과 편집을 거치면서, 강희의 명조를 위시한 수백의 명조를 보태고 책이름을 『조화원약(造化元鑰)』이라 하였다.

한편, 淸末 光緖연간에 楚南 余春台가 友人에게서 난강 망 필사본을 받고, 이 책을 살펴보니 의론이 자세하고 묘함이 있어 명학의 길잡이로 여기게 되어, 편집하고 그 이름을 『궁통보감』이라 고치고 간행해서 세상에 알리게 되니 오늘날까지 전해지게 되었다.

　이 책은, 여춘태가 편집하고 간행한 『궁통보감』을 서락오가 서점에서 우연히 발견한 후, 이 책의 奇特함을 알아보고 다시 편집하고 교정한 후 註를 달아 간행한 『궁통보감』을 원본으로 하여 번역하였다. 서락오 주석 부분을 제외한 궁통보감 원문과 원문에 함께 나오는 252개 명조를 번역하였다.

　번역하는 데 있어 원서의 문필이 매끄럽지 못하고 앞뒤가 섞여 분석하는 데 어려움이 많았지만, 내용이 잘 전달되어 뜻을 통하도록 하는데 전력을 다했음에도 부족한 부분이 있음은 안타까움으로 남는다.

　『궁통보감』은 神殺, 天官, 紫微, 神禽 등 다른 이론을 섞지 않고, 月令을 근본으로 삼아 十干을 12개월로 나누어 행해지는 실제적 경험을 논한 것으로, 체계가 논리적이며 한결같아서 八字의 길흉화복을 살피고 연구하는데 진실되고 확고함이 있다.

원문이 보유한 저자의 뜻을 잃지 않으려는 사명감으로 『궁통보감』을 번역 출판하니, 吉凶禍福을 살피고 연구하는 전문가에서 초학자에 이르기까지 모두에게 도움이 될 것이라 믿는다.

김정혜·서소옥·안명순 공역

일러두기

　* 서락오가 十干의 12개월에 대한 喜用의 요점을 들은 '喜用提要'는 참고가 될까 하여 부록으로 첨부한다. 그러나 궁통의 바른 요지를 밝히려면 반드시 十干의 계절별·월별에 해당되는 본문을 살펴야 할 것이다.

　* 참고문헌

　窮通寶鑑(欄江網), 余春台 原編, 徐樂吾 評註, 武陵出版有限公司, 2002.

　造化元鑰評註, 徐樂吾 評註, 武陵出版有限公司, 2010.

目 錄

窮通寶鑑 卷一

論木

論 木

木性騰上而無所止하여 氣重則欲金任使하니 木有金則有惟高惟斂之德하며 仍愛土重하니 則根蟠深固나 土少則有枝茂根危之患하며 木賴水生하니 少則滋潤이요 多則漂流라 甲戌乙亥는 木之源이요 甲寅乙卯는 木之鄉이요 甲辰乙巳는 木之生이니 皆活木也며 甲申乙酉는 木受剋이요 甲午乙未는 木自死요 甲子乙丑은 金剋木이니 皆死木也라 生木得火而秀하니 丙丁相同이며 死木得金而造니 庚辛必利라 生木見金自傷이요 死木得火自焚이니 無風自止라도 其勢亂也며 遇水返化其源이면 其勢盡也라 金木相等하여 格謂斷輪이요 若向秋生하면 反為傷斧니 是秋生忌金重也니라

木의 성질은 위로 올라가서 멈추는 바가 없어서 木氣가 중하면 金으로 부리기를 원하니, 木이 金氣를 지니면 높아지고 수렴되는 덕이 있으며, 거듭하여 土가 중함을 좋아하니, 즉 土가 중하면 뿌리를 내림이 깊고 견고하지만 土가 적으면 가지만 무성하고 뿌리가 위태로운 근심이 있으며, 木은 水에 힘입어 살아가므로 水가 적으면 촉촉하게 적시지만 많으면 표류하게 된다.

甲戌·乙亥는 木의 근원이고 甲寅·乙卯는 木의 향지(鄕地)이며 甲辰·乙巳는 木의 生地이니 모두 活木이며, 甲申·乙酉는 木이 극을 당하고 甲午·乙未는 木氣가 저절로 죽으며 甲子·乙丑은 金이 木을 극하니 모두 死木이다. 생목(활목)은 火를 만나면 빼어나니 丙丁이 서로 동등하며, 死木은 金을 만나면 이루어지니 庚辛을 만나면 반드시 이롭다. 生木이 金을 만나면 자신이 손상당하고 死木이 火를 만나면 자신이 불태워지는데, 바람이 없이 저절로 멈추어도 그 세력이 어지러우며 水를 만나 그 근원으로 되돌아 변화되면 그 세력이 다하게 된다. 金과 木이 서로 대등하여 격을 이루는 것을 착륜(斲輪)이라 하는데 만약 가을에 生하면 도리어 도끼에게 손상을 당하니 이 때문에 木이 가을에 生하면 金이 중함을 꺼리는 것이다.

木生於春하면 餘寒猶存하니 喜火溫暖이면 則無盤屈之患이요 藉水資扶면 而有舒暢之美라 春初不宜水盛이니 陰濃則根損枝枯하며 春木陽氣煩燥라 無水則葉槁根乾하나니 是以로 水火二物이 既濟方佳라 土多而損力하고 土薄則才豐하며 忌逢金重하니 傷殘剋伐하여 一生不閑하며 設使木旺하면 得金則良하니 終身獲福이니라

木이 봄에 生하면 한기(寒氣)가 아직 남아 있으니 火의 온난함을 좋아하면 구부러지는 근심이 없고, 水의 도움에 의지하면 화창하게 펴지는 아름다움이 있다. 춘초(春初)에서 水가 너무 많아서는 안 되니 陰氣(습기)가 진하면 뿌리가 손상되고 가지가 마르며, 春木은 양의 기운이 번거롭고 건조하므로 水가 없으면 잎이 시들고 뿌리가 마르는 것이니, 이 때문에 水와 火 두 가지가 각각 쓰임을 얻어 작용이 이루어져야 비로소 아름다운 것이다. 土가 많으면 힘을 손상하고 土가 적으면 재주가 풍후하며, 金을 거듭 만나는 것을 꺼리니 손상되고 극벌되어 한평생 한가롭지 않으며, 가령 木이 왕(旺)한 경우에는 金을 만나면 양호하니 종신토록 복을 얻는다.

夏月之木은 根乾葉燥라 盤而且直이요 屈而能伸인댄
欲得水盛而成滋潤之力이니 誠不可少며 切忌火旺而招
焚化之憂니 故以爲凶이라 土宜在薄이요 不可厚重이니
厚則反爲災咎며 惡金在多나 不可欠缺이니 缺則不能琢
削이라 重重見木이면 徒以成林이요 叠叠逢華면 終無
結果니라

하월(夏月)의 木은 뿌리와 잎이 건조하므로 구부러진 것
이 장차 곧아지고 오그라든 것이 펴질 수 있으려면 반드시
水의 성(盛)함을 만나야 자윤(滋潤)의 효력을 이루게 되니
진실로 水가 적어서는 안 되며, 火의 왕함을 매우 거리니
불태워지는 근심을 초래하므로 그것을 흉하게 여기는 것
이다. 土는 얇게 있어야 하고 후중(厚重)해서는 안 되니 후
중하면 도리어 재앙이 되며, 金이 많이 있는 것을 싫어하
나 부족해서도 안 되니 부족하면 木을 다듬고 깎을 수 없
다. 거듭하여 木을 만나면 다만 숲을 이룰 뿐이며 거듭하
여 꽃만 만나면 마침내 열매 맺음이 없는 것이다.

秋月之木은 氣漸凄涼하고 形漸凋敗라 初秋之時엔
火氣未除라 尤喜水土以相滋하며 中秋之令엔 果已成實

하니 欲得剛金而脩削이라 霜降後不宜水盛하니 水盛則
木漂하며 寒露節又喜火炎하니 火炎則木實이라 木多有
多材之美요 土厚無自任之能이니라

추월(秋月)의 木은 生氣가 점점 쓸쓸해지고 형상은 점점
시들어 마른다. 초추(初秋)의 시절에는 火氣가 아직 제거되
지 않았으므로 水土로써 서로 자양함을 더욱 좋아하며, 중
추(中秋)의 시절에는 과실이 이미 열매를 맺었으니 반드시
金을 만나 다듬고 깎아야 한다. 상강(霜降) 후에는 水가 성
해서는 안 되니 水가 성하면 木이 표류하며, 한로(寒露)절
기에는 다시 또 火의 뜨거움을 좋아하니 火가 뜨거우면 木
이 열매를 맺는다. 木이 많으면 재주가 많은 아름다움이
있으나 土가 두터우면 자임(自任)하는 능력이 없다.

冬月之木은 盤屈在地하니 欲土多而培養하고 惡水盛
而忘形하며 金總多不能剋伐하고 火重見溫暖有功이라
歸根復命之時니 木病安能輔助리오 須忌死絶之地요 只
宜生旺之方이니라

동월(冬月)의 木은 구부러지고 오그라들어 땅에 있으니,
土가 많아서 배양해 주는 것을 좋아하고 水가 성하여 형체

를 잃는 것을 싫어하며, 金이 많이 모여 있어도 극벌하지 못하고 火가 거듭 보이면 온난하여 공(功)이 있다. 冬月은 근본으로 돌아가 本命을 회복하는 시기이니, 木이 병들면 어떻게 보조할 수 있겠는가? 모름지기 사절지(死絶地)를 꺼리고 다만 생왕방(生旺方)을 알맞게 여길 뿐이다.

三春甲木總論

春月之木은 漸有生長之象이라 初春猶有餘寒하니 當以火溫暖이라야 則有舒暢之美요 水多變剋하니 有損精神하며 重見生旺하면 必用庚金斲鑿이라야 可成棟樑이라 春末陽壯水渴하니 藉水資扶하면 則花繁葉茂라 初春無火하니 增之以水면 則陰濃氣弱하여 根損枝枯하니 不能華秀며 春末失水하니 增之以火면 則陽氣太盛하여 燥渴相加하여 枝葉乾枯하니 亦不華秀라 是以로 水火二物은 要得時相濟為美니라

春月의 木은 점점 생장하는 象이 있다. 初春에는 아직 남은 추위가 있으니 마땅히 火로써 따뜻하게 해야만 화창하게 펴지는 아름다움이 있고, 水가 많으면 剋으로 변하니

정신을 손상함이 있으며, 거듭 生旺을 만나면 반드시 庚金
을 써서 깎고 뚫어야만 棟樑(동량)을 이룰 수 있다. 春末에
는 陽氣가 성하여 水가 마르니 水에 의지하여 도움을 받으
면 꽃이 번화하고 잎이 무성해진다. 初春에는 火가 없는데
거기에 水를 더하면 음습함이 많아 氣가 약해져서 뿌리가
손상되고 가지가 마르니 꽃을 피울 수 없으며, 춘말에는 水
를 손실하는데 거기에 火를 더하면 陽氣가 지나치게 왕성
하여 燥渴(조갈)이 더해져서 가지와 잎이 마르게 되니 역시
꽃을 피울 수 없다. 이 때문에 水와 火 두 가지는 반드시
좋은 시기를 만나 서로 이루어주어야만 아름다운 것이다.

三春甲木

正月甲木은 初春尙有餘寒하니 得丙癸透면 富貴雙全
이라 癸藏丙透면 名寒木向陽하여 主大富貴니 倘風水不
及이라도 亦不失儒林俊秀요 如無丙癸면 平常人也니라

正月의 甲木은 初春에는 아직 남은 추위가 있으니, 丙癸
의 투출을 만나면 富貴가 온전하다. 癸가 내장되고 丙이
투출하면 寒木(한목)이 볕을 향한다고 하여 大富貴를 주장

하는데, 혹 風水의 덕이 모자라더라도 儒林(유림)의 준수함을 잃지 않으나 만약 丙癸가 없으면 평상인이다.

正二月甲木은 素無取從才從殺從化之理라

正月 二月의 甲木은 본래 종재 종살 종화하는 이치를 취하지 않는다.

或一派庚辛이면 主一生勞苦니 尅子刑妻하며 再支會金局이면 非夭卽貧이라

혹 한줄기 庚辛金이 있으면 일생의 노고를 주장하니 처자를 형극하게 되며 다시 지지에 金局을 이루면 요절하지 않으면 가난하다.

如無丙丁이요 一派壬癸에 又無戊己制之면 名水泛木浮니 死無棺槨이라

가령 丙丁이 없고 한줄기 壬癸水가 있을 때 또한 戊己土가 그것을 제지함이 없으면 물이 범람하여 나무가 떠 있다고 하는 것이니 죽었을 때 관곽이 없다.

如一派戊己요 支會金局이면 爲財多身弱으로 富屋貧人이니 終身勞苦요 妻晚子遲라

가령 한줄기 戊己土가 있고 지지에 金局을 이루면 재다신약으로 부잣집에 가난한 사람이니, 종신토록 애쓰고 고생하며 처도 늦게 만나고 자식도 늦게 둔다.

或無庚金이요 有丁透면 亦屬文星이라 爲木火通明之象이요 又名傷官生財格이니 主聰明雅秀나 一見癸水傷丁하면 但作厚道迂儒며 或柱中多癸면 滋助木神이라 傷滅丁火라 其人奸雄梟險하여 曹操之徒니 言淸行濁하여 笑裏藏刀라

혹 庚金이 없고 丁火의 투출이 있으면 또한 文星에 속하므로 木火통명의 象이며, 또 상관생재격이라고 이름하니 총명하고 고상하고 빼어남을 주장하지만 만일 癸水에게 丁火를 손상당함을 만나면 道만 두텁게 쌓은 세상 물정 어두운 선비가 될 뿐이며, 혹 사주 중에 癸水가 많으면 木神은 자양하여 돕지만 丁火를 손상하여 꺼지게 하므로, 그 사람됨이 간악한 영웅으로 사납고 음험하여 조조와 같은 무리이니 말은 맑게 하나 행실은 탁하여 웃음 속에 칼을

감추고 있다.

若庚申戊寅甲寅丙寅에　一行金水運이면　發進士하며 或甲午日庚午時면 此人必貴하니 但要好運相催요 不宜 制了庚丁이라

가령 庚申·戊寅·甲寅·丙寅사주일 경우에 한번 金水 운으로 행하면 진사에 오르며, 혹 甲午일 庚午시일 경우에 는 이 사람이 반드시 귀하게 되는데 다만 좋은 운이 서로 재촉해야 하고 庚과 丁을 제압해서는 안 된다.

或支成金局하고 多透庚辛이면 此又不吉하여 號曰木 被金傷이니 若無丙丁破金이면 必主殘疾이라

혹 지지에 金局을 이루고 庚辛의 투출이 많으면 이것은 또한 불길하여 부르기를 木이 金에게 손상당했다고 하는 것이니 만약 丙丁火가 金을 파괴함이 없으면 반드시 질병 을 주장한다.

或支成火局하여 洩露太過하면 定主愚懦하니 常有啾 唧災病纏身하여 終有暗疾이라

혹 지지에 火局을 이루어 설로(누설)가 지나치면 반드시 어리석고 나약함을 주장하니, 항상 어떤 풀벌레와 잡귀의 시끄러운 소리와 재앙과 지병에 몸이 얽히어 마침내 암질[2]이 있게 된다.

支成木局에　得庚爲貴나　無庚必凶하니　若非僧道면 男主鰥孤요　女主寡獨이라

지지에 木局을 이룬 경우에 庚金을 만나면 귀하게 되나 庚金이 없으면 반드시 흉하니 만약 승도(僧道)가 아니면 남자는 홀아비, 여자는 과부가 된다.

支成水局에　戊透則貴나　如無戊制면　不但貧賤이요 且死無棺木이라

지지에 水局을 이룬 경우에 戊가 투출하면 귀하게 되나 만일 戊가 없으면 빈천할 뿐 아니라 또한 죽었을 때 관목이 없다.

故書曰甲木若無根이요　全賴申子辰에　干得才殺透하면　平步上青雲이라하니라

---

2) 증상이 뚜렷하지 않아 치료하기 어려운 병.

그러므로 書(命書)에 甲木이 만약 뿌리가 없고 완전히 申子辰에 의지하는 경우에 천간에 財와 殺의 투출함을 만나면 편안한 걸음걸이로 청운에 오른다고 하였다.

凡三春甲木이 用庚者는 土爲妻요 金爲子며 用丁者는 木爲妻요 火爲子라

무릇 삼춘갑목이 庚金을 쓰는 경우에는 土는 처가 되고 金은 자식이 되며, 丁火를 쓰는 경우에는 木은 처가 되고 火는 자식이 된다.

總之正二月甲木은 有庚戌³⁾者上命이니 如有丁透면 大富大貴之命也니라

총괄하여 말하자면 正이월의 甲木은 庚金과 戊土가 있으면 上命인데, 만일 丁火가 있으면 大富大貴의 命이다.

二月甲木에 庚金得所면 名陽刃架殺이요 可云小貴니 異途顯達하여 或主武職하니 但要才資之라 柱中逢才면 英雄獨壓萬人이며 若見癸水면 困了才殺하니 主爲光棍

이며 重刃必定遭凶하고 性情凶暴라

이월 甲木의 경우에 庚金이 자리를 얻으면 陽刃架殺(양인가살)이라고 부르며, 小貴라고 말할 수 있으니 과거가 아닌 다른 길을 통해 현달하여 혹 무관직에 종사하기도 하는데, 다만 財가 그것을 도와야 한다. 사주 중에서 財를 만나면 영웅이 홀로 만인을 진압하는 형상이며, 만약 癸水를 만나면 財와 殺을 곤란하게 하니 주로 건달이 되며, 양인이 중첩되면 반드시 흉함을 만나고 성정이 흉포하다.

書曰木旺宜火之光輝면 秋闈可試며 木向春生이면 處世安然有壽며 日主無依면 却喜運行才地하니라

書에 말하기를 木이 왕할 때 火의 광휘가 알맞으면 가을 과거에 응시할 수 있으며, 木이 봄에 生하면 세상을 살아가기가 편안하고 장수하며, 日主가 의지할 곳이 없으면 곧 운이 財地로 행하는 것이 좋다고 하였다.

丁 甲 丁 甲
卯 寅 卯 午

乏庚, 富而不貴, 運入南離凶. 兩干不雜, 木火通明, 爲人淸雅, 子多而賢.

庚金이 결핍되어 재산은 많으나 신분은 귀하지 않으며, 운이 南方 火地로 들어가면 흉하다. 양 天干이 혼잡하지 않고 木火通明하니 사람됨이 맑고 우아하며 자식이 많고 현명하다.

乙 甲 甲 戊
亥 辰 寅 寅
孝廉.
효성이 지극하고 청렴하여 군수가 상부에 관리를 추천하였음.

庚 甲 丁 己
午 戌 未 未
庚丁兩透, 選拔定然. 爲人色重招殃, 兄弟無力.
庚金 丁火가 함께 투출했으니 인재로 선발됨은 틀림없으나, 사람됨이 호색이 많아 재앙을 초래하며 형제가 힘이되지 못한다.

庚 甲 丙 甲
午 寅 寅 申

茂才.

무재⁴⁾의 사주이다.

三月甲木은 木氣相竭하니 先取庚金하고 次用壬水하
며 庚壬兩透면 一榜堪圖니 但要運用相生하고 風水陰
德이라야 方許富貴라

三月 甲木은 木氣가 고갈되니 먼저 庚金을 쓰고 다음에
壬水를 써야 하며, 庚과 壬이 투출하면 과거에 합격할 수
있는데, 다만 운과 용신이 상생하고 풍수의 음덕이 있어야
만 비로소 부귀를 기대할 수 있다.

或見一二庚金엔 獨取壬水니 壬透淸秀之人이며 才學
必富라

혹 한두 개의 庚金을 만난 경우에는 오직 壬水를 취해야
하니, 壬이 투출하면 淸秀(청수)한 사람이며 재주와 학식이
풍부하다.

或天干透出二丙에 庚藏之下면 此鈍斧無鋼이니 富貴

---

4) 明·淸 때 주현의 학교에 입학한 생원.

難求며 若有壬癸破火면 堪作秀才라

혹 천간에 두 개의 丙火가 투출한 경우에 庚金이 아래에 암장되어 있으면 그것은 강철이 없는 무딘 도끼이니 부귀를 구하기 어려우며, 만약 壬癸水가 火를 파괴하면 秀才[5]가 될 수 있다.

或柱中全無一水에 戊己透干하고 支成土局하면 又作 棄命從才니 因人而致富貴하며 妻子有能이라

혹 사주 중에 하나의 水도 全無한 경우에 戊己土가 천간에 투출하고 지지에 土局을 이루면 또한 棄命從財(기명종재)가 되니 타인으로 인하여 부귀에 이르며 처자가 재능이 있다.

或見戊己요 及比劫多者는 名為雜氣奪才니 此人勞碌 到老요 無馭內之權하니 女命合此면 女掌男權하여 賢 能內助나 若比劫重見이면 淫惡不堪이라

혹 戊己土를 만나고 비겁이 많은 경우에는 雜氣奪才(잡기탈재)라 이름하니 이러한 사람은 늙도록 애써서 일하고 집안을 다스리는 권한이 없는데, 女命이 이와 같으면 여자

---

5) 唐・宋 때 과거응시자. 明・淸 때는 학교에 입학한 생원.

가 남자의 권한을 장악하여 현명하고 유능하게 내조하지만 만약 비겁이 거듭 보이면 음난하고 사악함을 감당하지 못한다.

或支成金局이면 方可用丁이나 不然이면 三月無用丁之法이요 惟有先庚後壬取用이라

혹 지지에 金局을 이루었다면 바야흐로 丁火를 쓸 수 있으나 그렇지 않으면 삼월에는 丁火를 쓰는 법이 없으며, 오직 庚을 먼저 壬을 뒤에 취용하는 법만이 있을 뿐이다.

書曰甲乙生寅卯요 庚辛干上逢이면 離南推富貴요 坎地卻爲凶이라 하니라

書에 말하기를 甲乙이 寅卯월에 생하고 庚辛金을 干上에서 만나면 남방운에서는 부귀로 추단하나 북방운에서는 도리어 흉으로 여긴다고 하였다.

丙 甲 庚 乙
寅 申 辰 丑

此命乏丁, 喜運入南方, 富貴不大之命.

이 사주는 丁火가 없으니 운이 남방으로 들어가는 것이

좋은데 부귀가 크지 않은 命이다.

庚 甲 壬 丙

午 辰 辰 寅

尙書命.

상서(장관)의 사주다.

丁 甲 壬 丙

卯 辰 辰 寅

此命用丁, 乏丁常人也.

이 사주는 丁火를 쓰니 丁火가 없으면 평상인이다.

戊 甲 甲 壬

辰 寅 辰 午

四柱木旺金缺, 非僧道, 卽無子.

사주에 木이 왕하고 金이 결핍되어 僧道(승도)가 되거나
자식이 없다.

三夏甲木

四月甲木退氣요 丙火司權하니 先癸後丁이라

4월의 甲木은 退氣(퇴기)이고 丙火가 권세를 맡으니 먼저 癸를 쓰고 뒤에 丁을 쓴다.

庚金太多면 甲反受病이요 若得壬水면 方配得中和며 此人性好淸高나 假裝富貴니 卽蔭襲顯達하며 終日好作 禍亂하고 善辨巧談하며 喜作詩文하니 此理最驗이라

庚金이 너무 많으면 甲木은 도리어 病을 얻지만 만약 壬水를 만나면 바야흐로 배합에 중화를 이루며 이러한 사람은 청고함을 좋아하나 부귀를 가장하니 곧 조상의 음덕과 세습으로 현달하며, 종일토록 禍亂(화란) 일으키기를 좋아하고 교묘한 말을 하기를 좋아하며 시문을 짓기를 좋아하는데 이러한 이치는 가장 많이 증명된 것이다.

如一庚二丙이면 稍有富貴나 金多火多면 又爲下格이라

가령 하나의 庚과 두 개의 丙이 있는 경우에는 조금은 부귀함이 있으나 金도 많고 火도 많으면 또한 하격이 된다.

或癸丁與庚齊透天干이면 此命可言科甲이니 即風水
淺薄이라도 亦有選拔之才며 癸水不出이면 雖有庚金丁
火라도 不過富中取貴하여 異途官職而已며 壬透可云一
富니 若全無點水요 又無庚金丁火며 一派丙戊면 此無
用之人也니라

혹 癸丁과 庚이 천간에 가지런히 투출하면 이러한 命은
과거에 급제한다고 말할 수 있으니 비록 풍수의 덕이 얕고
적더라도 선발되는 재주가 있으며, 癸水가 투출하지 않으
면 비록 庚金과 丁火가 있더라도 부귀 중에 貴만을 취하여
異途(이도)의 관직을 맡는 데 불과할 뿐이며, 壬水가 투출
하면 富만을 취한다고 말할 수 있는데, 만약 한 점의 水도
전혀 없고 또 庚金과 丁火도 없으며 한 무리의 丙戊만 있
다면 이는 쓸모없는 사람이다.

乙 甲 乙 丁
亥 寅 巳 卯
明府.
명부(태수와 현령)의 사주이다.

庚 甲 乙 丁
午 辰 巳 卯

庚丁兩透. 進士.

庚金과 丁火가 함께 투출하였다. 進士의 命이다.

甲 甲 癸 丙
子 戌 巳 午

大貴.

大貴의 命이다.

丙 甲 癸 丙
寅 子 巳 午

此命, 火土熬乾癸水, 行午運損目, 後作乞丐.

이 사주는 火土가 癸水를 볶아서 마르게 하니 午운으로
향하자 눈을 잃고 뒤에 걸인이 되었다.

五六月甲木은 木性虛焦하여 一理共推니 五月先癸後
丁이요 庚金次之며 六月三伏生寒하고 丁火退氣니 先
丁後庚이요 無癸亦可며 或五月乏癸면 用丁亦可나 要
運行北地為佳라

5 · 6월의 甲木은 木의 성질이 허로하고 초조하므로 한 가지 이치로 함께 추리하는데, 5월의 甲木은 癸를 먼저 쓰고 丁을 뒤에 쓰며 庚金이 그다음이고 6월은 三伏에 한기가 생기고 丁火는 퇴기이니 丁을 먼저 쓰고 庚을 뒤에 쓰는데 癸水는 없어도 괜찮으며, 혹 5월에 癸水가 모자라면 丁火를 써도 괜찮으나 반드시 운이 北地로 행해야만 아름답다.

總之五六月用丁火면 雖運行北地라도 不致於死요 却不利運行火地니 號日木化成灰라 하여 必死하며 行西程又不吉하니 號日傷官遇殺라 하여 不測災來라 惟東方則吉이요 北方次之니 此五六月用丁之說也니라

총괄하여 논하자면 5 · 6월의 甲木이 丁火를 쓰는 경우에 비록 운이 北地로 행하더라도 죽음에 이르지 않고 도리어 운이 火地로 행하는 것이 불리하니, 부르기를 木化成灰(목화성회)라 하여 반드시 죽으며, 서방으로 행하는 것도 불리하니 부르기를 傷官遇殺(상관우살)이라 하여 재앙이 오는 것을 예측할 수 없으므로 오직 東方만이 길하고 북방이 그다음이니 이것은 5 · 6월 甲木이 丁을 쓰는 설명이다.

凡用神太多면 不宜尅制니 須洩之爲妙라

무릇 용신이 지나치게 많으면 극제해서는 안 되니 반드시 그 氣를 누설해야만 묘하다.

五六月甲木은 木盛先庚이요 庚盛先丁이니 五月癸庚兩透면 爲上上之格이며 六月庚丁兩透도 亦爲上上之格이라 用神旣透요 木火通明이면 自然大富大貴니 或丁火太多요 癸水亦多면 反作平人이라

5 · 6월의 甲木은 木이 성할 때엔 庚을 먼저 쓰고 庚이 성할 땐 丁을 쓰는데 5월甲木의 경우에 癸庚이 둘 다 투출하면 최상의 격이 되며, 6월에 庚과 丁이 함께 투출해도 최상의 격이 된다. 용신이 투출하여 木火가 통명하면 자연히 大富大貴하는데, 혹 丁火가 지나치게 많고 癸水도 많으면 도리어 평범한 사람이 된다.

若柱中多金이면 名曰殺重身輕이라 하여 先富後貧하니 運不相扶면 非貧卽夭하며 或庚多라도 有一二丙丁制伏커나 又有壬癸透干하여 泄金之氣면 此又爲先貧後富라

만약 사주 중에 金이 많으면 殺重身輕(살중신경)이라 이

름하여 선부후빈하는데 운이 서로 돕지 않으면 가난하지 않으면 요절하며, 혹 庚이 많더라도 한두 개의 丙丁이 제복해 있거나 또는 壬癸가 天干에 투출하여 金氣를 누설함이 있으면 이러한 경우는 또한 先貧後富(선빈후부)하게 된다.

或滿柱丙火에 又加丁火요 不見官殺이면 謂之傷官傷盡最爲奇라 反成清貴니 定主才學過人하여 科甲有望하니 但歲運不宜見水며 若柱中有壬水요 運又逢水면 必貧天死라

혹 사주에 丙火가 가득한데 다시 또 丁火를 더하고 관살이 보이지 않으면 이것을 傷官傷盡(상관상진)이라 하여 가장 기이하게 여기므로 도리어 청귀함을 이루니, 반드시 재주와 학식이 남보다 뛰어남을 주장하여 과거에 희망을 가질 수 있는데 다만 세운에서 水를 만나지 말아야 하며, 만약 柱 중에 壬水가 있고 운에서 다시 또 水를 만나면 반드시 가난하거나 天死한다.

但凡木火傷官者는 聰明智巧나 却是人同心異하고 多見多疑하며 雖不生事害人이나 每抱忌妬之想이라 女命一理同推라

대체로 목화상관인 경우에는 총명하고 지혜와 기교가 있는데 오히려 사람은 한 가지인데도 마음이 다르고 보는 것이 많을수록 의심이 많으며, 비록 일을 만들어서 남을 해치지는 않으나 늘 투기하는 생각을 품고 있다. 女命도 한 가지 이치로 동일하게 추리한다.

或四柱多土라도 干上有乙木이면 切勿作棄命從才라

혹 사주에 土가 많더라도 天干에 乙木이 있으면 절대로 棄命從財로 간주하지 말아야 한다.

時月兩透己土면 名二土爭合이니 男主奔流요 女主淫賤이며 見二甲則不爭矣나 亦屬平庸之輩며 或四柱有辰하고 干見二己二甲이면 此人名利雙全이요 大富大貴니라

時와 月에 己土가 함께 투출하면 두 土가 합을 다툰다고 이름하니 남자는 주로 분주하게 떠돌아다니고 여자는 음천한 것인데, 두 개의 甲을 만나면 合을 다투지 않으나 또한 평범한 무리에 속하며, 혹 사주에 辰이 있고 천간에 두 己土와 두 甲이 보이면 이러한 사람은 名利가 모두 온전하며 大富大貴하게 된다.

若在六月에 見辰支면 名為逢時化合格이니 以癸水為
妻요 丁火為子며 若二己一甲爭合하면 取支中比劫為用
하니 以甲為用者면 壬癸為妻요 甲乙為子라

만약 6월에 태어난 甲木이 지지에 辰을 만나면 때를 만
나 化合한 격이라 이름하니, 癸水를 처로 삼고 丁火를 子
로 삼으며 만약 두 己와 한 개의 갑이 합을 다투면 지지
중의 비겁을 취하여 용신으로 삼는데, 甲을 용신으로 삼는
경우에는 壬癸를 처로 삼고 甲乙을 자식으로 삼는다.

其餘用庚者는 土妻金子하며 用丁者木妻火子라

그 밖에 庚金을 쓰는 경우에는 土를 처로 삼고 金을 용
신으로 삼으며, 丁火를 쓰는 경우에는 木을 처로 삼고 火
를 자식으로 삼는다.

女命은 以妻作夫하고 用作子하니 十干皆同이라

女命은 男命에서 妻星을 夫星으로 삼고 용신을 자식으
로 삼으니 십간이 모두 동일하다.

或是己土요 不見戊土면 乃為假從이니 其人一生縮首
하고 反畏妻子하며 若無印綬면 一生貧苦하니 六月尤

可나 五月決不可니라

 혹 己土만 있고 戊土가 보이지 않으면 곧 假從(가종)이
되니 그 사람은 평생토록 머리를 움츠리고 도리어 처자를
두려워하며, 만약 인수가 없으면 평생토록 貧苦(빈고)하니
6월에는 오히려 인수가 없어도 괜찮으나 5월에는 결단코
없어서는 안 된다.

 甲 甲 丙 丁

 子 寅 午 巳

 年月丙丁兩透, 支中有癸, 癸運大發, 官至侍郎.

 년월에 丙丁火가 함께 투출하고 지지 중에 癸水가 있으
므로 癸운에 크게 發伸하여 벼슬이 시랑[6]에 이르렀다.

 辛 甲 辛 甲

 未 子 未 辰

 兩干不雜, 專用丁火, 一生富貴.

 양 干이 혼잡되지 않으며 오로지 丁火를 쓰니 한평생 부
귀를 누렸다.

---

6) 정이품, 六府의 우두머리.

戊 甲 癸 乙

辰 子 未 巳

支成水局, 困了丁火, 雖主富貴, 乏子.

지지가 水局을 이루어 未 중 丁火를 괴롭게 하니, 비록
부귀를 주장하나 자식이 없다.

丙 甲 辛 甲

寅 戌 未 申

庚金得祿, 官至尙書.

庚金이 지지申에 녹을 얻으니 벼슬이 상서에 이르렀다.

戊 甲 乙 辛

辰 戌 未 巳

女命, 三嫁乏子.

女命으로 세 번 결혼했으나 자식이 없었다.

三秋甲木總論

三秋甲木은 木性枯槁하고 金土乘旺하니 先丁後庚이

라 丁庚兩全하면 將甲造為畫戟하니 七月甲堪為戟이나 非丁火不能造庚이요 非庚不能造甲이니 丁庚兩透면 科甲定然이라 庚祿居申하니 殺印相生하고 運行金水면 身伴明君이라 或庚透無丁이면 一富而已니 主為人操心太重하여 不能坐享하며 或丁透庚藏이면 亦主青衿小富며 或庚多無丁이면 殘疾病人이니 若為僧道면 災厄可免이라

三秋의 甲木은 木의 성질이 시들어 마르고 金土가 旺氣를 타니 먼저 丁火를 쓰고 庚金을 뒤에 쓴다. 丁과 庚이 둘 다 완전하면 甲을 가지고 畫戟(화극)[7]을 만드는데 7월 甲木은 창(무기)이 될 수 있지만 丁火가 아니면 庚金을 이루어주지 못하고 庚金이 아니면 甲木이 이루어주지 못하니 丁과 庚이 둘 다 투출하면 과거에 급제는 틀림없이 이루어진다. 庚의 녹이 申에 있으니 殺과 印이 상생하고 운이 金水로 행하면 몸이 明君(현명한 군주)을 모시게 된다. 혹 庚金이 투출하고 丁火가 없으면 富만 이룰 뿐인데 대체로 사람됨이 조심성이 너무 많아 가만히 앉아 富를 누리지 못하며, 혹 丁火가 투출하고 庚金이 암장되면 또한 青衿

---

7) 채색하여 꾸민 창(무기).

(청금, 학교에 입학한 생원)과 小富가 되며, 혹 庚金이 많
고 丁火가 없으면 잔질(殘疾, 불구)의 병자가 되는데 만약
승도가 되면 재액을 면할 수 있다.

　或四柱庚旺하고 支內水多면 不作棄命從殺이요 見土
多可作從才而看이라

　혹 사주에 庚金이 旺하고 지지 안에 水가 많으면 棄命從
殺(기명종살)이 되지 못하며, 土를 만남이 많으면 從財로
간주하여 볼 수 있다.

　庚多無癸하고 而壬水多하며 戊己亦多하면 此則專用
一點丁火라야 方可制金以養羣土니 此命大富라 丁藏富
小면 不顯하며 丁露定作富豪라 得二丁하고 不坐死絶
이면 必然富貴雙全하며 即風水不及이라도 亦可富中取
貴니 納粟奏名이라

　庚金이 많을 때 癸水가 없고 壬水가 많으며 戊己도 역시
많으면 이러한 경우에는 오로지 한 점 丁火를 써야만 비로
소 金을 제압하고 많은 土를 기를 수 있으니 이러한 명조
는 大富가 된다. 丁火가 암장되면 富가 작고 현달하지 못

하며, 丁火가 드러나면 반드시 부호가 된다. 두 개의 丁火를 얻고 死나 絕에 앉지 않으면 반드시 富와 貴가 모두 온전하며, 혹 풍수가 미치지 못하더라도 富한 가운데 貴를 취할 수 있으니 재물을 바치고 관직을 얻는다.

或癸疊疊制伏丁火면 雖滿腹文章이나 終難顯達이요
得運行火土하여 破癸면 略可假就功名이니 歲運皆背면
刀筆之徒라 支成水局하고 戊己透干하여 制去癸水하여
存其丁火면 又可云科甲이니 但此等命은 主為人心奸巧
詐하고 好訟爭非하여 因貪致禍하나니 奸險之徒요 決
非安分之人也니라

혹 癸水가 중첩하여 丁火를 制伏(제복)하면 비록 뱃속에 문장이 가득하더라도(학문이 뛰어나도) 끝내 현달하기 어려우며, 운이 火土로 행하여 癸水를 파괴함을 만나면 대략 일시적으로 공명을 이룰 수 있는데, 歲와 運이 모두 등을 돌리면 刀筆(도필)[8]의 무리가 된다. 지지에 水局을 이루고 戊己가 천간에 투출하여 癸水를 제거 그 丁火를 보존하면 또한 과거에 급제한다고 말할 수 있는데, 다만 이러한 命은 주로 사람됨이 마음이 간사하고 교묘하게 남을 속이며

---

8) 문서 작성하는 하급관리.

송사를 좋아하고 시비를 다투어 탐욕으로 인하여 재앙을 부르니 간사하고 위험한 무리일 뿐이지 결코 분수를 편안히 여기는 사람이 아니다.

乙 甲 甲 乙
亥 子 申 未
孝廉, 辰運災.

효성과 청렴으로 관리에 천거되었으며, 辰운에 재앙을 만났다.

三秋甲木

七月甲木은 丁火爲尊이요 庚金次之니 庚金不可少라 火隔水不能鎔金이니 故丁火鎔金인댄 必賴甲木引助라야 方成洪爐라 若有癸水阻隔이면 便減丁火하며 壬水無碍나 且能合丁이니 但須見戊土라야 方可制水存火니라

7월의 甲木은 丁火를 존귀하게 여기고 庚金이 그다음이니 庚金이 적어서는 안 된다. 火가 水에게 막혀 있으면 金을 녹일 수 없으므로 丁火가 金을 녹이려면 반드시 甲木의

이끌어 도와줌에 의지해야 洪爐(홍로)를 이루게 된다. 만약 癸水의 가로 막음이 있으면 丁火를 소멸시키게 되며, 壬水 는 가로 막음은 없으나 또한 丁과 합할 수 있으니 반드시 戊土를 만나야만 비로소 水를 제압하고 火를 보존할 수 있 는 것이다.

```
丁 甲 丙 丙
卯 寅 申 午
```

用庚金, 行戊運連捷, 庚運轉侍郎.

庚金을 쓰니 戊운으로 행하자 연달아 과거에 급제하고, 庚운에 시랑이 되었다.

```
丁 甲 壬 己
卯 戌 申 亥
```

茂才.

무재(주현 학교의 생원)의 사주이다.

```
丙 甲 庚 戊
寅 寅 申 午
```

縣令, 丑運去官.

벼슬이 현령에 이르고 丑운에 관직을 떠났다.

八月甲木은 木囚金旺이니 丁火為先이요 次用丙火며 庚金再次라

8월의 갑목은 木은 囚·金은 旺이니 丁火를 우선으로 삼고 다음에 丙火를 쓰며 庚金은 다시 그다음이다.

一丁一庚이면 科甲定顯이요 癸水一透면 科甲不全이라

하나의 丁과 하나의 庚이 있으면 과거 합격은 틀림없으나, 癸水가 하나라도 투출하면 과거합격이 이루어지지 않는다.

丙庚兩透면 富大貴小요 丙丁全無면 僧道之命이라

丙과 庚이 둘 다 투출하면 富는 크나 貴는 작으며, 丙丁이 전혀 없으면 僧道(승도)의 명이다.

丙透無癸면 富貴雙全이요 有癸制丙이면 尋常之人이면 支成火局이면 可許假貴요 戊己一透면 可作富翁이라

丙이 투출하고 癸가 없으면 부귀가 모두 온전하고, 癸가 있어서 丙을 제압하면 평범한 사람이며, 지지에 火局을 이

루면 일시적인 귀를 누릴 수 있고 戊己가 모두 투출하면
부옹(돈 많은 노인)이라 할 수 있다.

**或支成金局하고 干露庚金하면 為木被金傷하니 必主
殘疾하며 得丙丁破金하면 亦主老來暗疾이라**

혹 지지에 金局을 이루고 천간에 庚金이 드러나면 木이
金에게 손상당하니 반드시 殘疾(잔질)[9]이 있으며, 丙丁이
金을 파괴함을 만나면 또한 노년에 暗疾(암질)[10]이 있다.

**或支成木局하고 干透比劫하면 反取庚金為先하고 次
用丁火니라**

혹 지지에 木局을 이루고 천간에 비겁이 투출하면 오히
려 庚金을 우선으로 취하고 다음으로 丁火를 쓴다.

丁 甲 乙 乙
卯 子 酉 未

丁火高照, 太守命.

丁火가 높이 비추니 태수의 명조이다.

---

9) 불구가 되는 병.
10) 이름 모를 병.

丁 甲 乙 庚

卯 子 酉 寅

支藏丙火, 時逢乙丁, 參政命.

지지에 丙火가 암장되고 時에 乙丁을 만나니 참정[11]의
명조이다.

甲 甲 乙 乙

子 子 酉 巳

朱文端公造.

주 문단공의 명조이다.

丁 甲 丁 丙

卯 寅 酉 戌

孝廉, 卯終.

효렴에 천거되었으며, 卯운에 사망하였다.

　九月甲木은　木星凋零이라　獨愛丁火니　壬癸滋扶요
丁壬癸透며　戊己亦透면　此命配得中和니　可許一榜이며
庚金得所면　科甲定然이라

---

11) 재상을 보좌하는 벼슬.

9월의 甲木은 목성이 시들어 떨어지므로 오직 丁火를 좋아하며 壬癸가 자양하여 돕는데, 丁壬癸가 투출하고 戊己도 투출하면 이러한 命은 배합에 중화를 이루니 과거급제를 기대할 수 있으며, 庚金이 제자리를 얻으면 과거에 틀림없이 급제한다.

或見一二比肩에 無庚金制之면 平常人也며 倘運不得用이면 貧無立錐라 一命이 甲辰甲戌甲辰甲戌이면 身伴君王하고 富貴壽考하나니 此爲天元一氣며 又名一才一用하니 遇比用才면 專取季土며 或見庚丙甲이면 可許入泮하고 白手成家하며 用火者면 木妻火子니 子肖妻賢이라

혹 한두 개의 비견을 만났을 때 庚金의 제압이 없으면 평범한 사람이며, 만일 운이 쓰임을 이루지 않으면 가난하여 송곳 하나 세울 땅도 없다.

가령 命이 甲辰·甲戌·甲辰·甲戌이면 몸이 군왕을 모시고 부귀장수할 것이니, 이러한 것을 天元一氣라 하며, 또 一才一用이라 이름하는데 비견을 만나 才(財)를 쓸 때에는 오로지 季土만을 취하며, 혹 庚丙甲을 만나면 國學(국학)입학을 기대할 수 있고 빈손으로 가업을 이룰 수 있

으며, 火를 쓰는 경우에는 木이 처가 되고 火가 자식이 되니 자식은 어질고 처는 현숙하다.

或四柱木多면 用丙用丁은 皆不足異요 崙用庚金爲妙라 凡四季甲木은 總不外乎庚金이니 譬如木爲犁면 能疏季土나 非庚爲犁嘴면 安能疏土리오 雖用丙丁이나 癸庚決不可少也라 九月却不取土妻金子요 當取水妻木子며 凡甲木이 多見戊己면 定作棄命從才而看하니 從才格은 取火妻土子라

혹 사주에 木이 많으면 丙火를 쓰거나 丁火를 쓰는 것은 모두 뛰어난 것이 못 되고 오로지 庚金을 써야만 묘한 것이다. 무릇 四季의 甲木은 모두 庚金을 소홀히 할 수 없으니, 가령 木의 쟁기가 되면 季土를 갈 수 있지만 庚金이 쟁기의 보습(앞부리)이 되지 않으면 어떻게 土를 갈 수 있겠는가? 비록 丙丁을 쓰더라도 癸와 庚이 결코 적어서는 안 되는 것이다.

9월은 오히려 土가 처, 金이 자식이 되는 도리를 취하지 않고 마땅히 水가 처, 木이 자식이 되는 도리를 취하며, 대체로 甲木이 戊己土를 많이 만나면 반드시 棄命從才(기명종재)로 간주하여 보게 되는데 종재격은 火가 처, 土가 자

식이 되는 도리를 취한다.

或見一派丙丁傷金이면　不過假道斯文이며　有壬癸破
了丙丁이면　技藝之流며　無壬癸破火하고　支又成火局이
면　乃爲枯朽之木이니　有庚亦何能爲力이리오　定作孤貧
下賤之輩니　男女一理라

혹 한줄기 丙丁火에게 金이 손상을 당하게 되면 거짓된
선비에 불과하며, 壬癸水가 丙丁火를 파괴함이 있으면 기
술예능의 부류가 되며, 壬癸水의 火를 파괴함이 없고 지지
에 다시 또 火局을 이루면 마침내 말라서 썩은 나무가 되
니 庚金이 있더라도 어찌 힘이 될 수 있겠는가? 틀림없이
고독하고 가난하고 하천한 무리가 되는 것이니, 남녀가 같
은 이치이다.

或有假傷官에　得地逢生이면　此正合甲乙秋生貴元武
之說이니　用水制傷官者면　以金爲妻요　水爲子라

혹 假傷官(가상관)이 있을 때 자리를 얻고 生을 만나면
이것이 바로 甲乙이 가을에 생함이 武(무)에 으뜸이 된다
는 설에 부합하니, 水를 써서 상관을 제압하는 경우에는
金을 처로 삼고 水를 자식으로 삼는다.

或丁戊俱多에 總不見水면 又爲傷官生財格이라 亦可云富貴니 此格取火爲妻요 土爲子라

혹 丁火와 戊土가 함께 많을 때 만일 水를 만나지 않으면 다시 상관생재격이 되므로 또한 부귀하다고 말할 수 있는데 이 격은 火를 처로 삼고 土를 자식으로 삼는 도리를 취한다.

凡甲多庚透면 大貴요 庚藏이면 小貴며 若柱中多庚이면 則又以丁爲奇라야 富貴人也니라 如庚申年丙戌月甲申日壬申時면 此主功名顯達하고 有文學하니 若無庚丙年月이요 又無火星出干이면 雖曰好學이나 終困名場이라

대체로 甲木이 많을 때 庚金이 투출하면 大貴하고 庚金이 암장되면 小貴하며, 만약 사주 중에 庚金이 많을 때에는 또한 丁火를 기이함으로 삼아야 부귀한 사람이 된다. 가령 庚申年·丙戌月·甲申日·壬申時라면 이 사주는 대체로 공명 현달하고 문학적 재능이 있는데, 만약 년월에 庚丙이 없거나 또는 火星이 천간에 투출하지 않으면 비록 학문을 좋아한다 하더라도 결국 시험장에 이름을 날리기

는 곤란하다.

九月甲木은 耑用丁癸하니 見戊透必貴라 如戊戌壬戌
甲子甲申12)이면 支成水局하고 干有壬水하니 正合貴
元武之說이요 配得中和하니 一榜之命이요 家計豐足하
나 但庚丁未透出干하여 不能館選이라

9월의 甲木은 오로지 丁火와 癸水를 쓰는데 戊土의 투출
을 만나면 반드시 귀하게 된다. 가령 戊戌・壬戌・甲子・
壬申이면 지지가 水局을 이루고 천간에 壬水가 있으니 바
로 귀함이 武에 으뜸이 된다는 설에 부합하고 배합이 중화
를 이루니 과거에 합격할 命이며 가계가 풍족한데 다만 庚
丁이 천간에 투출하지 않아서 관각(한림원)에 선발되지는
못한다.

庚 甲 庚 壬
午 午 戌 午
庚丁兩旺, 一品當朝.
庚金과 丁火가 둘 다 왕하니 一品 재상 벼슬을 하였다.

---

12) 戊戌・壬戌・甲子・壬申이 되어야 함.

戊 甲 丙 庚

辰 戌 戌 戌

武庠, 富而且壽.

무관학교의 생원을 지냈으며, 부를 누리고 장수하였다.

甲 甲 甲 己

子 子 戌 丑

乏庚, 丁火入墓, 早貧賤, 晚景大發, 但庸人耳.

庚金이 없고 丁火가 입묘하니 젊어서는 빈천하고 늘그막에 크게 발전했는데 다만 평범한 사람일 뿐이다.

甲乙比肩이요 又逢比劫運이면 主弟兄財劫爭訟하고
刑妻損子하며 甲乙生正二月이요 無制無洩이면 主長髮
師姑니라

사주 원국에 甲乙의 비견이 있는데 다시 또 비겁운을 만나면 대체로 형제간에 재물을 다투어 송사를 일으키고 처를 해치고 자식을 손상하며, 甲乙이 정월과 2월에 생하고 억제함도 없고 누설함도 없으면 대체로 머리 기른 여승이 된다.

三冬甲木

十月甲木은 庚丁為要요 丙火次之며 忌壬水泛身이니
須戊土制之라

시월의 甲木은 庚金과 丁火를 중요하게 여기고 丙火가
그다음이며, 壬水가 身을 띄우는 것을 꺼리므로 빈드시 戊
土로 그것을 제압해야 한다.

若庚丁兩透요 又加戊出干이면 名曰去濁留淸이니 富
貴之極이며 卽乏丁火라도 亦稍有富貴며 或甲多制戊요
庚金無根이면 平常人也라 庚戊若透면 雖出比劫이나
必定富而壽라

만약 庚과 丁이 함께 투출하고 다시 또 戊土의 천간 투
출을 더하면 去濁留淸(거탁유청)이라 하니 부귀의 극치이
며, 가령 丁火가 부족하더라도 조금은 부귀함이 있으며,
혹 甲木이 많아서 戊土를 제압하고 庚金에 뿌리가 없으면
평상인이다. 庚과 戊가 함께 투출했으면 비록 비겁이 노출
했더라도 반드시 부귀하고 장수한다.

或多比劫이요 只一庚出干에 坐祿逢生이면 乃為捨丁

從庚이라야 略富貴며 或支見申亥에 戊己得所하며 以
救庚丁이면 可許科甲이나 若單己透면 其力弱小하여 不
過貢監而已라

혹 비겁이 많고 다만 하나의 庚金이 천간에 투출했는데
일주가 祿(녹)에 앉고 生을 만나는 경우에는 곧 丁을 버리
고 庚을 따라야만 대체로 부귀하게 되며, 혹 지지에 申金
亥水를 만났을 때 戊己土가 제자리를 얻어서 庚과 丁을 구
제하면 과갑(우등급제)을 기대할 수 있으나, 만약 己土만
투출하면 그 힘이 약소하여 貢監(공감, 국자감의 학생)이
되는 데 불과할 뿐이다.

用庚이면 土妻金子요 用丁이면 木妻火子이라

庚金을 쓰는 경우에는 土가 처·金이 자식이 되며, 丁火
를 쓰는 경우에는 木이 처·火가 자식이 된다.

甲 甲 乙 己
子 子 亥 巳
金土得位, 官至一品.
金土가 자리를 얻으니, 벼슬이 一品에 이르렀다.

丙 甲 辛 壬

寅 戌 亥 辰

耑用戊土, 先貧後富.

오로지 戊土를 쓰니, 先貧後富(선빈후부)한 사주이다.

壬 甲 己 辛

申 辰 亥 丑

此爲燈火拂劍, 異路恩封, 妻賢子肖.

이것은 燈火拂劍(등화불검)[13]이니, 異路(이로)를 통하여 은혜로 벼슬에 봉해지고 처자가 어질다.

乙 甲 癸 戊

亥 子 亥 辰

戊出天干, 止流水, 號曰六甲趨乾, 官至封侯.

戊가 천간에 나타나서 水의 흐름을 제지하니 六甲趨乾 (추건)이라 부르며 벼슬이 侯에 봉해졌다.

己 甲 辛 壬

巳 子 亥 辰

---

13) 등불 앞에서 책을 읽어야 하는데 검을 뽑는다.

化土失令, 略有衣食, 但孤寡多疾.

甲己化土가 亥月에 태어나 失令했는데 대략 衣食은 있었으나 고독하고 질병이 많았다.

十一月甲木은 木性生寒이라 丁先庚後요 丙火佐癸[14]니 癸水司權하여 爲火金之病이라 庚丁兩透하고 支見巳寅하면 科甲有准하여 風水不及이라도 選拔有之라 若癸透傷丁에 無戊己輔救면 殘疾之人이며 或壬水重出이요 丁火全無者면 庸人也니 得丙方妙라

11월의 甲木은 木의 성질에 한기가 생기므로 丁火가 우선이고 庚金을 뒤에 쓰며, 丙火를 보좌로 삼으니, 癸水가 권세를 맡아서 火金의 病이 되기 때문이다. 庚과 丁이 함께 투출하고 지지에 巳와 寅을 만나면 科甲에 허락됨이 있어서 풍수의 힘이 미치지 못하더라도 선발될 수 있다. 만약 癸水가 투출하여 丁火를 손상할 때 戊己의 구제함이 없으면 잔질(불구)人이 되며, 혹 壬水가 거듭 투출하고 丁火가 전혀 없으면 평범한 사람이 되니 丙火를 만나야 비로소 묘하게 된다.

___
14) 佐癸는 佐之가 되어야 함.

或支成水局하고 加以壬透면 名爲水泛木浮니 死無棺
木이라

혹 지지가 水局을 이루고 壬水의 투출을 더하면 이름을
水泛木浮(水가 범람하여 木이 뜬 것)라고 하니 죽어도 棺
(관) 만들 나무가 없다.

總之十一月甲木은 爲寒枝라 不比春木淸茂니 尙取庚
丁이며 透壬無丙이면 不過刀筆異途며 武職有驗이라

총괄하여 말하자면 11월의 甲木은 차가운 나뭇가지이므
로 춘목의 고결하고 무성함에 비교하지 못하니, 오로지 庚
과 丁을 취해야 하며 壬이 투출하고 丙이 없으면 문서 작
성하는 관리나 다른 길에 종사하는 데 불과하며 武職(무
직)에는 효험이 있다.

用庚면 土妻金子요 用火면 木妻火子니라

庚金을 쓰는 경우에는 土가 처·金이 자식이 되며, 火를
쓰는 경우에는 木이 처·火가 자식이 된다.

甲 甲 戊 乙
子 寅 子 亥

印綬格.

인수격이다.

丁 甲 庚 丙
卯 午 子 子

庚丁兩透 又加丙除寒氣 官至王侯.

庚金과 丁火가 함께 투출하고 다시 또 丙火가 한기를 제거하니 벼슬이 王侯(왕후)[15]에 이르렀다.

庚 甲 戊 乙
午 辰 子 巳

大將軍命.

대장군의 命이다.

壬 甲 戊 乙
申 辰 子 巳

一派水局 申運溺死.

한줄기 水局을 이루었는데 申운에 익사하였다.

---

15) 제후(諸侯)・장수(將帥)・재상(宰相)의 총칭.

十二月甲木은 天氣寒凍이라 木性極寒하여 無發生之
象이니 先用庚劈甲이라야 方引丁火하여 始得木火有通
明之象이니 故丁次之라 庚丁兩透면 科甲恩封이요 庚
透丁藏이면 小貴요 丁透庚藏이면 小富貴요 無庚者면
貧賤이요 無丁者면 寒儒라

12월의 甲木은 천기가 차고 얼 때이므로, 木의 성질이
지극히 차가워서 생기를 발하는 상이 없으니, 먼저 庚金을
써 甲木을 쪼개야만 바야흐로 丁火를 이끌어서 비로소 木
火에 통명의 상이 있게 되므로 丁火를 그다음에 쓰는 것이
다. 庚과 丁이 함께 투출하면 과거에 급제하여 벼슬에 봉
해지며, 庚金이 투출하고 丁火가 암장되면 小貴하며 丁火
가 투출하고 庚金이 암장되면 小富貴하며, 庚金이 없으면
빈천하고 丁火가 없으면 빈한한 선비이다.

或有丁透重重하면 亦是富貴中人이나 但須比肩이라
야 能發丁之燄하여 自有德業才能이요 如無比肩이면
尋常之士니 稍有衣食而已요 或支多見水면 即有比肩이
라도 亦屬平常이라

혹 丁火의 투출이 중첩되면 역시 부귀한 사람이나, 다만

비견이 있어야만 丁火의 불꽃을 일으킬 수 있어서 자연히 덕업과 재능이 있고, 만일 비견이 없으면 평범한 선비로 조금 衣食이 있을 뿐이며, 혹 지지에 水를 많이 만나면 가령 비견이 있더라도 평상인에 속한다.

總之臘月甲木은 雖有庚金이나 丁不可少니 乏庚略可나 乏丁無用이라 經云, 甲木無根이면 男女夭壽하니라

총괄하여 말하자면 섣달의 甲木은 비록 庚金이 있더라도 丁火가 적어서는 안 되니, 庚金이 부족하면 그런대로 괜찮으나 丁火가 부족하면 쓸모가 없기 때문이다. 경에 말하기를 甲木이 뿌리가 없으면 남녀가 수명이 짧다고 하였다.

甲 甲 丁 己
子 辰 丑 丑
此命有丁不貴, 因支下多水, 溼木不能生燄.

이 사주는 丁火가 있는데도 귀하지 못하니 지지에 水가 많아 습한 木으로는 불꽃을 生할 수 없기 때문이다.

乙 甲 癸 癸
亥 午 丑 亥

孤貧, 壽至百歲.

외롭고 가난했으나 수명은 100세에 이르렀다.

庚 甲 丁 己

午 戌 丑 亥

才旺生官格, 庚丁兩透, 火又會局, 鼎甲.

財旺生官格으로 庚金과 丁火가 함께 투출하고 火가 또 局을 이루니 과거에 최우등으로 합격하였다.

癸 甲 丁 己

酉 辰 丑 丑

癸水傷丁, 貧而且賤.

癸水가 丁火를 손상하니 가난하고 신분도 천한 사주이다.

庚 甲 丁 己

午 辰 丑 丑

富貴雙全, 由午中丁火幇助月干也.

富와 貴도 모두 온전하니 午 중 丁火가 月干을 돕기 때문이다.

三春乙木總論

三春乙木은 爲芝蘭蒿草之物이니 丙癸不可離也라 春乙見丙하면 卉木向陽하고 萬象回春이라 須癸滋養根基하니 丙癸齊透天干하고 無化合制剋하면 自然登科及第라 故書云, 乙木根荄種得深이요 只須陽地不宜陰이며 漂浮只怕多逢水니 剋制何須苦用金이리오 하니라

삼춘의 乙木은 지초 난초 등 향기가 나는 풀과 같은 물건이니 丙火와 癸水를 떠날 수 없다. 春의 乙木이 丙火를 만나면 초목이 태양을 향하고 만상이 봄으로 돌아가는 것이므로 癸水를 써서 근기를 자양해야 하는데, 丙火와 癸水가 가지런하게 천간에 투출하고 화합이 제극이 없으면 자연히 과거에 급제한다. 그러므로 書(서)에 말하기를 乙木의 뿌리는 심을 때 깊이가 알맞아야 하고 다만 양지가 필요하고 음지는 마땅치 않으며 표류하게 되므로 오직 水를 만나는 것을 두려워할 뿐이니 극제하려고 어째서 굳이 金을 쓸 필요가 있겠는가라고 하였다.

三春乙木

正月乙木은 必須用丙이니 因天氣尤有餘寒이라 非丙不暖이며 雖有癸水라도 恐凝寒氣니 故以丙火爲先이요 癸水次之라

　정월의 乙木은 반드시 丙火를 써야 하니, 天氣가 아직 남은 한기를 지니고 있기 때문에 丙火가 아니면 따뜻하지 않으며, 비록 癸水가 있더라도 한기에 얼어붙을까 두려우므로 丙火를 우선으로 삼고 癸水가 그다음이다.

丙癸兩透면 科甲定然이며 或有丙無癸면 門戶闡揚이며 或丙多乏癸면 名曰春旱이며 獨陽不長이니 濁富之人이라

　丙과 癸가 함께 투출하면 과거급제는 틀림없으며, 혹 丙만 있고 癸가 없으면 가문을 떨쳐 일으키며, 혹 丙만 많고 癸가 부족하면 이름을 春旱(춘한, 봄 가뭄)이라 하며 외로운 陽은 오래가지 못하니 부정하게 돈을 모은 사람이다.

或丙少癸多면 又爲困丙이라 終爲寒士요 或癸己多見이면 爲溼土之木이니 皆下格이라

丙이 적고 癸가 많으면 또한 丙을 곤고(괴롭게)하게 하므로 마침내 빈한한 선비가 되며, 혹 癸와 己가 많이 보이면 습토가 있는 木이니 모두 하격이다.

用丙者는 木妻火子요 用癸水見火多者는 金妻水子니라

丙을 쓰는 경우에는 木이 처·火가 자식이 되며, 癸水를 쓸 때 火가 많이 보이면 金이 처·水가 자식이 된다.

丙 乙 壬 丁
子 卯 寅 丑
貴在丙子, 尙書.
귀함이 丙子에 있으며, 벼슬이 상서에 이르렀다.

己 乙 甲 戊
卯 亥 寅 子
歸祿格, 丙癸得所, 官至大學士.
귀록격의 사주로 丙火와 癸水가 제자리를 얻으니 벼슬이 대학사16)에 이르렀다.

---

16) 중국 명·청 때의 내각의 장관.

庚 乙 丙 甲
辰 卯 寅 寅
御使.
어사 벼슬을 하였다.

二月乙木은 陽氣漸升하며 木不寒矣라 以丙為君하고
癸為臣하니 丙癸兩透하고 不透庚金하면 大富大貴라

2월 乙木은 양기가 점점 상승하며, 木이 한랭하지 않으
므로 丙을 君으로 삼고 癸를 臣으로 삼으니 丙과 癸가 함
께 투출하고 庚金이 투출하지 않으면 크게 부귀한다.

或天干透庚에 支下無辰이면 不能化金이요 得癸透養
木이면 亦貴요 若見水庫면 則為假化니 平常人也라

혹 천간에 庚金이 투출했을 때 지지에 辰土가 없으면 金
을 引化할 수 없고, 癸水의 투출을 만나 木을 자양하면 또
한 귀하게 되는데, 만약 水의 庫를 만나면 假化가 되니 평
범한 사람이다.

二月乙木은 耑用丙癸니 或支成木局하고 有癸透면
乃作貴命이며 更得丙洩木氣면 上上之命이니 但須透癸

니 或水多困丙커나 多戊化癸면 皆下格이라

2월 乙木은 오로지 丙과 癸를 쓰는 것이니 혹 지지가 木局을 이루고 癸水의 투출이 있으면 貴命이 되며 다시 丙火가 木氣를 누설시킴을 만나면 최상의 命이지만, 다만 반드시 癸가 투출해야 하는데 혹 水가 많아 丙火를 괴롭히거나 戊가 많아 癸水를 합화하면 모두 하격이 된다.

用丙者는 木妻火子요 用癸者는 金妻水子라

丙을 쓰는 경우에는 木이 처가 되고 火가 자식이 되며, 癸를 쓰는 경우에는 金이 처가 되고 水가 자식이 된다.

己 乙 癸 壬
卯 丑 卯 午
此乃夾祿格, 貴小富大, 但子女多刑.

이 사주는 협록격으로 貴는 적고 富는 많은데 다만 자녀에게 형액이 많다.

丙 乙 丁 甲
子 未 卯 寅
此乃曲直格, 加丙照癸滋, 官至總兵.

이것은 곡직격이며, 丙火의 비춤과 癸水의 자양을 더하니 벼슬이 총병[17)에 이르렀다.

庚 乙 乙 癸
辰 未 卯 亥

曲直仁壽格, 無東方運, 一介寒士, 惜哉.

곡직인수격으로 東方木운이 없어서 일개 가난한 선비에 그쳤으니 애석하다.

丙 乙 辛 丙
子 卯 卯 子

出將入相.

출장입상의 귀한 命이다.

亥卯未逢於甲乙이면 富貴無疑요 木全寅卯辰方이면 功名有准이며 活木忌埋根之鐵이니 支下有庚辛이면 戕賊其根하여 木則朽矣니라

亥卯未와 甲乙이 만나면 富貴를 의심하지 말며, 木이 寅卯辰方을 갖추면 공명이 허락됨이 있으며, 活木은 뿌리를

묻는 철을 꺼리니 지지에 庚辛이 있으면 그 뿌리를 헤쳐서 木이 썩는다.

三月乙木은 陽氣愈熾하니 先癸後丙이라

3월의 乙木은 양기가 더욱 성하니 癸水를 먼저 쓰고 丙火를 뒤에 쓴다.

癸丙兩透하고 不見己庚이면 玉堂之客이요 見己庚者면 平常之人이라 或一乙逢庚하고 不見己者면 亦主小富貴나 但不顯達이요 或多水見己면 只恐高才不第요 見戊堪發異途요 或庚己混雜하고 丙癸全이면 則爲下格이라

癸와 丙이 함께 투출하고 己와 庚을 만나지 않으면 옥당(한림원)의 객이며, 己庚을 만나면 평상인이다. 혹 하나의 乙이 庚을 만나고 己를 만나지 않으면 작은 부귀를 주장하는데 다만 현달하지 못하며, 혹 水가 많으면서 己를 만나면 다만 재능이 뛰어난 데도 급제하지 못할까 염려하며 戊土를 만나면 다른 길에서 발달할 수가 있으며, 혹 庚과 己가 혼잡되고 丙과 癸가 갖추어지면 하격이 된다.

或見水局하고 丙戌高透면 亦主科甲하며 或柱中全無
丙戌하고 支合水局이면 此離鄕之命이라

혹 水局을 만나고 丙과 戌가 높게 투출하면 또한 科甲을
주장하며, 혹 사주 중에 丙과 戌가 전혀 없고 지지에 水局
을 이루면 이것은 고향을 떠날 命이다.

或見一派癸水하고 又有辛金이면 則作旺看이니 得一
戌己制癸면 亦可云小富貴하니 若一派壬癸[18]면 不特
貧賤이요 而且夭折하며 有一戌己라야 方云有壽나 但
終爲技術之人이라

혹 한줄기 癸水를 만나고 다시 또 辛金이 있으면 旺으로
간주하여 보니, 하나의 戌나 己를 만나 癸水를 제지하면
또한 작은 부귀를 누린다고 말할 수 있다. 만약 한줄기 壬
水라면 빈천할 뿐 아니라 또한 요절하며, 하나의 戌나 己
가 있어야만 비로소 장수한다고 말할 수 있으나 다만 마침
내 기술인이 될 뿐이다.

又或庚辰時月이면 名二庚爭合이니 乃貧賤之輩요 如

---

18) 壬癸는 壬水가 되어야 한다고 사료됨.

年干見丁破庚이면 可云從化니 亦不失武職之權이라

또 혹 庚辰時 庚辰月이면 두 庚이 合을 다투는 것이라 하니 곧 빈천한 무리이며, 만일 年干에서 丁이 庚을 파괴함을 만나면 종화라고 말할 수 있으니 또한 무관직의 권세를 잃지 않는다.

用癸者는 金妻水子요 癸多用丙者는 木妻火子니라

癸를 쓰는 경우에는 金이 처가 되고 水가 자식이 되며, 癸가 많아 丙을 쓰는 경우에는 木이 처가 되고 火가 자식이 된다.

丁 乙 庚 庚

亥 酉 辰 午

此作從化格, 但不逢時, 一富翁耳.

이 사주는 종화격을 이루었는데 다만 時를 만나지 못하여 일개 부옹[19]이 되었을 뿐이다.

丙 乙 戊 甲

子 亥 辰 寅

---

19) 재산이 많은 사람.

六乙鼠貴格, 丙火高透, 戊土制水, 官至按院.

육을서귀격으로 丙火가 높이 투출하고 戊土가 水를 제지하니 벼슬이 안원(안찰사)에 이르렀다.

甲 乙 甲 丁
申 巳 辰 酉

拔貢, 但刑妻損子, 兄弟全無, 因支中戊土太多.

공생[20]에 선발되었는데, 다만 처자를 형극 손상하고 형제가 전혀 없었으니 지지 중에 戊土가 너무 많기 때문이다.

三夏乙木總論

三夏乙木은 木性枯焦하니 四月專尙癸水요 五六月先丙後癸로되 夏至前仍用癸水라

三夏의 乙木은 木의 성질이 몹시 메마르고 4월에는 오로지 癸水를 중히 여기고 5월 6월에는 丙火를 먼저 쓰고 癸水를 뒤에 쓰는 것인데, 夏至(하지) 전에는 그대로 癸水를 쓴다.

---

20) 지방과거 합격자.

先得丙透하고 支下又有丙火면 名曰木秀火明이니 得
一癸透면 科甲中人이요 或透二丙一癸면 可許採芹이라

먼저 丙火의 투출을 만나고 지지에 다시 또 丙火가 있으
면 이름하기를 "木秀火明"이라 하니, 여기에 1개 癸水의
투출을 만나면 과거에 급제할 사람이며, 혹 2개의 丙火와
1개의 癸水가 투출하면 採芹(채근)[21]을 기대할 만하다.

或一派癸水에 有丁無丙이면 平常之人이며 或一癸透
干이면 異途顯宦이요 難由科甲이며 癸居子辰이면 異
路小職이며 或丙藏支下요 癸透年干이며 己出月上이면
雖非科甲이나 異路功名이니라

혹 한줄기의 癸水에 丁火만 있고 丙火가 없으면 평범한
사람이며, 혹 하나의 癸水가 천간에 투출하면 다른 길을
통하여 벼슬하게 되고 과거를 통하여 벼슬하기 어려우며,
癸水가 子나 辰에 머물면 다른 길을 통하여 낮은 관직을
맡으며, 혹 丙火가 지지에 암장되고 癸水가 年干에 투출하
며 己土가 月上에 투출했다면 비록 과거급제는 아니더라
도 다른 길을 통하여 공명을 이루게 된다.

---

21) 반수의 미나리 캐는 것을 뜻하는데 이는 현의 학교에 입학하여 생원이 됨을 이른다.

又或重重癸水거나 或支藏癸水면 由行伍得功名이니라

또 癸水가 중첩되거나 혹은 지지에 癸水가 암장되면 항
오(군대)를 통하여 공명을 이룬다.

三夏乙木

四月乙木은 自有丙火라 耑取癸水為尊이니 四月乙木
專癸水요 丙火酌用하며 雖以庚辛佐癸라는 須辛透為清
이라

4월의 乙木은 스스로 月슈에 丙火를 지니고 있으므로 오
로지 癸水 취하는 것을 중히 여기니, 4월 乙木은 오로지
癸水를 쓰고 丙火를 참작하여 알맞게 쓰며, 다만 庚辛金으
로 癸水를 보좌해야 하는데 반드시 辛金이 투출해야만 사
주가 맑아진다.

癸透요 庚辛又透면 科甲定然이며 獨一點癸水요 無
金이면 是水無根이니 雖出天干이라도 不過秀才小富니
須要大運相扶며 或土多困癸면 貧賤之人이며 丙戊太多
하고 支成火局이면 瞽目之流라

癸水가 투출했는데 庚辛金이 다시 또 투출하면 과거급제
는 틀림없으며, 오직 한 점 癸水만 있고 金이 없으면 이 水
는 근원이 없으므로 비록 천간에 투출하더라도 秀才(학교
의 생원)나 小富(작은 부자)에 불과하니 반드시 대운이 도
와야 하며, 혹 土가 많아 癸水를 막으면 빈천한 사람이며
丙戊가 너무 많고 지지에 火局을 이루면 장님의 부류이다.

用癸者는 金妻水子라

癸를 쓰는 경우에는 金이 처가 되고 水가 자식이 된다.

**乙逢雙女木傷殘하니 若見辛金壽必難이라 不得丙丁
來制伏이면 豈知安樂不久長이리오**

4월 乙木이 쌍녀[22]를 만나 木氣가 손상되었는데, 만약
辛金을 만나게 되면 장수하기가 반드시 어려울 것이니, 丙
丁火의 제복을 만나지 못하면 안락이 길지 못함을 어찌 알
겠는가?

**五月乙木은 丁火司權하니 禾稼俱旱이라도 上半月屬
陽하니 仍用癸水요 下半月屬陰하고 三伏生寒하니 丙**

---

22) 4월의 성좌.

癸齊用이라 柱多金水면 丙火為先이요 餘皆用癸水為先
이라

5월의 乙木은 丁火가 권세를 맡으니 곡식이 모두 가뭄을
만난다. 上半月은 양에 속하므로 곧 癸水를 쓰고 下半月은
음에 속하고 삼복에 한기가 생기므로 丙火와 癸水를 또 같
이 쓰는데, 사주 중에 金水가 많으면 丙火를 먼저 쓰고, 나
머지는 모두 癸水를 쓰는 것을 우선으로 여긴다.

乙木重逢火位면 名為氣散之文이니 支成火局이면 洩
乙精神이라 須用癸滋하니 癸透有根이면 富貴雙全이요
或庚辛年上하고 癸透時干하면 定許科甲이요 無癸者常
人이라

5월의 乙木이 火位를 거듭 만나면 "氣散之文(氣가 흩어
지는 현상)"이라 하니 지지에 火局을 이루면 乙木의 정신
을 누설하므로 반드시 癸水의 자양을 써야 하는데 癸水가
투출하고 근원이 있으면 부와 귀가 모두 온전하며, 혹 庚
辛이 年上에 있고 癸水가 時干에 투출하면 반드시 과거 급
제를 기대할 수 있지만 癸가 없으면 평상인이 된다.

若見丙透하고 支成火局하면 陽焦木性하니 此人殘疾

하여 無癸必夭니 見壬可解요 或火土太多면 其人愚賤
커나 或為僧道門下閒人이니라

만약 丙火의 투출함을 만나고 지지에 火局을 이루면 양
기가 木의 성질을 초췌하게 하므로 이러한 사람은 잔질(고
질병)이 있어서 癸水가 없으면 반드시 요절하게 되는데 壬
을 만나면 풀려날 수 있으며, 혹 火土가 너무 많으면 그
사람을 어리석고 천하거나 혹은 승도문하의 한인(일없이
노는 사람)이 된다.

六月乙木요 木性且寒하니 柱多金水면 丙火為尊이라
支成水局이나 乙得無傷이요 癸水透干이면 大富大貴하
며 無癸定作常人이니 過不行北이면 困苦一生이라

6월의 乙木은 木의 성질이 차가워지려 하므로 사주 중에
金水가 많으면 丙火를 중히 여기는데, 지지에 水局을 이루
고 乙木에 손상됨이 없으면서 癸水가 천간에 투출하면 크
게 부귀하며, 癸가 없으면 반드시 평상인이 되니 운의 과
정이 북으로 행하지 않으면 일생을 곤고하게 보낸다.

凡五六月乙木은 氣退枯焦라 用癸水切忌戊己雜亂이
니 則為下格이라 或甲木高透하여 制伏土神하면 名為

去濁留淸이니 可許俊秀며 土多乏甲하면 秀氣脫空하니 庸人而已이라

대체로 5 · 6월의 乙木은 木氣가 쇠퇴하여 몹시 메마르 므로 癸水를 쓰고 戊己의 雜亂(잡란)을 매우 꺼리니 하격 이 되기 때문이다. 혹 甲木이 높이 투출하여 土神을 제복 하면 탁기를 제거하고 청기를 남긴다(去濁留淸)고 이름하 니 준수한 인물이 됨을 기대할 수 있으며, 土가 많아 甲木 을 결핍되게 하면 빼어난 기가 이탈하여 공허하게 되니 평 범한 사람이 될 뿐이다.

或丙癸兩透하고 加以甲透制戊면 選拔定然이며 若不 見丙癸요 只有丁火면 亦屬常人이며 有壬이면 可充衣 食이라

혹 丙과 癸가 둘 다 투출하고 거기에 甲이 투출하여 戊 를 억제함을 더하면 과거에 선발됨이 틀림없으며, 만약 丙 과 癸가 보이지 않고 다만 丁火만 있으면 또한 보통 사람 에 속하고 壬水가 있으면 의식을 넉넉히 갖출 수 있다.

或柱中無水요 又無比劫出干이면 乃爲棄命從才니 富 大貴小나 能招賢德之妻하니 從才格은 以火爲妻요 土

爲子라

혹 사주 중에 水가 없고 비겁의 천간에 투출함도 없으면 곧 棄命從財(기명종재)가 되니 富는 크고 貴는 작지만 어질고 후덕한 아내를 맞을 수 있는데, 종재격은 火를 처로 삼고 土를 자식으로 삼는다.

或一派戊土出干이요 不見比肩이면 名爲才多身弱이니 終爲富屋貧人이라

혹 한줄기 戊土가 천간에 투출하고 비견이 보이지 않으면 '재다신약'이라고 이름하니 마침내 부잣집 속의 가난한 사람이 된다.

或丙辛化水면 嫖賭破家니 終非承受之兒라

혹 丙과 辛이 합하여 水로 化하면 주색과 도박으로 집안을 망치니 마침내 가업을 물려받을 사람이 아니다.

或一派乙木에 不見丙癸면 名爲亂臣無主니 勞碌奔波요 又加多支辛金면 僧道之輩라

혹 한줄기 乙木에 丙과 癸가 보이지 않으면 난신무주(반란을 일으킨 신하로 군주가 없음)라 하니 몹시 애쓰고 고

생하며, 다시 또 지지에 辛金을 더하게 되면 승도의 무리
가 된다.

　或一派甲木에　無癸無丙하고　又無庚金이면　此人一生
虛浮니　總不誠實이요　有庚制甲이면　乃有謀之人이니　但
嗜酒貪花며　多慾敗德하여　不修品行하니　男女一理니라

　혹 한줄기 甲木에 癸水도 없고 丙火도 없으며 또 庚金도
없으면 이러한 사람은 일생동안 떠돌아다니게 되니 결국
성실하지 못하며, 庚金이 있어서 甲을 억제하면 智謀(지모)
가 있는 사람인데 다만 술을 즐기고 여자를 탐하며 욕심이
많고 덕을 무너뜨려서 품행을 닦지 않으니, 남녀가 한 가
지 이치이다.

　總之컨대　夏月之乙木은　耑用癸水하고　丙火酌用하며
庚辛次之니라

　총괄하여 말하자면 하월의 乙木은 오로지 癸水를 쓰고
丙火를 참작하여 알맞게 쓰며 庚辛金이 그다음이다.

三秋乙木

三秋乙木은 金神司令하니 先丙後癸요 惟九月尙用癸水하니 恐丙暖戊土為病也니라

三秋의 乙木은 金神이 사령하니 丙火를 먼저 쓰고 癸水를 뒤에 쓰는데, 오직 9월에는 오로지 癸水를 써야 하니 丙火가 戊를 따뜻하게 하면 病이 됨을 두려워하는 것이다.

七月乙木은 庚金乘令하니 庚雖輸情於乙妹나 怎奈干乙難合支金이라 柱見庚多면 乙難受載니 或丙透干하고 又加己出埋金이면 此格可云科甲이요 有己透요 加丙이면 亦是上命이니 七月喜己土為用이니 或不見丙癸라도 己土必不可少며 此則以火為妻요 土為子니라

7월의 을목은 庚金이 시령을 타니 庚이 비록 乙누이에게 정을 주더라도 천간의 乙木은 지지의 庚金과 합하기 어려운 것을 어찌하겠는가? 주중에 庚金이 많으면 乙木은 뿌리 내리기 어려우니, 혹 丙火가 천간에 투출하고 또 己土가 나타나 金을 묻어줌을 더하면 이러한 격은 과거에 급제한다고 말할 수 있으며, 己土가 투출하고 丙火를 더하면 이 것도 上命이며, 7월 乙木은 己土를 쓰는 것을 좋아하니 혹

丙과 癸는 만나지 못하더라도 己土는 반드시 모자라서는 안 되며, 이러한 경우에는 火를 처로 삼고 土를 자식으로 삼는다.

或癸透丙藏이요 庚少면 此不用己나 可許貢拔이며 無
丙이요 有癸透者면 不失刀筆門戶며 有支下庚多요 癸
又藏者에 無丙己二神이면 平常人物이라

혹 癸水가 투출하고 丙火가 암장되며 庚金이 적으면 이러한 경우에는 己土를 쓰지 않더라도 공생[23]에 선발됨을 기대할 수 있으며, 丙火가 없고 癸水의 투출만 있으면 도필문호(문서작성지위)를 잃지 않으며, 지지에 庚金이 많고 癸水가 암장된 경우에 丙과 己 두 神이 없으면 평범한 인물이다.

或生辰時면 此為從化니 反主富貴라 凡化合格은 皆
以所生之神為用하니 化金者는 戊為用神하니 特忌丙丁
煆煉破格이라 從化者는 以火為妻하고 土為子하며 其
餘는 以金為妻하니 妻必賢美요 以水為子하니 子必克

---

23) 貢生: 지방에서 조정에 천거한 인재.

肖나 但忌刑沖이니 凡命皆然이라 不特此也니라

7월 乙木이 辰時에 태어나면 이것은 종화격이 되니 도리어 부귀를 주장한다. 대체로 化合格은 모두 生하는 神을 用으로 삼으니, 합화하여 金으로 化한 경우에는 戊土를 용신으로 삼는데, 다만 丙丁火의 열에 녹아 파격이 됨을 꺼린다. 종화격에는 火를 처로 삼고 土를 자식으로 삼으며, 그 나머지는 金을 처로 삼으니 처가 어질고 아름다우며 水를 자식으로 삼으니 자식이 반드시 유능하고 어질지만, 다만 형충을 꺼리는데 모든 命이 다 그러하므로 이 경우뿐만 아니다.

丁 乙 甲 庚
丑 卯 申 午

富僧, 此庚旺無丙之故.

富僧(부승)이 된 명조인데 그 이유는 庚金이 왕하고 丙火가 없기 때문이다.

戊 乙 庚 戊
寅 丑 申 午

知縣, 此化格, 妻賢子肖.

지현(현의 장관) 벼슬을 하였는데 이것은 化格으로 처자가 모두 현명하다.

秋乙逢金은 非貧即夭라 秋生乙木忌根枯니 根旣枯槁면 貧苦到老니라

가을의 乙木이 金을 만나면 가난하지 않으면 요절한다. 가을에 태어난 乙木은 뿌리가 마르는 것을 꺼리니 뿌리가 이미 말랐다면 늙도록 가난하고 고생스럽게 산다.

八月乙木은 芝蘭禾稼均退라 以丹桂為乙木하니 在白露之後에는 桂蕊未開니 尙用癸水以滋桂萼이요 若秋分後에는 桂花已開라 却喜向陽이니 又宜用丙이요 癸水次之니 丙癸兩透면 科甲名臣이라

8월의 乙木은 화초나 곡식들이 다 같이 물러가므로 丹桂(단계)를 乙木으로 간주하니, 백로 후에는 계수나무 꽃이 피기전이니 오로지 癸水를 써서 계수나무의 꽃받침을 자양해야 하고, 추분 후에는 계수나무 꽃이 이미 피었으므로 오히려 햇볕을 향하는 것이 좋으니 마땅히 丙火를 써야 하고 癸水가 그다음이니, 丙과 癸가 모두 투출하면 과거에 급제하여 훌륭한 신하가 된다.

或支成金局이면 宜暗藏丁이니 無丁制金이면 恐木被金傷이라 若無水火면 此人勞碌하니 或得癸水면 為子得母라 其人一生豐盈하며 或丙癸兩透에 戊土雜出이면 亦主異路功名이라

혹 지지에 金局을 이루면 마땅히 丁火를 암장해야 하니 丁火의 金을 억제함이 없으면 木이 金에게 손상될까 두렵기 때문이다. 만약 水나 火가 없으면 이런 사람은 몹시 애쓰고 분주한데, 혹 癸水를 만나면 자식이 어미를 만나는 것이므로 그 사람은 한평생 풍족하며, 혹 丙과 癸가 모두 투출했을 때 戊土가 섞여 나오면 또한 다른 길을 통하여 공명을 이룬다.

生秋分後에 有丙無癸면 亦略富貴요 若有癸無丙이면 名利虛花며 若四柱不見丙癸면 下格이라

추분 후에 태어난 경우에 丙火만 있고 癸水가 없으면 또한 약간의 부귀를 이루지만 만약 癸水만 있고 丙火가 없으면 名利가 모두 허공의 꽃과 같으며, 만약 사주에 丙과 癸가 보이지 않으면 하격이 된다.

或癸在年月干하고 丙透時干하면 名為木火文星이니
定主上達하며 生於秋分後方佳라

혹 癸水가 年이나 月干에 있고 丙火가 時干에 투출하면
이름을 木火文星이라 하니 틀림없이 높은 경지에 도달하
며, 추분 후에 태어나면 아름답다.

或生上半月無癸면 姑用壬水니 不然이면 枯木無用이
라 必作貧人이요 又四柱多見戊己면 下格이라

혹 상반월에 태어나고 癸水가 없으면 우선 壬水를 써야
하니 그렇지 않으면 고목이 되어 쓸모가 없으므로 반드시
가난한 사람이 되며, 다시 또 사주에 戊己土가 많이 보이
면 하격이다.

用癸者는 金妻水子요 用丙者는 木妻火子요 用壬者
는 金妻水子라

8월 乙木이 癸水를 쓰는 경우에는 金이 처가 되고 水가
자식이 되며, 丙火를 쓰는 경우에는 木이 처가 되고 火가
자식이 되며, 壬水를 쓰는 경우에는 金이 처가 되고 水가
자식이 된다.

甲乙遇强金이면 魂歸西土요 靑龍逢兌旺이면 且賤且
貧이니라

甲乙木이 강한 金을 만나면 그 혼이 西土로 돌아가고,
청룡(木)이 태(兌金)旺을 만나면 천하고 가난하다.

乙木生居酉면 莫逢巳酉丑이니 富貴坎離宮이요 貧窮
申酉守라 木逢金旺已傷이니 再遇金鄕이면 豈不損壽리오

乙木이 酉月(8월)에 생하면 巳酉丑을 만나지 말아야 하
니 부귀는 감리(水火)궁에 있고 빈궁은 申酉에 머문다. 木
이 金旺함을 만나서 이미 손상됐는데 다시 金향을 만나면
어찌 수명을 감손하지 않겠는가?

九月乙木은 根枯葉落하니 必賴癸水滋養이요 如見甲
申時면 名爲藤蘿繫甲하니 可秋可冬이라

9월의 乙木은 뿌리가 마르고 잎이 떨어지니 반드시 癸水
의 자양에 의지해야 하며, 만약 甲申時를 만나면 藤蘿繫甲
(등라계갑)이라 하니 가을도 좋고 겨울도 좋다.

若見癸水요 又遇辛金發水之源이면 定主科甲하며 或

有癸無辛이면 常人이요 有辛無癸면 貧賤하며 或四柱
壬多면 水難生乙이니 亦是尋常之輩라

만약 癸水를 만나고 다시 또 발수의 근원인 辛金을 만나
면 반드시 과거에 급제하며, 혹 癸가 있고 辛이 없으면 평
상인이고, 辛만 있고 癸가 없으면 빈천하며, 혹 사주에 壬이
많으면 水가 乙木을 생하기 어려우니 역시 보통 사람이다.

或支多戊土요 又透天干이면 作從才看하니 無比劫方
妙며 一逢比劫이면 富屋貧人이라

혹 지지에 戊土가 많고 다시 또 천간에 투출하면 종재로
간주하여 보는데 비겁이 없어야만 묘하며, 만일 비겁을 만
나면 부잣집의 가난한 사람이다.

用癸者는 金妻水子라 但子女艱難하니 季土剋制故也
니라

9월 乙木이 癸를 쓰는 경우에는 金이 처가 되고 水가 자
식이 되는데, 다만 자녀를 두기 어려우니 季土(戌)가 극제
하기 때문이다.

丙 乙 甲 甲

子 酉 戌 寅

名藤蘿繫甲, 癸水得祿, 科甲名臣.

이러한 사주를 등라계갑이라 하며, 癸水가 녹을 얻었으니 과갑으로 名臣이 되었다.

癸 乙 戊 辛

未 卯 戌 丑

辛癸兩透, 木局破戊, 行酉運選拔, 位至上書.

辛金과 癸水가 함께 투출하고 木局이 戊土를 파괴하니 酉운으로 행할 때 선발되어 관위가 상서(재상)에 이르렀다.

庚 乙 丙 庚

辰 亥 戌 辰

支見辰可云化合, 但非其時, 孤貧有壽.

지지에 辰土를 만나서 化合이라 할 수 있으나, 다만 그 때가 아니므로 고독하고 가난하게 살면서 장수하였다.

三冬乙木

十月乙木은 木不受氣요 而壬水司令이니 取丙為用하
고 戊土爲次라

10월의 乙木은 木이 기를 받지 못하고 壬水가 사령하므
로, 丙火를 용신으로 취하고 戊土를 그다음으로 한다.

丙戊兩透면 科甲定然이요 有丙無戊면 雖不科甲이나
亦入儒林하며 支多丙火하고 運入火鄕에도 亦主顯達이라

丙과 戊가 함께 투출하면 과거급제가 틀림없고, 丙火만
있고 戊土가 없으면 비록 과거에 급제는 하더라도 또한 유
림(유가 사회)에 들어가며, 지지에 丙火가 많고 운이 火향
으로 들어가도 역시 현달을 주장한다.

或水多無戊면 乙性漂浮하니 流蕩之徒요 若不見丙巳
면 妻子難全이요 或一點壬水에 即多見戊土면 亦為不
妙니 得甲制戊면 可許能幹이나 但為人好生禍亂이요
構訟爭非니 男女一理라

혹 水는 많은데 戊土가 없으면 乙木의 성질이 표류하므
로 마음이 불안하여 방탕한 무리가 되며, 만약 丙·巳火를

만나지 못하면 처자가 온전하기 어려우며, 혹 한 점 壬水
가 있을 때 만일 戊土를 많이 만나면 또한 묘하지 않은데
甲木이 戊土를 제압해 줌을 만나면 능력이나 재주를 기대
할 수 있으나, 다만 사람됨이 禍難(화난)을 일으키고 송사
를 꾸미고 시비 다투기를 좋아하니, 남녀가 같은 이치이다.

支成木局이면 時値小陽이로되 此又如春木同旺이니
若有癸出이면 須取戊爲尊이오 加以丙透면 科甲之人이
며 若無丙戊二字면 自成自敗하니 終非承受之輩니라

　지지에 木局을 이루면 시절이 소양(10월)을 만났어도 이
것은 또한 春木과 똑같이 왕한 것이니, 만약 癸水의 투출
함이 있으면 반드시 戊土를 취하는 것이 중요하고 여기에
丙의 투출을 더하면 과거에 급제하는 사람이며, 만약 丙戊
두 자가 없으면 스스로 이루고 스스로 패하니 마침내 조업
을 이어받을 사람이 아니다.

　丁 乙 乙 己
　亥 巳 亥 亥
　丙戊祿在巳, 惜不透干, 可許一榜.
　丙火戊土의 녹이 巳에 있는데, 애석하게도 천간에 丙戊

가 투출하지 않았다. 그러나 한 번의 과거 급제를 기대할 만하다.

丁 乙 癸 戊
卯 酉 亥 戌
丙戌兩透, 都史.
丙戌가 투출하니 도사 벼슬을 하였다.[24]

十一月乙木은 花木寒凍하고 一陽來復이라 喜用丙火
解凍이니 則花木有向陽之意라 不宜用癸以凍花木이니
故峕用丙火라

11월의 乙木은 花木이 추위에 얼고 一陽이 돌아오는 때
이므로 丙火를 써서 해동하는 것이 좋으니 곧 花木은 태양
을 향하는 뜻이 있으므로 癸水를 써서 화목을 얼게 해서는
안 되므로 오로지 丙火를 써야 하는 것이다.

有一二點丙火出干하고 無癸制者면 可許科甲이요 即
丙藏支內라도 亦有選拔恩封이니 得此不貴는 必因風水
薄이라 或壬癸出干하고 有戊制면 可作能人이요 即丙

---

24) 丁卯時는 丙子時가 되어야 할 듯함.

在支內라도 亦是俊秀요 若壬透無戊면 貧賤之人이라

　한두 점의 丙火가 천간에 나타나고 癸水의 극제가 없는 경우에는 과거급제를 기대할 수 있으며, 혹 丙火가 지지 안에 암장되었더라도 선발(과거에 뽑힘)되고 은봉(은혜롭게 벼슬에 봉해짐)됨이 있으니, 이러함을 만나고도 귀하게 되지 않는 경우는 틀림없이 풍수에 결함 때문이다. 혹 壬癸水가 천간에 나타나고 戊土의 극제가 없는 경우에는 유능한 사람이 될 수 있으며, 혹 丙火가 지지 안에 있더라도 역시 준수한 사람이며, 만약 壬水가 투출했는데도 戊土가 없으면 빈천한 사람이다.

支成水局이요 干透壬癸에 丙丁全無면 雖有戊制라도 貧乏到老며 運至南方이면 稍有衣食이라 丁火有亦如無하니 丁乃燈燭之火니 豈能解嚴寒之凍이리오 設無丙丁이요 戊己多見이요 金水奔流면 下賤하며 或有戊己無火면 亦屬常人하니 但不至下賤하며 或一派丁火면 大奸大詐之徒며 如無甲引丁이면 孤鰥到老하며 丁火見甲이면 必主麟趾振振이요 芝蘭繞膝이라

　지지에 水局을 이루고 천간에 壬癸水가 투출했을 때 丙

丁火가 전혀 없으면 비록 戊土의 극제가 있더라도 늙도록 가난하며, 운이 남방에 이르면 약간의 의식이 있을 뿐이다. 丁火는 있어도 없는 것과 같으니, 丁은 곧 등불이나 촛불과 같은데 어찌 혹독한 추위에 언 것을 해동시킬 수 있겠는가? 가령 丙丁火가 없고 戊己土가 많이 보이고 金水가 힘차게 달리면 下賤(하천)하며, 혹 戊己土만 있고 火가 없으면 또한 평상인에 속하는데 다만 下賤함에 이르지는 않으며, 혹 원국에 한줄기의 丁火를 이루면 크게 간사한 무리이며, 만약 丁火를 이끌어 줄 甲木이 없으면 늙도록 외로운 홀아비로 살며, 丁火가 甲木을 만나면 반드시 기린의 발이 진진하고,[25] 지초와 난초가 무릎을 둘러싼다.[26]

或成水局하고 壬癸兩透면 則木浮矣라 不特貧賤이요 而且夭折이니 得一戊救라야 方可니라

혹 지지에 수국을 이루고 壬癸水가 함께 투출하면 木이 뜨게 되므로, 빈천할 뿐 아니라 또한 요절하게 되니 戊土의 구제를 만나야만 비로소 괜찮다.

---

25) 뛰어난 자제들이 많다.

26) 선량한 자제들이 슬하에서 논다.

冬月之木은 雖取戊制水라도 不可作用이요 崙取丙火
則可니 用火者는 木妻火子며 用土者는 火妻土子라

冬月乙木은 비록 戊를 취하여 水를 억제하더라도 用이
될 수 없고 오로지 丙火를 취해야만 用이 될 수 있으니,
火를 쓰는 경우에는 木이 처가 되고 火가 자식이 되며, 土
를 쓰는 경우에는 火가 처가 되고 土가 자식이 된다.

丙 乙 戊 庚
子 巳 子 申
丙戊兩透, 詞林.
丙火・戊土가 함께 투출하니 벼슬이 사림에 이르렀다.

乙木生於冬至之後하고 坐下木局이요 得丙透干者는
富貴之造며 即丁出干이라도 亦有衣祿이나 須忌癸制丁
이라 乙木生於冬月하고 己土透干이요 又有丙透면 大
富大貴之造니라

乙木이 동지 이후에 태어나고 좌하에 木局을 이루고 丙
火가 투간을 만난 경우에는 부귀의 명조이며, 혹 丁火가
천간에 투출하더라도 衣食과 녹봉이 있는데, 반드시 癸水
가 丁火를 극제함을 꺼린다. 乙木이 冬月에 생하고 己土가

천간에 투출한 경우에 다시 또 丙火의 투출이 있으면 대부
대귀의 명조이다.

十二月乙木은 木寒宜丙하니 有寒谷回春之象이라 得
一丙透요 無癸出破格이면 不特科甲이라 定主名臣顯宦
이며 丙火藏支면 食餼而已요 干支無丙이면 一介寒儒라

12월의 乙木은 木이 寒(한)하므로 丙火가 적합하니 추운
골짜기에 봄이 돌아오는 형상이므로, 하나의 丙火 투출을
만나고 癸가 투출하여 격을 파괴함이 없으면 과거에 급제
할 뿐 아니라 반드시 이름 있는 높은 벼슬을 하며, 丙火가
지지에 암장되면 녹이나 받아먹을 뿐이며, 천간이나 지지
에 丙이 없으면 일개의 가난한 선비일 뿐이다.

或四柱多己하고 不逢比劫이면 乃爲從才니 富比王侯
나 若見比劫이면 貧無立錐라 雖或一派戊己에 見甲頗
有衣祿하니 崹以丙火爲用이라야 方妙니라

혹 사주에 己土가 많고 비겁을 만나지 않으면 곧 종재격
이 되니 부유함이 왕후에 비교되나, 만약 비겁을 만나면
가난하여 송곳을 세울 만한 땅도 없다. 혹 한줄기 戊己가
있는 경우에 甲을 만나면 제법 衣食과 녹봉(祿俸)이 있는

데, 오로지 丙火를 용신으로 삼아야만 비로소 묘한 것이다.

辛 乙 癸 壬
巳 卯 丑 午
巳中丙戊得所, 一榜, 官至太守.
巳 중에 丙火·戊土가 자리를 얻으니, 과거에 합격하여
벼슬이 태수에 이르렀다.

辛 乙 癸 壬
巳 酉 丑 午
巳酉丑會金局, 帶丙不得祿, 一富而已.
巳酉丑이 金局으로 회합하여 丙火 녹을 이루지 못하니
다만 부자일 뿐이다.

庚 乙 己 庚
辰 巳 丑 子
此名殺重身輕, 貧而且夭.
이러한 사주를 살중신경(殺重身輕)이라 하니 가난하고
夭死(요사)한다.

窮通寶鑑 卷二

論 火

論 火

炎炎眞火요 位鎭南方하니 故火無不明之理나 輝光不
久라 全要伏藏하니 故明無不滅之象이라 火以木爲體니
無木則火不長焰이요 火以水爲用이요 無水則火太酷烈
이라 故火多則不實이요 火烈則傷物이라 木能藏火니
到寅卯方而生火요 不利於西니 遇申酉而必死며 生居離
位면 果斷有爲요 若居坎宮이면 謹畏守禮니라

활활 타오르는 것이 참된 火의 본성이며 남방에 자리하
여 머무니, 火는 밝지 않을 이치가 없지만 빛나는 광채는
오래가지 못하므로 모두 깊이 간직되어야 하니, 본래 밝음
이란 없어지지 않는 상이 없기 때문이다. 火는 木을 體로
삼으니 木이 없으면 火가 오래도록 타지 못하며, 火는 水
를 用으로 삼으니 水가 없으면 火가 매우 격렬해진다. 그

러므로 火가 많으면 實하지 않고 火가 치열하면 만물을 손상한다. 木은 火를 저장할 수 있으므로 寅卯방에 이르면 火를 살리고 西方에는 불리하므로 申酉를 만나면 반드시 꺼지며, 火가 태어나서 離宮(이궁)에 머물면 과감하게 결단하여 큰일을 행하며, 만약 坎宮(감궁)에 머물면 삼가고 두려워하며 예를 지킨다.

金得火和면 而能鎔鑄요 水得火和면 則成旣濟라 遇土不明하니 多主蹇塞이요 逢木旺處면 決定為榮이며 木死火虛하여 難得永久하니 縱有功名이나 必不久長이라 春忌見木하니 惡其焚也요 夏忌見土하니 惡其暗也요 秋忌見金하니 金難剋制요 冬忌見水하니 水旺則滅이라 故春火欲明이요 不欲炎이니 炎則不實이며 秋火欲藏이요 不欲明이니 明則太燥며 冬火欲生이요 不欲殺이니 殺則歇滅이니라

金이 火를 만나 조화를 이루면 녹아서 그릇이 될 수 있고, 水가 火를 만나 조화를 이루면 기제의 공을 이룬다. 火가 土를 만나면 밝지 못하니 대체로 곤궁하고 막히는 일이 많고, 木이 왕한 곳을 만나면 반드시 번영하게 되며, 木이

死하면 火가 약해져서 영구함을 이루기 어려우니 비록 공명이 있더라도 반드시 오래가지 못한다. 봄에는 木을 만나는 것을 꺼리니 그 불타버리는 것을 싫어하기 때문이며, 여름에는 土를 만나는 것을 꺼리니 그 어두워지는 것을 싫어하기 때문이며, 가을에는 金을 만나는 것을 꺼리니 金을 극제하기 어렵기 때문이며, 겨울에는 水를 만나는 것을 꺼리니 水가 왕하면 火가 꺼지기 때문이다. 그러므로 봄의 火는 밝기를 원하고 타오르는 것을 원치 않으니 활활 타버리면 實하지 않기 때문이며, 가을의 火는 감추기를 바라고 밝기를 바라지 않으니, 밝으면 너무 건조하기 때문이며, 겨울의 火는 生을 원하고 殺을 원치 않으니 죽임을 당하면 다 꺼지기 때문이다.

　生於春月하면 母旺子相하여 勢力並行하니 喜木生扶하되 不宜過旺이니 旺則火炎이요 欲水旣濟하되 不愁興盛하니 盛則沾恩이라 土多則寒塞埋光이요 火盛則傷多烈燥라 見金可以施功이니 縱重見用才尤遂니라

　火가 春月에 生하면 母는 旺·子는 相이 되어 세력이 나란히 행하게 되는데, 火는 木의 생부를 좋아하되 지나치게 왕성해서는 안 되니, 왕성해지면 火가 타오르기 때문이며,

水火기제를 원하되 홍성함을 근심하지 않으니 홍성하면 은혜를 누리기 때문이다. 土가 많으면 곤궁하고 막히니 빛을 매장하기 때문이며, 火가 왕성하면 손상이 많으니 조열하기 때문이다. 金을 만나면 공을 베풀 수 있으니, 비록 거듭 만나더라도 財를 쓰면 더욱 공이 이루어진다.

夏月之火는 秉令乘權하니 逢水制則免自焚之咎요 見木助必招夭折之患하며 遇金必作良工이요 得土遂成稼穡하나니 金土雖為美利나 無水則金燥土焦요 再加木助면 太過傾危니라

夏月의 火는 時令을 잡고 권세를 타고 있으니, 水의 극제를 만나면 스스로 불타버리는 허물을 면하며, 木의 부조를 만나면 반드시 요절하는 우환을 초래하며, 金을 만나면 반드시 훌륭한 장인(기술자)이 되고, 土를 만나면 마침내 심고 거두는 농사를 이루는 것인데, 金과 土가 비록 아름답고 유리함이 되더라도 水가 없으면 金은 메마르고 土는 까맣게 타며, 거듭 木의 부조를 가하면 태과해져서 매우 위험하다.

秋月之火는 性息體休하니 得木生則有復明之慶이요

遇水剋難免隕滅之災며 土重而掩息其光이요 金多而損
傷其勢며 火見火以光輝니 縱疊見而必利니라

秋月의 火는 성정이 멈추고 체질이 휴식하니, 木의 생부
를 만나면 광명을 회복하는 기쁨이 있고, 水의 극제를 만
나면 명이 끊어지는 재앙을 면하기 어려우며, 土가 중첩되
면 그 빛을 가리어 활동을 멈추게 하고, 金이 많으면 그
세력을 손상하며, 火가 火를 만나면 빛을 내게 되니, 비록
거듭 만나더라도 반드시 이롭다.

冬月之火는 體絶形亡하니 喜木生而有救하며 遇火剋
以為殃이라 欲土制為榮이요 愛火比為利하며 見金為難
任才라 無金而不遭害요 天地雖傾이라도 火水難成이니라

冬月의 火는 체질이 끊어지고 형상이 없어지니, 木의 생
부로 구조됨이 있음을 좋아하며, 水의 극제를 받으면 재앙
이 되므로, 土의 제압으로 영화롭게 되기를 원하고, 火의
도움으로 이롭게 됨을 좋아하며, 金을 만나도 財를 감당하
기 어려우므로, 金이 없으면 해로움을 당하지 않으며, 天
地가 비록 기울더라도 火와 水가 함께 있으면 기제의 공을
이루기는 어렵다.

三春丙火總論

三春丙火는 秉象至威하고 陽回大地하니 侮雪欺霜이
라 尙用壬水하여 為扶陽이면 名曰天和地潤이니 旣濟
功成이라 正月用壬이요 庚辛為佐며 二月尙用壬水요
三月土重晦光하니 取甲佐之為妙니라

三春의 丙火는 지니고 있는 상이 지극히 위엄이 있으며, 陽
(봄)이 대지에 돌아오니 눈과 서리를 업신여기므로, 오로지
壬水를 써서 양기를 돕게 되면 이름하기를 하늘은 온화하고
땅은 윤택하다고 하는 것이니, 기제의 공이 이루어진다.

정월에는 壬水를 쓰고 庚辛金을 보좌로 삼으며, 2월에는
오로지 壬水를 쓰고, 3월에는 土가 중하여 빛을 어둡게 하
니 甲을 취하여 그것을 보좌하는 것을 묘하게 여긴다.

癸丙春生하면 不晴不雨之天이라 丙日春生이요 時月
出癸면 雲霧迷濛이라 不顯不達이니 非若壬水輔丙也니라

癸水와 丙火가 봄에 태어나면 맑지도 않고 비도 오지 않
는 天氣(기상)이다. 丙日主가 봄에 태어나고 時나 月에 癸
水가 투출하면 구름과 안개가 자욱한 상으로 현달하지 못
하니, 壬水로 丙을 보좌하는 것만 한 것이 없다.

三春丙火

正月丙火는 三陽開泰하여 火氣漸炎이라 取壬爲尊하고 庚金佐之니 壬庚兩透면 科甲定然이요 即壬透庚藏이라도 亦有異途顯達이라

정월의 丙火는 三陽(寅)이 열리고 통하여 火氣가 점점 타오르므로, 壬水를 취하여 존귀함으로 삼고 庚金으로 그것을 보좌해야 하니, 壬과 庚이 모두 투출하면 과거급제는 틀림없으며, 혹 壬水가 투출하고 庚金이 암장되더라도 다른 길을 통하여 현달함이 있다.

若一庚高透하고 支藏一二丙火면 納粟奏名하니 主爲人慷慨英雄이요 有才邁衆이라

만약 하나의 庚金이 높게 투출하고 지지에 1～2개의 丙火가 암장되면 재물을 바치고 공명을 얻는데, 대체로 사람됨이 의기가 넘치고 분개하는 영웅으로 재주가 있어 무리중에서 뛰어난다.

或一派庚辛混雜이면 常人이며 得時月兩透庚金이요 無辛者는 定主淸貴며 或辛年辛時는 名爲貪合이니 酒

色之徒며 女命一理라

혹 한줄기의 庚과 辛이 혼잡되면 보통사람이며, 時와 月 두 곳에 庚金이 투출하고 辛이 없는 경우에는 반드시 청귀하며, 혹 辛年辛時인 경우에는 합을 탐한다고 이름하니 주색을 즐기는 사람이며, 女命도 같은 이치이다.

或丙少壬多나 而無戊制면 名殺重身輕이니 斯人笑裏藏刀요 尋非痞棍이며 或見一戊制壬이면 反而富貴나 宜見一二比肩이라야 方妙니라

혹 丙火가 적고 壬水가 많은데 戊土의 극제가 없으면 殺重身輕이라 이름하니, 이러한 사람은 웃음 속에 칼을 감추고 비행으로 이어지는 무뢰한이며, 혹 하나의 戊土가 壬水를 극제함을 만나면 도리어 부귀를 이루는데, 마땅히 1~2개의 비견을 만나야만 비로소 묘함을 이룬다.

或一片戊土요 甲不出干이면 終非大器며 且恐孤貧이니 正月之丙은 忌戊晦光이라 或支成火局이면 尙取壬水爲貴니 無壬이면 癸亦姑用이요 若壬癸俱無면 取戊以洩火氣니 但屬平人니라

혹 한 조각 戊土가 있는데 甲木이 天干에 투출하지 않으면 마침내 큰 그릇이 아니며 또 외롭고 가난할까 염려되니, 정월의 丙火는 戊土가 빛을 어둡게 함을 꺼리기 때문이다. 혹 지지에 火局을 이루면 오로지 壬水를 취하는 것을 귀하게 여기니, 壬水가 없으면 癸水라도 우선 써야 하며, 만약 壬癸가 모두 없으면 戊土를 취하여 火氣를 누설해야 하는데 다만 평범한 사람에 속할 뿐이다.

或支成火局이면 又作炎上而推나 但不逢時耳니 若不見東南歲運이면 反致孤貧이라

혹 지지에 火局을 이루면 또한 염상격으로 간주하여 추리하는데, 다만 염상격이 三春에 生하면 전왕한 때를 만나지 못했을 뿐이니, 만약 동남 세운을 만나지 못하면 도리어 고독과 가난에 이른다.

或四柱有甲木이요 得庚金暗制면 可作秀才라

혹 사주에 甲木이 있을 때 庚金의 암제를 만나면 뛰어난 선비가 될 수 있다.

無壬用癸者면 略富貴나 且官殺亦要旺相有根이요 丙

火無壬이면 多主貧賤을 屢徵屢驗이라 或火多無水에
一至水鄕必死며 不然이면 定有災咎니 惟五月丙火로
合炎上格이면 則不喜水破格이라 用癸無根이면 定主目
疾이라

　壬水가 없어서 癸水를 쓰는 경우에는 약간의 부귀를 누
리지만 다시 또 관살이 왕상하여 뿌리가 있어야 하며, 丙
火에 壬水가 없으면 대부분 빈천하게 되는 것을 누차 징험
하였다. 혹 火가 많고 水가 없는 경우에 만일 운이 水鄕에
이르면 반드시 죽으며, 그렇지 않으면 반드시 재난이 있게
되니, 5월의 丙火와 같이 염상격에 부합하면 水가 격을 파
하는 것을 좋아하지 않기 때문이다. 癸를 쓰는 경우 뿌리
가 없으면 반드시 눈병이 있다.

　用壬者는 金妻水子요 用庚者는 土妻金子니라

　정월의 丙火가 壬水를 쓰는 경우에는 金이 처가 되고 水
가 자식이 되며, 庚을 쓰는 경우에는 土가 처가 되고 金이
자식이 된다.

庚 丙 庚 丙
寅 午 寅 午

兩間不雜, 按察.

庚과 丙 두 천간이 혼잡하지 않아 격국이 청하니 벼슬이 안찰[27)]에 이르렀다.

壬 丙 戊 庚
辰 寅 寅 寅

庚壬兩透, 詞林.

庚과 壬이 함께 투출하니 벼슬이 사림에 이르렀다.

丁 丙 庚 辛
酉 子 寅 亥

狀元.

장원급제 하였다.

戊 丙 壬 丁
戌 子 寅 酉

假借斯文, 先貧後富, 但子息艱難.

사문(유학)에 의지하며 선빈후부하나, 다만 자식을 두기가 어렵다.

---

27) 明·淸 때의 성의 사법장관.

二月丙火는 陽氣舒升이라 耑用壬水니 壬透天干하고 不見丁化하며 加以庚辛己亦透하여 壬水有根이면 定主科甲이니라

2월의 丙火는 陽氣가 화창하게 상승하므로 오로지 壬水를 써야 하니, 壬水가 천간에 투출하고 丁에게 合化당하지 않으며 거기에 庚辛己도 역시 투출함을 더하여 壬水가 뿌리가 있으면 반드시 과거에 급제한다.

或無壬水하여 己土姑用하면 主有才學이니 雖不能成名이나 必衣食充足이라

혹 壬水가 없어서 己土를 잠시 쓰는 경우에는 대체로 재주와 학식이 있는데, 비록 이름을 이루지는 못하더라도 반드시 의식은 충족하다.

或一派壬水요 見一戊制면 雖不科甲이나 亦有恩庇며 或無戊透면 則有辰戌丑未之戊라도 但辰宮癸水가 貪合成火라 不能制壬이니 此平常衣祿이며 若支下全無一戊면 此係奔流之人이며 加以金多生水면 下賤之命이라

혹 한줄기 壬水가 있을 때 하나의 戊土에게 극제당하면

비록 과거급제는 하지 못하더라도 부모의 恩庇(은비)가 있으며, 혹 戊土의 투출이 없으면 辰戌丑未 속의 戊土가 있더라도 다만 辰宮의 癸水가 (戊癸)합을 탐하여 火를 이루려 하므로 壬水를 극제할 수 없으니, 이러한 경우는 평상(보통의 정도)의 의록이 있을 뿐이며, 만약 지지 속에 하나의 戊土도 없다면 이것은 분주하게 돌아다니는 사람에 속하며, 여기에 金이 많아 水를 생하게 됨을 더하면 하천한命이다.

或一派戊土면 亦用壬水니 運喜行木이요 見土不祥이며 行火亦不利라

한줄기 戊土가 있으면 역시 壬水를 쓰는데, 운은 木으로 행하는 것을 좋아하며 土를 만나는 것은 상서롭지 못하며, 火로 행하는 것도 이롭지 않다.

或丙子日辛卯時면 乃從化格이니 但不逢時면 貪財壞印이라 難招祖業이며 若得一二重丁火破辛이요 壬水得位면 亦主富貴니 雖不科甲이나 亦有異途라 名傳郡邑하며 合此格이면 主妻妾多子라 或月時見二辛卯요 日乃丙子면 名為爭合이니 年不透丁制辛이면 此人昏迷酒

이나 年透丁火면 反吉하며 或支成木局이면 反因奸得
才요 因酒得名이니라

丙子일 辛卯시라면 곧 종화격인데, 다만 化한 것이 때를
만나지 못하면 財를 탐하여 印을 파괴하므로 조업을 계승
하기 어려우며, 만약 1~2개의 거듭된 丁火가 辛金을 파괴
하고 壬水가 자리에 얼음을 만나면 또한 부귀를 주장하니,
비록 과거에 급제하지는 못하더라도 다른 길이 있으므로,
이름이 군읍에 전해지며, 이격에 부합하면 처첩에 자식이
많다. 혹 월과 시에 2개의 辛卯를 만나고 일주가 丙子라면
이름을 쟁합이라 하니, 년상에 丁이 투출하여 辛을 제압하
지 않으면 이 사람은 주색에 빠져 혼미하게 되지만, 년상
에 丁火가 투출하면 도리어 길하며, 지지에 木局을 이루면
오히려 간교함으로 인하여 재물을 얻고 술로 인하여 이름
을 얻는다.

凡用壬者는 金妻水子니라

무릇 2월 丙火가 壬水를 쓰는 경우는 金이 처가 되고 水
가 자식이 된다.

己 丙 己 乙
亥 申 卯 亥
用申中庚壬, 孝廉.
申 중 庚壬을 쓰며 효렴에 천거되었다.

己 丙 丁 己
亥 申 卯 亥
武擧, 但子息惟艱.
무과에 선발되었는데 다만 자식을 두지 못했다.

三月丙火는 氣漸炎升이라 用壬水니 或成土局이면
取甲木爲輔나 壬不可離라 壬甲兩透면 科甲定宜요 惟
忌庚出制甲이니 則秀才而已라

3월의 丙火는 氣가 점점 타오르며 壬水를 써야 하니, 혹
土局을 이루었다면 甲木을 취하여 보좌로 삼되 壬水를 떠
날 수 없다. 壬과 甲이 함께 투출하면 과거급제는 틀림없
는데, 다만 庚金이 출현하여 甲木을 제압함을 꺼리니 그렇
게 되면 수재(생원)에 그칠 뿐이다.

無甲用庚이니 助壬水洩土氣니라

(지지가 土局을 이룰 때) 甲木이 없으면 庚金을 써야 하니, 壬水를 돕고 土氣를 누설시키는 것이다.

壬透甲藏이면 富大貴小요 有甲無壬이면 勞碌濁富요 壬藏無甲이면 一介寒儒요 壬甲兩無면 愚賤之輩요 乙丁雜亂이면 定必屬凡夫니라

壬水가 투출하고 甲木이 암장되면 富는 크나 貴는 작으며, 甲木은 있으나 壬水가 없으면 분주하게 부정한 富를 이루며, 壬水가 암장되고 甲木이 없으면 하나의 가난한 선비일 뿐이며, 壬水와 甲木이 둘 다 없으면 어리석고 천한 무리이며, 乙木과 丁火가 뒤섞여 어지러우면 반드시 범부에 속한다.

用壬者는 金妻水子요 用甲者는 水妻木子니라

壬水를 쓰는 경우에는 金이 처가 되고 水가 자식이 되며, 甲木을 쓰는 경우에는 水가 처가 되고 木이 자식이 된다.

壬 丙 丙 癸
辰 午 辰 丑

壬出天干, 太守.

壬水가 천간에 투출하니, 벼슬이 태수에 이르렀다.

癸 丙 壬 辛
巳 戌 辰 卯
明經.
명경(향시합격자)에 선발되었다.

三夏丙火總論

三夏丙火는 陽威性烈이라 專用壬水니 若亥宮壬水無力하니 回剋洩氣故也며 仍用申宮長生之水라야 方云富貴니라

三夏의 丙火는 양의 기운이 강대하고 성질이 맹렬하므로 오로지 壬水를 써야 하는데, 亥宮의 壬水는 무력하게 되니 회극이나 설기를 당하기 때문이며, 그래서 申宮장생의 水를 써야만 비로소 부귀한다고 말할 수 있다.

四月尚用壬水요 金為佐며 五月亦尚用壬이니 四五月壬透者富貴하니 丁多면 兼看癸水며 六月用壬하되 但

借庚金爲佐니라

4월의 丙火는 오로지 壬水를 쓰고 金을 보좌로 삼으며, 5월도 역시 壬水를 전용하니 4·5월의 丙火는 壬水가 투출하면 부귀하는데, 丁火가 많으면 壬水와 癸水를 겸하여 보아야 하며, 6월에는 壬水를 쓰되 다만 庚金을 차용하여서 보좌로 삼는다.

陽刃合殺이면 威權萬里니 丁火羊刃太旺이면 正謂羊刃倒戈라 無頭之鬼며 丙火用壬에 生旺坐實方好요 忌壬水太多니 名殺重身輕이니라

양인이 살과 합하면 위엄과 권세가 만리에 뻗히는데, 丁火 양인이 태왕하면 바로 이른바 양인이 창을 거꾸로 한 것으로 머리 없는 귀신이며, 丙火가 壬水를 쓸 때 생왕하여 실한 자리에 머물러야만 좋으며, 壬水가 너무 많은 것을 꺼리니, 살이 중하고 身이 경하다고 이름하는 것이다.

三夏丙火

四月丙火는 建祿於巳하여 火勢炎炎하니 宜專用壬水

하여 解炎威之力이면 成旣濟之功이요 如無壬水면 孤
陽失輔하여 難透淸光이니 得庚發水源이라야 方爲有根
之水라 壬庚兩透요 不見戊土면 號曰湖水汪洋하여 廣
映太陽하여 光輝顯著한 文明之象이니 人合此格이면
不但科甲崢嶸이라 必有恩諡封榮하니 若不驗이면 必暗
損陰德이니라

4월의 丙火는 월령 巳에 건록이 되어 火의 기세가 세차
게 타오르니, 오로지 壬水를 써서 세차게 타오르는 위력을
해소시켜야만 기제의 공을 이루게 되며, 만일 壬水가 없으
면 외로운 태양이 도움을 받지 못해 밝은 광채를 투과하기
어려우니, 發水 원인 庚을 만나야만 비로소 근원이 있는
水가 된다. 壬水와 庚金이 함께 투출하고 戊土를 만나지
않으면 부르기를 "호수가 넓고 넓어서 태양을 널리 비추어
광휘가 밝게 들어나는 문명의 상(문채가 있고 덕이 빛나는
상)"이라 하니, 사람이 이 격에 부합하면 과거에 합격하고
재주가 뛰어날 뿐 아니라 반드시 은혜로운 시호와 작위에
봉해지는 영화가 있으니, 만약 응험하지 않으면 반드시 암
암리에 음덕을 손상했기 때문이다.

或無壬水면 癸亦姑用이며 見庚透癸면 不富必貴로되

但心性乖僻하고 巧謀善辯이라

혹 壬水가 없으면 癸水라도 우선 써야 하며, 庚金이 보이고 癸水가 투출하면 부유하지는 않아도 반드시 귀하게 되는데, 다만 심성이 삐뚤어지고 모사를 잘 꾸미고 말을 잘한다.

或壬癸俱無면 愚頑之輩요 火炎無制면 僧道之流니 不然이면 須防夭折이라

혹 壬癸가 모두 없으면 어리석고 완고한 무리이며, 火염을 제지함이 없으면 승도의 무리이니 그렇지 않으면 반드시 요절을 대비해야 한다.

或一派庚金이요 不見比劫이면 有富無貴라

혹 한줄기 庚金만 있고 비겁이 보이지 않으면 부유함은 있으나 귀함은 없다.

或丙午日干이 四柱多壬하고 不見戊制면 名曰陰刑殺重이니 光棍之流요 或支成水局에 加之重重壬透하고 一無制伏이면 盜賊之命이며 如見己土면 下賤鄙夫니라

혹 丙午일간이 사주에 壬水가 많고 戊土의 제지가 보이지 않으면 이름하기를 "陰刑殺이 중하다"고 하는 것이니 이름난 건달의 무리이며, 혹 지지에 水局을 이루고 거기에 더하여 거듭 壬水가 투출하고 戊土의 제복이 하나도 없으면 도적의 命이고, 만약 己土가 보이면 신분이 천하고 어리석은 사람이다.

用壬者는 金妻水子니라

4월의 丙火가 壬水를 쓰는 경우에는 金이 처가 되고 水가 자식이 된다.

戊 丙 乙 丁
子 子 巳 巳
庚運鄕魁.
庚운에 향시에 수석으로 합격하였다.

甲 丙 辛 乙
午 午 巳 未
炎上格, 火臨巳午未之域, 官至太尉.
염상격으로 火가 巳午未의 영역에 임하니, 벼슬이 태

위28)에 이르렀다.

丙 丙 辛 庚
申 寅 巳 子

申宮壬水, 解丙火之炎, 申運會元.

申宮의 壬水가 丙火의 세찬 불을 해제하니, 申運에 회시29)에서 일등으로 합격하였다.

五月丙火愈炎하니 得壬庚高透라야 方爲上命이며 或
一壬無庚이면 亦主貢監이니 猶防戊己出干커나 丁壬化
合이니 則爲平人이라 卽不透庚壬이라도 或有申宮長生
之水요 濟之坐祿之金이면 至妙하니 必入詞林하며 又
怕戊己雜亂하니 則爲異路니라

5월의 丙火는 더욱 뜨거우니 壬과 庚이 높이 투출함을 만나야만 비로소 上命이 되며, 혹 하나의 壬水가 있고 庚金이 없으면 또한 공감(국자감학생)이 되는데, 오직 방해되는 것은 戊己土가 천간에 출연하여 壬水를 극제하거나 丁壬이 화합하는 것이니 그렇게 되면 平人이 된다. 설령 庚金과 壬

---

28) 삼공의 하나로 군사 담당.

29) 향시 합격자가 3년마다 서울에서 보는 과거시험.

水가 투출하지 않았더라도 혹 申궁 속의 장생 水(壬)가 있고 그것을 돕는 좌록 金(庚)이 있으면 지극히 묘하니 반드시 사림(한림원)에 들어가며, 또 戊와 己가 어지럽게 혼잡됨을 두려워하니 그렇게 되면 다른 길을 걷게 된다.

或成火局이요 不見滴水者면 乃僧道鰥獨之命이며 即有一二癸水라도 多遇火土면 用之無力이니 瞽目之人이며 得戊己透洩火氣도 亦主刑剋孤寡라 行北運多凶은 何也오 所謂燥烈水激反凶이니라

혹 지지에 火局을 이루고 떨어지는 물방울을 만나지 못하면 마침내 승도나 환독(외롭고 의지할 때 없는 사람)의 命이며, 혹 한두 개의 癸水가 있더라도 火土를 많이 만나면 그것을 써도 힘이 없으니 소경이 될 수 있으며, 戊己土가 투출하여 火氣를 누설함을 만나도 형극과 고과(외롭고 의지할 때 없는 명)를 당한다. 북방운으로 행하면 흉함이 많은 것은 어째서인가? 이른바 원국이 조열한데 소량의 水가 격동시키기 때문에 도리어 흉한 것이다.

或成炎上格에 柱運不見庚辛이요 多見甲乙者면 反主大富貴로되 然亦不可見水運이라

혹 염상격을 이루었을 때 사주나 운에서 庚辛을 만나지 않고 甲乙을 많이 만나면 도리어 크게 부귀하는데, 그러나 또한 水運을 만나서는 안 된다.

　或有庚癸透者면 衣祿充足이요 支火輕이면 無目疾이요 支見水者면 異途라 或成土局이요 又爲洩太過에 得壬滋甲出干이면 土被制而火得生扶니 此必富貴壽考之格也니라

5월 丙火에 庚金과 癸水의 투출이 있으면 의식과 녹봉이 넉넉하고 지지에 火가 가벼우면 눈병이 없으며, 지지에 水를 만나면 다른 길에서 이름을 낸다. 혹 지지에 土局을 이루고 다시 또 설기됨이 태과할 때 壬水가 자양하는 甲木이 천간에 출연함을 만나면 土가 제압당하고 火는 생부를 만나게 되니, 이것은 반드시 부귀 장수하는 명이다.

己 丙 壬 庚
亥 戌 午 寅

此命, 水土破格, 難作炎上, 取壬水庚金, 亦主貴.

이 명조는 水土가 격을 대파하여 염상으로 간주하기 어려우나, 壬水와 庚金을 취하면 또한 귀함을 주장하게 된다.

己 丙 戊 戊
丑 午 午 戌

土晦無光, 奴僕.

土가 火氣를 어둡게 하여 빛이 없으니 노복의 사주이다.

甲 丙 戊 戊
午 辰 午 申

火土混雜, 取甲木制土, 壬水制火. 楊縣令.

火土가 혼잡되었으므로 甲木을 취하여 土를 제복하고
壬水로 火를 제압한다. 양현령의 사주이다.

六月丙火退氣요 三伏生寒하니 壬水為用이요 取庚輔佐니라

6월의 丙火는 퇴기이며 삼복에 한기가 생기니, 壬水를
용신으로 삼고 庚金을 취하여 보좌로 삼는다.

庚壬兩透요 貼身相生하면 可云科甲名宦이며 若無庚
有壬이요 不見戊出이면 小富小貴니 見戊制壬則為鄉賢
而已며 或己土出干混雜이면 此必庸夫俗子라 或壬水淺
이요 己土出干이면 其人貧困이며 無壬下格하여 賤而

且頑하니 男女一理라

庚金과 壬水가 투출하고 바짝 붙어서 상생하면 과거에 급제한 훌륭한 관리라 말할 수 있으며, 만약 庚金이 없고 壬水만 있을 때 戊土의 출현을 만나지 않으면 작은 부귀를 누리는데, 戊土가 壬水를 극제함을 만나면 향리의 명망 있는 사람이 될 뿐이며, 혹 己土가 천간에 나타나 혼잡되면 이것은 반드시 평범하고 세속적인 사람이다. 혹 壬水가 얕고 己土가 천간에 나타나면 그 사람은 빈곤하고, 壬水가 없으면 하격이 되며 천하고 완고하니, 남녀가 같은 이치이다.

或天干一派丙火면　陽極生陰이니　干支兩見庚壬이면 登科及第니라

혹 천간이 한줄기 丙火로 이루어지면 양이 지극하여 음을 생성해야 하니, 간지에 庚金과 壬水를 모두 만나면 과거에 급제한다.

總之六月丙火用壬은　不同餘月用壬에　喜運行西北이 니　六月用壬엔　喜運行西南이니라

총괄하여 말하자면 6월의 丙火가 壬水를 쓰는 경우에는 그 밖의 달이 壬水를 쓸 때 운이 서북으로 행하는 것을 좋

아하는 것과 같지 않으니, 6월 丙火가 壬水를 쓸 때에는
운이 서남으로 행하는 것을 좋아한다.

壬 丙 丁 壬
辰 申 未 寅
一丁見柱, 二壬出干, 位至尚書.
하나의 丁火가 주중에 보이고 두 개의 壬水가 천간에 나
타나니 지위가 상서에 이르렀다.

己 丙 己 戊
亥 戌 未 午
名火土傷官用印格, 先貧後富, 死于寅運.
이 사주는 火土상관용인격이라고 하는데, 선빈후부하였
고 寅운에 사망하였다.

戊 丙 丁 壬
戌 申 未 寅
土重身輕, 爲乞丐而死.
土가 중첩되고 身이 약한데, 걸인으로 살다가 죽었다.

三秋丙火

七月丙火는 太陽轉西하여 陽氣衰矣니 日近西山이요
見土皆晦나 惟日照湖海면 暮夜光天이라 故仍用壬水면
輔映光輝니라

7월의 丙火는 태양이 서쪽으로 옮겨가서 陽氣가 쇠약하
니, 해가 서산에 가까워지고 土를 만나게 되면 모두 어두
워지지만 해가 호수나 바다에 비추면 저녁에도 하늘에 빛
나므로, 마침내 壬水를 쓰면 햇살을 도와서 빛나게 된다.

如壬多면 取戊制方妙니 有壬透干하고 又見戊土出干
이면 可云科甲이요 如戊藏支內면 不過生員이요 多壬
無戊이면 平常人也니라 或戊多壬少라도 亦屬常人이요
或多壬에 一戊出制면 所謂衆殺猖狂이나 一仁可化니
必主顯達하여 有權職이니라

만약 壬水가 많으면 戊土를 취하여 억제해야만 비로소
묘한 것이니, 壬水가 천간에 투출하고 다시 또 戊土의 출
간을 만나면 과거급제를 한다고 말할 수 있으며, 만약 戊
土가 지지 안에 암장되면 생원에 불과하며, 壬水가 많은데
戊土가 없으면 평상인이다. 戊土가 많고 壬水가 적어도 평

상인에 속하며, 혹 壬水가 많을 때 하나의 戊土가 나타나서 억제하면 이른바 많은 殺이 창광해도 하나의 仁이 변화시킬 수 있다는 것이니, 반드시 현달하여 권세와 직무를 갖는다.

一派辛金이면 又爲棄命從才하여 奇特之造니 雖不科甲이나 亦得恩榮하니 但多依親戚而爲進身之階라 從才者以水妻木子니라

한줄기 辛金이 있으면 또한 棄命從財가 되어 기특한 명조이니, 비록 과거급제에 급제하지는 못하더라도 은혜로운 영광을 얻는데, 다만 친척에 의지하여 벼슬에 나아가는 계단으로 삼는 경우가 많다. 從財하면 水를 처로 삼고 木을 자식으로 삼는다.

壬 丙 戊 壬
辰 申 申 戌
二壬出干, 有戊出制, 太史.

두 개의 壬水가 천간에 투출하고 戊土의 제압이 있으니, 벼슬이 태사(한림)에 이르렀다.

庚 丙 甲 乙
寅 申 申 未

才資七殺格, 參政.

재자칠살격으로 참정[30] 벼슬을 하였다.

八月丙火는 日近黃昏이라 丙之餘光이 存於湖海니
仍用壬水輔映이니라

8월의 丙火는 해가 황혼에 가까우므로 丙火의 여광이 호
수나 바다에 남아 있으니, 곧 壬水를 써서 햇살을 도와야
한다.

四柱多丙에 一壬高透爲奇니 定主登科及第요 富貴雙
全하며 一壬藏支면 亦主秀才며 或戊多困水면 則假作
斯文이며 若無壬水면 癸亦可用이나 但功名不久니라

사주에 丙火가 많을 때 하나의 壬水가 높이 투출하면 매
우 기이하니 반드시 과거에 급제하고 부귀가 모두 구비되
며, 하나의 壬水가 지지에 암장되면 또한 수재(생원)가 될
뿐이며, 혹 戊土가 많아 水를 통하지 않게 하면 사문(유학
자)의 이름을 빌려 어렵게 살며, 만약 壬水가 없으면 癸水

30) 재상을 보좌하는 의정부의 관직.

도 쓸 수 있으나 다만 공명이 오래가지 않는다.

或見辛透요 不能從化면 貧苦利老[31]며 或見一丁制辛
이면 爲人奸詐하고 不識高低며 女命合此면 長舌淫賤
이라

혹 辛金의 투출을 만났는데도 從化하지 못하면 늙도록
빈곤하게 살며, 혹 하나의 丁火가 辛金을 제압함을 만나면
사람됨이 간사하고 높고 낮음을 분별할 줄 모르며, 女命이
이와 같으면 말이 많고 음란하고 천하다.

或成金局이요 無辛出干이면 此非從才니 乃朱門餓莩
며 如辛出干이요 不見比劫이면 此從才格니 反主富貴
며 親戚提拔이요 妻賢內助니라 用水者는 金妻水子며
從才者는 水妻木子니라

혹 지지에 金局을 이루더라도 辛金의 천간에 투출함이
없으면 이것은 종재가 아니니 마침내 화려한 집안에 굶어
죽은 시체며, 만약 辛金이 천간에 투출하고 비겁을 만나지
않으면 이것은 종재격이니 도리어 富貴하며, 친척이 이끌

---

31) 利는 到가 되어야 함.

어주고 처가 어질고 내조한다. 水를 쓰는 경우에는 金이 처가 되고 水가 자식이 되며, 從財하는 경우에는 水가 처가 되고 木이 자식이 된다.

丁 丙 丁 丙
酉 午 酉 子
兩間不雜, 才資七殺格, 出將入相, 生子時, 不貴.

두 천간 사이가 혼잡되지 않고 재자칠살격을 이루니, 출장입상32)하는 命인데 子時에 태어났다면 귀하게 되지 않는다.

丁 丙 丁 丙
酉 辰 酉 寅
兩間不雜, 位至尙書.

두 천간 사이가 혼잡되지 않아 지위가 상서(정승)에 이르렀다.

戊 丙 癸 己
子 子 酉 卯

---

32) 밖에 나가면 장수요 朝宗 안에서는 재상이 된다. 즉, 문무를 겸함.

傷官生才格, 參戎, 但陰刑殺重, 卯運陣亡.

상관생재격으로 참융(군지휘관) 배슬을 했는데, 음형살이 중하여 卯운에 진중에서 사망하였다.

九月丙火는 火氣愈退니 所忌土晦光이라 必須先用甲木이요 次取壬水라

9월의 丙火는 火氣가 더욱 물러가니 꺼리는 바는 土가 빛을 어둡게 하는 것이므로, 반드시 먼저 甲木을 쓰고 다음에 壬水를 취한다.

甲壬兩透면 富貴非凡하며 若無壬水요 得癸透干이라도 亦可니 雖不科甲이나 異路功名하며 壬癸藏支면 貢監而已며 甲藏壬透요 無庚破甲이면 可許秀才며 或庚戊困了水木이면 定是庸才며 無甲壬癸者면 下格이라

甲과 壬이 둘 다 투출하면 부귀가 평범하지 않으며, 만약 壬水가 없고 癸水의 투간을 만나도 역시 괜찮으니 비록 과거에 급제는 못하더라도 다른 길을 통하여 공명을 이루며, 壬癸가 지지에 암장되면 공감(국자감의 학생)에 그칠 뿐이며, 甲木이 암장되고 壬水가 투출하여 庚金의 甲木을 파괴함이 없으면 수재(생원)를 기대할 수 있으며, 혹 庚金

과 戊土가 水木을 통하지 않게 하면 반드시 평범한 인물이며, 甲·壬·癸가 모두 없으면 하격이다.

或一派火土면 雖不太旺이나 亦自燥矣니 如不離鄕過繼하여 亦主奔流하니 加以無庚辛壬癸出干이면 必爲夭命이라

혹 한줄기 火土가 있으면 비록 태왕하지는 않더라도 자연히 조열할 것이니, 만약 고향을 떠나지 않으면 養子로 가게 되어 또한 분주하게 떠돌아다니는데, 여기에 더하여 庚·辛·壬·癸의 천간투출이 없으면 반드시 요절할 命이 된다.

或支成火局이라도 炎上失時니 若運入南方이면 一貧徹骨이니라

9월 丙火는 혹 지지에 火局을 이루더라도 염상이 될 시기를 놓쳤으니, 만약 운이 남방으로 들어가면 한결같은 가난이 뼈에 사무친다.

用甲者는 水妻木子요 用壬者는 金妻水子니라

甲木을 쓰는 경우에는 水가 처가 되고 木이 자식이 되며,

壬水를 쓰는 경우에는 金이 처가 되고 水가 자식이 된다.

戊 丙 甲 己
子 子 戌 亥
甲出天干, 又逢生地, 孝廉.

甲木이 천간에 나타나고 다시 또 生地를 만나니, 효렴이
되었다.

戊 丙 戊 丙
戌 午 戌 申
兩間不雜, 支成火局, 耑用壬水, 先貧後富.

양간의 둘 사이가 혼잡 되지 않고 지지가 火局을 이루니
오로지 壬水를 써야 하며 先貧後富하였다.

壬 丙 壬 戊
辰 寅 戌 戌
富大貴小, 因甲藏壬透故也.

富는 크나 貴는 작은 사주이니, 甲木이 암장되고 壬水가
투출했기 때문이다.

三冬丙火

十月丙火는 太陽失令하니 得見甲戊庚出干하면 可云 科甲이니 主為人性好淸高하여 斯文領袖니라

10월의 丙火는 태양이 時令을 놓쳤으니, 甲戊庚이 천간에 나타남을 만나게 되면 과거에 합격한다고 말할 수 있는데, 대체로 사람의 성품이 매우 청렴하고 고상하여 사문(유학자)의 영수(우두머리)가 된다.

如辛透見辰이면 名化合逢時니 主大貴라

만약 辛金이 투출하고 辰土를 만나면 化合이 때를 만났다고 이름하는 것이니 대귀를 주장한다.

或壬多無甲이면 乃作棄命從殺이니 即不科甲이나 亦 是宦僚라

혹 壬水가 많고 甲木이 없으면 곧 기명종살이 되니 설사 과거에 급제는 못 하더라도 역시 관료가 된다.

或壬多有甲無戊면 卻非從殺이니 宜用己土混壬이니라

혹 壬水가 많고 甲木이 있을 때 戊土가 없으면 곧 종살이 아니니, 마땅히 己土를 써서 壬水와 섞이게 해야 한다.

總之十月丙火는 木旺宜庚이요 水旺宜戊며 火旺用壬이니 隨宜酌用可也니라

총괄하여 말하자면 10월의 丙火는 木이 왕하면 庚金이 적합하고, 水가 왕히면 戊土가 직합하며, 火가 왕하면 壬을 써야 하니 마땅함에 따라 참작하여 쓰는 것이 옳다.

庚 丙 乙 甲
寅 戌 亥 申
庚甲兩透, 廉使.
庚金과 甲木이 함께 투출하여 염사가 되었다.

戊 丙 辛 壬
子 戌 亥 辰
孝廉.
효렴에 천거된 명조이다.

壬 丙 己 辛
辰 子 亥 巳

此命水多, 取己土, 大富貴, 亦壽考.

이 명조는 水가 많으므로 己土를 취하니 크게 부귀를 누리고 장수하였다.

十一月丙火는 冬至一陽生하여 弱中復強이니 壬水為最요 戊土佐之니라

11월의 丙火는 동지에 一陽이 생겨서 약한 가운데 다시 강해지므로, 壬水를 최상으로 삼고 戊土를 보좌로 삼는다.

壬戊兩透면 科甲可許요 無戊見己면 異路功名이라

壬水와 戊土가 모두 투출하면 과거 급제를 기대할 수 있으며, 戊土가 없고 己土를 보면 다른 길에서 공명을 이룬다.

或無壬水면 有癸出干하여 得金滋無傷이며 又有丙透以解凍이면 可許衣衿이라

혹 壬水가 없고 癸水가 천간에 나타나서 金의 자양을 받아 손상이 없으며 다시 또 丙火가 투출하여 해동함이 있으면 衣衿을 기대할 수 있다.

或一派壬이면 則嵩用戊土니 此人雖不成名이나 文章

邁衆이요 但名利虛浮하니 何也오 因戊晦光이니 又須
甲木為藥也라 或無壬水면 癸亦可用이나 但不甚顯니라

혹 한줄기 壬水가 있으면 오로지 戊土를 써야 하니 이러
한 사람은 비록 이름을 이루지 못하더라도 문장은 무리에
서 빼어나며, 다만 名利에 실제가 없으니, 왜냐하면? 戊土
가 丙火의 빛을 어둡게 하기 때문이니, 다시 또 반드시 甲
木을 약으로 삼아야 한다. 혹 壬水가 없으면 癸水도 쓸 수
있으나 다만 크게 현달하지는 못한다.

或四柱多壬無甲이면 乃作棄命從殺이니 亦有雲路라

혹 사주에 壬水가 많은데 甲木이 없으면 곧 기명종살이
되니, 역시 벼슬길에 오른다.

或水多요 有甲無戊면 却非從殺이니 宜用己土濁壬이
라 十一月丙火는 與十月頗同이니라

혹 水가 많고 甲木이 있고 戊土가 없으면 도리어 종살이
아니니, 마땅히 己土를 써서 壬水를 혼탁하게 해야 한다.
11월의 丙火는 10월과 거의 같다.

庚 丙 庚 辛

寅 寅 子 亥

布政.

포정(성의 장관) 벼슬을 하였다.

癸 丙 庚 辛

巳 子 子 丑

丙癸見干, 小富貴.

丙火와 癸水가 천간에 보이니 小富貴를 누렸다.

戊 丙 庚 辛

子 戌 子 酉

金寒水凍, 戊晦丙光, 貧而且夭.

金은 차고 水는 어는데 戊土가 丙火의 빛을 어둡게 하
니, 가난하고 단명한다.

十二月丙火는 氣進二陽이라 侮雪欺霜하니 喜壬爲用
이라 己土司令하니 土多又不可少甲이며 壬甲兩透면
科甲堪宜나 甲藏則秀才而已며 或無甲得一壬透면 富中
取貴니라

12월의 丙火는 氣가 二陽으로 나아가므로 눈과 서리를 업신여기니, 壬水가 用이 됨을 좋아한다. 己土가 사령하니 土가 많으면 甲木이 적어서는 안 되니, 壬과 甲이 함께 투출하면 과거급제가 마땅하나, 甲木이 암장되면 수재(생원)가 될 뿐이며, 甲木이 없고 하나의 壬水가 투출하면 富한 가운데 貴를 취한다.

如見一派己土요 不見甲乙이면 名假傷官이니 聰明性 傲요 名利虛浮라

만일 한줄기 己土를 만나고 甲乙木을 만나지 않으면 假傷官이라 이름하니, 총명하나 성품은 오만하며 名利에 실제가 없다(이름뿐이다).

或一派癸水요, 得己出干이면 必主自創基業하며 若 制伏太過면 又取辛金作用하며 得見癸透면 此人即不成 名이나 必清雅文墨之士니라

혹 한줄기 癸水가 있고 己土의 出干을 만나면 반드시 기업을 일으키며, 만약 水를 제복함이 너무 지나치면 또한 辛金을 用으로 삼으며, 癸水의 투출을 만나게 되면 이러한 사람은 혹 이름은 이루지는 못하더라도 반드시 청명하고

우아하게 書畫(서화)에 종사를 하는 사람이다.

壬 丙 乙 癸
辰 午 丑 卯

總河.

총하 벼슬을 하였다.

庚 丙 丁 己
寅 寅 丑 丑

二甲制土, 按察.

두 개의 甲木이 土를 제압하니 안찰(지방장관)에 이르렀다.

己 丙 己 乙
丑 寅 丑 酉

木神得祿制土, 狀元.

木神이 녹을 얻어 土를 제압하니 장원급제하였다.

癸 丙 己 乙
巳 申 丑 巳

用辛得金局, 白手成家.

辛金을 쓰는데 金局을 만나니 白手로 집안을 이루었다.

庚 丙 己 乙

寅 午 丑 丑

用甲制己, 又庚制甲, 拾芥而已.

甲木을 써서 己土를 제압하고, 또 庚金이 甲木을 제압하니 지푸라기를 주울 뿐이다.

三春丁火

正月丁火는 甲木當權하여 乃為母旺이라 非庚不能劈甲이니 何以引丁이리오 姑用庚金이니라

정월의 丁火는 甲木이 권력을 잡아서 母가 旺하므로 庚金이 아니면 甲木을 쪼갤 수 없으니 무엇으로 丁火를 인도하겠는가? 우선 庚金을 써야 한다.

或一派甲木이요 無庚制之면 非貧即夭며 或只一甲木이요 多見乙木者면 必離鄕之客이니 焉問妻兒리오 或見甲乙이요 生庚子時면 又主妻早子早며 且可採芹이니라

혹 한줄기 甲木이 있고 庚金의 제재가 없으면 가난하지 않으면 요절하며, 혹 甲木은 하나뿐이고 乙木을 많이 만나는 경우에는 반드시 고향을 떠나야 할 사람이니 어찌 처자를 따지겠는가? 혹 甲乙木을 만나고 庚子時에 태어나면 또한 처자를 일찍 두고 다시 또 반수의 미나리를 캘 수 있다.[33]

得壬化木이면 弱極復生이니 合此必主大貴나 但此化合은 反以不見庚破格爲妙라

壬을 만나 木으로 化하면 약함이 극에 이르러 다시 生하게 된 것이니, 이와 같은 경우에는 반드시 大貴하는데, 다만 이러한 化合은 도리어 庚金의 격을 파괴함을 만나지 않는 것을 묘한 도리라 여긴다.

或有庚金壬癸에 得己出干制之면 此命不由科甲이나 亦有異途라

혹 庚金과 壬癸水가 있을 때 己土가 천간에 나타나 그것을 제지함을 만나면 이러한 命은 과거급제를 통하지 않더라도 다른 길이 있다.

---

33) 國學에 입학할 수 있다.

或一派壬癸요 不得寅時며 又無庚金이면 必主窮困이라

혹 한줄기 壬癸水가 있을 때 寅時를 만나지 못하고 또 庚金이 없으면 반드시 곤궁하게 된다.

或丁年壬月丁日壬時면 男主大貴나 女則不宜며 此格은 以土爲妻요 金爲子니 但了女艱難이며 女命合此면 淫賤하고 刑夫剋子하니라

혹 丁年・壬月・丁日・壬時인 경우에는 남자는 大貴를 주장하나 여자는 마땅치 않으며, 이러한 격국에는 土를 처를 삼고 金을 자식으로 삼는데, 다만 자녀를 두기가 어려우며, 女命이 이와 같으면 음천하고 남편과 자식을 형극한다.

或支火局에 無滴水解炎이면 僧道之命이니 見甲出略可라 總不可無水요 水多亦不宜니라

혹 지지가 火局을 이루었을 때 뜨거움을 시킬 한 방울의 물도 없으면 승도의 命이니, 甲木의 出干을 만나면 그런대로 괜찮다. 총괄하여 말하자면 水가 없어서는 안 되지만 水가 많아도 마땅치 않은 것이다.

壬 丁 戊 庚
寅 未 寅 辰
庠生 酉運終.

상생34)이 되었으며, 酉운에 生을 마쳤다.

癸 丁 庚 辛
卯 酉 寅 卯
女命, 貧賤.

女命으로 빈천하였다.

二月丁火는 溼乙傷丁이라 先庚後甲하니 非庚不能去
乙이요 非甲不能引丁이라 庚甲兩透면 科甲定然이요
庚透甲藏이면 亦有生貢이며 甲透庚藏이면 異路功名이
니라

2월의 丁火는 습한 乙木이 丁火를 손상하므로 庚金을 먼
저 쓰고 甲木을 쓰니, 庚金이 아니면 乙木을 제지할 수 없
고 甲木이 아니면 丁火를 인도할 수 없기 때문이다. 庚金
과 甲木이 모두 투출하면 과거급제가 틀림없고, 庚金이 투
출하고 甲木이 암장되면 또한 생공(국자감의 학생)이 될

---

34) 秀才, 주현학교의 생원.

수 있으며, 甲木이 투출하고 庚金이 암장되면 다른 길에서
공명을 이룬다.

　或庚乙俱透면　庚必輸情於乙하여　未免貪合이니　運行
金水면　一貧徹骨이며　或庚透乙藏이면　則不能貪合이요
乙反引丁이니　即用乙亦無害며　運入木火之鄕이면　自然
富貴라　用乙者는　水妻木子니라

　혹 庚金과 乙木이 함께 투출하면 庚金은 반드시 乙木에
게 정을 보내서 합을 탐함을 면치 못하니, 운이 金水로 행
하면 한결같은 가난이 뼈에 사무치며, 혹 庚金이 투출하고
乙木이 암장되면 합을 탐하지 못하고 乙木이 도리어 丁火
를 이끌어 주게 되니 설사 乙木을 쓰더라도 해가 없으며,
운이 木火의 향으로 들어가면 저절로 부귀하게 된다. 乙木
을 쓰는 경우에는 水가 처가 되고 木이 자식이 된다.

　若盡是乙木이요　不見一甲이면　此人富貴不久니　因貪
致禍하고　弄巧反拙하며　且不能承先人之業이라

　만약 모두 乙木뿐이고 하나의 甲木도 보이지 않으면 이
러한 사람은 부귀가 오래가지 못하니, 탐욕으로 인하여 재
앙을 부르고 지나치게 기교를 부리다가 도리어 졸렬함에

빠지며, 또한 선인의 사업을 계승하지 못한다.

或支成木局에 有庚透면 主淸貴요 不見庚者면 常人
이며 二月乙木司權이라 必須有庚이니 有乙無庚이면
主貧苦無依라 用庚者는 土妻金子니라

혹 지지가 木局을 이루었을 때 庚金의 투출이 있으면 청
귀한 사람이고, 庚金이 보이지 않으면 평상인이며, 2월은
乙木이 권세를 맡으므로 반드시 庚金이 있어야 하니, 乙木
이 있고 庚金이 없으면 대체로 빈곤하고 의지할 때 없는
사람이다. 庚을 쓰는 경우에는 土가 처가 되고 金이 자식
이 된다.

得印旺殺高면 大富大貴요 或一派水에 無一戊制면
主貧苦無依며 或乙少癸多에 有戊去制면 反吉이라 用
土者는 火妻土子니라

인성이 旺하고 殺이 강함을 이루면 크게 부귀하지만, 혹
한줄기 水가 있을 때 戊土의 제지가 없으면 대체로 빈곤하
고 의지할 때 없으며, 혹 乙木이 적고 癸水가 많을 때 戊
土의 水를 제거해 줌이 있으면 도리어 길하다. 土를 쓰는
경우에는 火가 처가 되고 土가 자식이 된다.

丁 丁 乙 戊

未 巳 卯 子

用巳中之庚制木, 位至尙書.

巳 중의 庚金을 써서 木을 제압하니, 지위가 상서에 이르렀다.

庚 丁 癸 丁

子 卯 卯 卯

鼎甲.

과거에 최우등으로 급제하였다.

甲 丁 己 庚

辰 丑 卯 辰

尙書.

상서 벼슬을 하였다.

三月丁火는 戊土司令이라 洩弱丁氣니 先用甲木하여 引丁制土요 次看庚金이니 庚甲兩透면 定主科甲하며 或一藏一透라도 終非白丁이니라

3월의 丁火는 戊土가 사령하므로, 丁火의 氣를 누설하여

약하게 하니 먼저 甲木을 써서 丁火를 이끌고 土를 억제하며, 다음은 庚金을 보아야 하니 庚과 甲이 함께 투출하면 반드시 과거에 급제하며, 혹 하나는 암장되고 하나는 투출했더라도 마침내 白丁[35]이 되지는 않는다.

或支成木局이면 取庚為先이며 得庚透에 丁癸不透면 亦有異路功名이라

혹 지지가 木局을 이루면 庚金을 우선으로 취하며, 庚金의 투출을 이루었을 때 丁火와 癸水가 투출하지 않으면 또한 다른 길의 공명이 있다.

或支成水局에 加以壬透면 名殺重身輕하여 必夭折天年하니 或遭凶死며 或戊己兩透면 廊廟之客이니 若一甲破土면 定是常人이니라

혹 지지가 水局을 이루었을 때 壬水의 투출을 더하면 殺重身輕이라 이름하여 반드시 요절하니, 혹은 흉사를 당하기도 하며, 혹 戊己土가 모두 투출하면 조정의 대신이 되는데, 만약 甲木이 土를 파괴하면 반드시 평상인이 된다.

---

35) 벼슬 없는 서민, 돈 없는 일반 평민.

用甲者는 水妻木子요 用金者는 土妻金子니라

甲을 쓰는 경우에는 數가 처가 되고 木이 자식이 되며,
金을 쓰는 경우에는 土가 처가 되고 金이 자식이 된다.

三夏丁火

四月丁火乘旺이라 雖取甲引丁이나 必用庚劈甲이니 伐
甲이라야 方云木火通明이요 甲多라도 又取庚爲先이라

4월의 丁火는 旺氣를 타고 있으므로, 비록 甲木을 취하
여 丁火를 인도하더라도 반드시 庚金을 써서 甲木을 쪼개
야 하니, 甲木을 베어야만 비로소 목화통명이라 하며, 甲
木이 많은 경우에도 또한 庚金을 취하는 것을 우선으로 삼
는다.

但四柱忌見癸水니 癸水一見하면 洩庚濕甲傷丁이라
故以癸爲病이니라

다만 사주에서 癸水를 만나는 것을 꺼리니, 癸水를 한번
만나면 庚金을 설하고 甲木을 습하게 하며 丁火를 손상하
기 때문에, 癸水를 손상하기 때문에 癸水를 病으로 여기는

것이다.

或癸水藏支이요 壬水出干制丙이면 不奪丁光이니 自
是鴈塔題名이요 玉堂淸貴라

혹 癸水가 지지에 암장되고 壬水가 천간에 나타나 丙火
를 제지하면 丁火의 빛을 빼앗지 않으므로, 자연히 안탑에
이름을 적고[36] 옥당(한림원)에서 높고 귀한 직책을 맡는다.

或有庚無甲이요 戊透天干이면 此爲傷官生才니 又取
戊爲用이면 必主富貴며 戊土出干이나 不見甲乙이요
又不見水면 是傷官傷盡이니 八字淸高나 但不大貴이요
亦不大富며 見水多木多면 定是常人이라

혹 庚金은 있는데 甲木이 없고 戊土가 천간에 투출하면
이것을 상관생재라 하니, 다시 또 戊土를 취하여 용신으로
삼으면 반드시 부귀하며, 戊土가 천간에 나타났는데 甲乙
木이 보이지 않고 또 水도 보이지 않으면 이것을 상관상진
이라 하니, 팔자는 맑고 고상하나 다만 크게 貴하지도 않
고 또 크게 富하지도 않으며, 水도 많고 木도 많음을 만나
면 틀림없이 평상인이다.

---

36) 당나라 이래 진사급제자는 낙양의 자은사(절의 이름) 탑에 이름을 적었다.

或四柱多丙이요 不見壬癸면 奪了丁光이니 此人貧苦
하며 或丁年巳月丁巳日丙午時면 一丙不奪二丁이니 即
不顯達이니 亦名播四隣이라 故書曰丁火陰柔一燭燈이
니 太陽相見奪光明하니 柱中若見甲木透면 定許身安福
自臨이니라

혹 사주에 丙火가 많고 壬癸水가 보이지 않으면 丁火의
빛을 빼앗으므로 이러한 사람은 빈곤하며, 혹 정년 巳月·
丁巳日·丙午時인 경우에는 하나의 丙火가 두 丁火의 빛
을 빼앗지는 못하므로, 설령 현달하지는 못하더라도 명성
이 사방에 전파된다. 그러므로 書에 말하기를 丁火는 陰으
로 부드러워서 촛불이나 등불과 같으니, 태양과 서로 만나
면 빛을 빼앗기는데, 사주 중에 만약 甲木의 투출을 만나
면 반드시 몸이 편안하고 복이 저절로 찾아옴을 기대할 수
있다고 하였다.

乙 丁 己 甲
巳 丑 巳 午
詞林.
사림벼슬을 하였다.

乙 丁 癸 辛

巳 巳 巳 酉

此, 火長夏天金疊疊格, 侍郎.

이 사주는 火가 여름에 旺하고 金이 거듭된 격인데 시랑
벼슬을 하였다.

五月丁火는 時歸建祿이니 不宜亂用甲木이니라

5월의 丁火는 시령이 건록에 해당되니 甲木을 함부로 써
서는 안 된다.

遇年透隔位之壬하여 不貪丁合者는 忠而且厚하며 或
支成火局이요 干見火出에 得庚壬兩透者면 科甲定然이
나 土透制壬이면 常人이며 即壬藏支中이라도 亦非白
丁이니 但要運行西北이라야 方可發達이며 得一癸透면
名獨殺富37)權이니 出人頭地니라

年干에 투출하여 자리가 멀리 떨어진 壬을 만나서 丁과
의 합을 탐내지 않는 경우에는 충실하고 돈후하며, 혹 지
지가 火局을 이루고 천간에 火의 출현이 보일 때 庚과 壬
이 모두 투출함을 만나면 과거급제가 틀림없으나, 土가 투

---

37) 富는 當이 되어야 함.

출하여 壬을 제압하면 평상인이 되며, 설령 壬이 지지 중에 암장되었더라도 백정(서민)이 되지는 않는데, 다만 운이 서북으로 행해야만 비로소 발달할 수 있으며, 한 개의 癸의 투출을 만나면 독살이 권력을 잡는다고 이름하니 무리 중에서 두각을 나타낸다.

若見寅辰亥卯字면 化木生火하니 平常人物로 豐衣足食하고 中年富로되 但刑尅子息하고 勞而無功이라 或丙午月丁未日辛亥時면 亥中有壬制丙하니 不致貧苦며 若丙午時면 則滴水難救炎火니 必主僧道며 若年支見子면 雖不科甲이나 亦有衣衿이라

만약 寅·辰·亥·卯 등의 글자가 있으면 木으로 化하고 火를 생하니 평상인물로 의식이 풍족하고 중년에 부유하게 되는데, 다만 자식을 형극하고 노력해도 공을 이루지 못한다. 丙午月·丁未日·辛亥時인 경우에는 亥 중에 壬水가 있어서 丙火를 억제하니 빈고에 이르지 않으며, 만약 丙午時일 경우에는 한 방울의 물로는 타오르는 불을 끄기가 어려우니 반드시 승도의 명이 되며, 만약 년지에 子水를 만나면 비록 과거급제는 못하더라도 衣食은 있다.

若干支無火局이요 有水透干이면 須用甲木하고 又要
庚劈甲方明이니 木火通明이면 主大富貴며 或木少火多
면 焚其木性하여 不能光透九霄하니 榮華不久니라

만약 천간지지에 火局이 없고 水가 천간에 투출하면 반
드시 甲木을 써야 하고, 다시 또 庚金으로 甲木을 쪼개야
만 비로소 밝아지니 木火通明을 이루면 대체로 크게 부귀
하며, 혹 木이 적고 火가 많으면 그 木의 본성을 태워버려
서, (木이 없으면) 丁火의 빛이 구소[38]까지 투과하지 못하
니 영화가 오래가지 못한다.

或生月是祿이요 支皆生旺合局이며 加以火出에 無滴
水解炎이면 乃身旺無依한 孤貧之格이니 女必為尼며
即運北地면 反主凶危이니라

혹 生月이 건록인데 지지에 모두 생왕으로 합국을 이루
고 거기에 火의 출현을 더하였을 때 더위를 해소시킬 한
방울의 물도 없다면 마침내 身이 旺해도 의지할 때 없는
외롭고 가난한 命格이니, 여자는 반드시 비구니가 되며,
만일 운이 北地로 행하면 도리어 흉하고 위태로워진다.

---

38) 하늘의 가장 높은 곳.

用壬者는 金妻水子요 用甲者는 水妻木子니라

5월 丁火가 壬을 쓰는 경우에는 金이 처가 되고 水가 자식이 되며, 甲木을 쓰는 경우에는 水가 처가 되고 木이 자식이 된다.

戊 丁 壬 庚
申 亥 午 午

此建祿會祿, 化合不成, 大富壽長.

이 사주는 건록회록을 이루고, 化合은 이루어지지 않았는데, 크게 부유하고 수명은 길었다.

甲 丁 甲 辛
辰 未 午 巳

此建祿格, 位至總兵.

이 사주는 건록격으로 지위가 총병에 이르렀다.

甲 丁 戊 癸
辰 丑 午 卯

用甲引丁, 位至尙書.

甲木을 써서 丁火를 인도하니 벼슬이 상서에 이르렀다.

乙 丁 甲 丙

巳 丑 午 寅

甲透庚得所, 富貴極品.

甲木이 투출하고 庚金이 자리를 얻으니, 富貴가 최고에
이르렀다.

癸 丁 甲 丙

卯 酉 午 子

殺印相生, 大貴, 己運盡節.

살인상생으로 대귀한 命이며, 己운에 죽었다.

六月之丁火는 陰柔退氣하니 但值三伏生寒이면 丁弱
極矣니 專取甲木이요 壬水次之니라

6월의 丁火는 바탕이 음유하고 퇴기에 해당되는데, 만약
寒氣가 생기는 三伏 때를 만나면 丁火의 약함이 극에 달하
니, 오로지 甲木을 취하고 壬水가 그다음이다.

若得甲出天干하고 支成木局하여 見亥中之壬이면 爲
木神有根이요 接引丁火니 必然科甲하며 卽不見木局이
라도 支見壬水면 雖不大貴나 亦有凌雲之氣니 無庚不

妙니라

　만약 甲木이 천간에 나타나고 지지가 木局을 이루어 亥
중의 壬을 만나게 되면 木神에 근이 있고, 丁火를 가까이
불러들이게 되니 반드시 과거에 급제하며, 혹 木局을 만나
지 못하더라도 지지에서 壬水를 만나면 비록 大貴하지는
못해도 고상한 의기가 있는데, 庚金이 없으면 묘하지 않다.

　或支成水局이요 見水透干이면 則濕木性하여 不能引
丁이니 必爲平人이며 有甲透면 有才幹이요 有庚透면
無刑傷이며 若無甲木이면 假名假利라

　6월 丁火가 혹 지지에 水局을 이루고 천간에 水의 투출
을 만나면 木性을 습하게 하여 丁火를 인도할 수 없으니,
반드시 평범한 사람이 되며, 甲木의 투출이 있으면 재능이
있고 庚金의 투출이 있으면 刑傷이 없으며, 만약 甲木이
없으면 名利의 실체가 없다.

　或年月日時가 皆一派丁未之類면 此爲純陰이니 終無
大用이니라

　혹 年·月·日·時가 모두 한줄기 丁未로 이루어지면
이것은 곧 순음이니, 마침내 크게 쓰일 수 없다.

用甲者는 水妻木子니라

6월 丁火가 甲木을 쓰는 경우에는 水가 처가 되고 木이 자식이 된다.

丙 丁 丁 丁

午 未 未 卯

武進士.

武科를 통하여 벼슬에 나아갔다.

丁 丁 丁 壬

未 巳 未 子

丁壬合殺, 合壞壬水, 懦弱無能, 妻子主事.

丁과 壬이 합하여 殺을 변화시키면, 合으로 壬水를 파괴하니 나약하고 무능하게 되어 처자가 집안일을 주관하였다.

三秋丁火

三秋丁火는 退氣柔弱하니 岦用甲木이요 金雖乘旺司權이나 無傷丁之理니 仍取庚劈甲하여 為引火之物커나

或借丙暖金晒甲하면 不慮丙奪丁光이라 凡兩丙夾丁者
는 夏月忌之나 餘月不忌니 但此格少年困苦刑剋이요
中年富貴로되 必要地支見水制丙이라야 方妙니라

三秋의 丁火는 퇴기에 해당하여 유약하니, 오로지 甲木
을 써야 하며, 金이 비록 왕기를 타고 권세를 맡지만 丁火
를 손상하는 도리가 없으니, 곧 庚을 취하여 甲木을 쪼개
서 불을 당기는 물질로 삼거나, 혹은 丙火를 빌려 金을 따
뜻하게 하고 甲木을 쬐어 말리게 한다면 丙火가 丁火의 빛
을 빼앗는 것을 염려하지 않아도 된다. 무릇 두 丙火 사이
에 丁火가 끼어 있는 경우에는 여름엔 그것을 꺼리지만 다
른 계절에는 꺼리지 않는데, 다만 이러한 격국은 젊어서는
곤궁하고 형극이 있으며, 중년에는 부귀하지만 반드시 지
지에 水를 만나 丙火를 제압해야만 비로소 묘한 것이다.

三秋甲庚丙並用하되 仍分優劣은 何也오 七月甲丙하
면 申中有庚이요 八月甲丙庚皆用하니 七八月或無甲木
이면 乙亦可用이나 為枯草引燈이라 却不離丙晒也며
九月尚用甲庚이니 大抵甲不離庚이요 乙不離丙은 其理
極明이라 或見甲庚丙皆透면 必主科甲하며 無甲用乙者

는 富貴皆小며 且富而不貴者多라

三秋의 丁火는 甲·庚·丙을 함께 쓰지만, 곧 우열을 구분해야 하는 것은 어째서인가? 7월에는 甲과 丙을 쓰면 申중에 庚이 있으며, 8월에는 甲·丙·庚을 모두 쓰는데, 7～8월생이 혹 甲木이 없으면 乙木도 쓸 수 있지만 곧 마른 풀로 등불을 인도하는 것이므로, 마침내 丙火의 쬐어 말림을 떠날 수 없으며, 9월생은 오로지 甲과 庚만을 쓰는 것이니 대체로 甲木은 庚金을 떠날 수 없고 乙木은 丙火를 떠날 수 없는 것은 그 이치가 지극히 분명한 것이다. 혹 甲·庚·丙이 모두 투출함을 만나면 반드시 과거에 급제하며, 甲木이 없어서 乙木을 쓰는 경우에는 富貴가 모두 작으며 비록 富하더라도 貴하지 않은 경우가 많다.

或一重壬水요 又多見癸水면 必以戊土爲制라야 自然富貴光輝니라

혹 壬水가 거듭나오거나 또는 癸水가 많이 보일 때에는 반드시 戊土로써 제지해야만 저절로 부귀가 빛날 것이다.

或一派庚金이면 名財多身弱하여 主富屋貧人이니 妻多主事요 或壬多洩庚커나 丁壬化殺이면 反成富貴니

若庚多無壬이면 奔流下賤이라

혹 한 무리의 庚金이 있으면 재다신약이라 하여 대체로
부잣집의 가난한 사람이니 처가 대부분 가사를 주관하며,
혹 壬水가 많아서 庚金을 누설하거나 丁壬이 합하여 殺로
변화시키면 도리어 부귀를 누리는데, 만일 庚金이 많은데
壬水가 없으면 떠돌아다니는 하천한 命이다.

**或八月一派辛金이요 不見庚金하며 又無比劫이면 此
棄命從財로 富而且貴니 雖不科甲이나 亦有異途라 從財
者水爲妻면 不剋이요 有正偏하며 木爲子면 不刑이라**

혹 8월생 丁火 사주에 辛金이 한 무리 이루고 庚金이 보
이지 않으며 또 비겁이 없으면 이것은 기명종재하는 사주
로 富하고 또 貴하게 되는 것이니, 비록 과거급제는 못하
더라도 다른 길에서 부귀를 누린다. 종재하는 경우에 水를
처로 삼으면 극하지 않고 정편의 구분이 있으며, 木을 자
식으로 삼으면 刑하지 않는다.

**或九月一派戊土하여 洩丁火之氣요 不見甲木이면 爲
傷官傷盡이니 非尋常可比며 或甲木透出이면 爲文書清
貴라 秋闈可奪이로되 用甲者는 庚不可少니라 水妻木**

子라

　혹 9월생 丁火 사주에 戊土가 한 무리를 이루어 丁火의
氣를 누설하는 경우에 甲木이 보이지 않으면 傷官傷盡이
라 하니 평범한 사주에 비교할 수 있는 바가 아니며, 혹
甲木이 투출하면 문서가 맑고 귀하므로 가을 과거 시험에
합격할 수 있는데, 甲木을 쓰는 경우에는 庚金이 적어서는
안 된다. 水가 처가 되고 木이 자식이 된다.

　戊 丁 丙 辛
　申 丑 申 亥
　大富命.
　大富의 命이다.

　戊 丁 丙 辛
　申 卯 申 亥
　庚甲兩全, 會元.
　庚金과 甲木이 모두 갖추어지니, 會試(지방합격자)에서
1등으로 합격하였다.

丙 丁 丙 辛

午 酉 申 卯

無甲用乙丙, 富而不貴.

甲木이 없으므로 乙木과 丙火를 쓰니, 富는 이루나 貴하
지 않다.

丙 丁 甲 庚

午 未 申 辰

甲庚丙皆透, 位至尚書.

甲·庚·丙이 모두 투출하였으니, 벼슬이 상서에 이르렀다.

庚 丁 己 壬

戌 亥 酉 午

此命, 申戌兩時主貴, 酉時則不能.

이 사주는 申時 戌時인 경우에는 貴를 주장하나, 酉時인
경우에는 그렇지 못하다.

辛 丁 己 丁

亥 丑 酉 未

從才格, 太守.

종재격으로 벼슬이 태수에 이르렀다.

壬 丁 丙 庚
寅 未 戌 午
支中火多扶丁, 得庚丙透, 玉堂淸貴無疑.
　지지 중에 火가 많아 丁火를 돕고 庚金과 丙火의 투출을
만나니, 옥당(한림원)의 淸貴가 됨을 의심할 것이 없다.

丙 丁 甲 己
午 卯 戌 亥
女命. 甲丙高透, 丁火得祿, 大富.
　女命이다. 甲木과 丙火가 높이 투출하고 丁火가 녹을 만
나니, 大富가 되었다.

三冬丁火

　三冬丁火는 微寒하여 嵩用庚甲하니 甲乃庚之良友라
凡用甲木엔 庚不可少니 無庚無甲이면 何能引丁이리오
難云木火通明이라 冬丁有甲이면 不怕水多金多니 可稱

上格이며 甲庚兩透면 科甲分明이나 見己則否며 己多合甲이면 則爲常人이니라

三冬의 丁火는 약간 차가우므로 오로지 庚金과 甲木을 쓰는데, 甲木은 곧 庚金의 좋은 벗이므로, 무릇 甲木을 쓸 때에는 庚金이 적어서는 안 되니, 庚金도 없고 甲木도 없다면 어떻게 丁火를 인도할 수 있겠는가? 木火通明이라고 말하기 어려운 것이다. 겨울의 丁火는 사주 중에 甲木이 있으면 水가 많거나 金이 많은 것을 두려워하지 않으니 上格이라 할 수 있으며, 甲木과 庚金이 둘 다 투출하면 과거 급제할 사주가 분명하나, 己土가 많아서 甲木과 合을 이루면 평상인이 된다.

或一丙奪丁이면 必賴支內水救니 若有支金發水之源이면 官拜烏台有准이요 全無癸水制丙이면 無用之徒며 或有金無水면 貧寒之士요 有水無金이면 又主淸高니라

혹 하나의 丙火가 丁火의 빛을 빼앗으면 반드시 지지 안의 水의 구원에 의지해야 하니, 만약 지지에 發水의 근원이 되는 金이 있다면 벼슬이 오대(御史臺)에 임명되어 모범이 되며, 丙火를 제압할 癸水가 전혀 없으면 쓸모없는 무리가 되며, 혹 金은 있으나 水가 없으면 빈한한 선비이

며, 水는 있으나 金이 없으면 또한 청고한 命이 된다.

或時月二壬爭合이면 取戊破之니 有戊稍有富貴나 無戊常人이며 設戊藏得所면 不失衣衿이라

혹 時나 月에 두개의 壬水가 있어서 합을 다투면 戊土를 취하여 그것을 파괴해야 하니, 戊土가 있으면 조금이라도 부귀가 있으나 戊土가 없으면 평상인이며, 가령 戊土가 암장되어 자리를 얻으면 최소한의 이득을 잃지는 않는다.

或二丙奪丁에 得年干有癸하고 支下帶合하여 金水得所하면 亦必顯達하니 納粟奏名요 必驗이라

혹 두 개의 丙火가 丁火의 빛을 빼앗는 경우에 年干에 癸水가 있고, 지지에 합을 대동하여 金水가 자리를 얻게 되면 또한 반드시 현달하는데, 곡식을 바치고 이름을 아뢰는 것을 반드시 경험하게 된다.

或仲冬水多癸旺에 全無比印이면 此作棄命從殺이니 亦有異途功名하며 見丁比出干이면 難合格局하니 常人이며 且主骨肉浮雲이요 六親流水니 戊出破癸면 頗有兄

弟妻兒라 此格用戊면 火妻土子요 用甲이면 水妻木子라

혹 11월에 生하여 水가 많고 癸가 旺한 경우에 비겁이나
인수가 전혀 없으면 이것은 棄命從殺되어 또한 다른 길을
통한 功名이 있으며, 丁火비견이 天干에 출현함을 만나면
격국에 부합하기 어려우니 평상인이 되며, 또 골육(부모형
제)은 뜬구름과 같고 육친은 흐르는 물과 같은데, 戊土가
나타나 癸水를 파괴하면 제법 형제처자가 있게 된다. 이러
한 격에 戊土를 쓰면 火가 처가 되고 土가 자식이 되며,
甲木을 쓰면 水가 처가 되고 木이 자식이 된다.

或四柱多丙丁이면 又用癸制火니 用癸者는 金妻水子라

혹 사주에 丙丁火가 많으면 또한 癸水를 써서 火를 제압
하니, 癸水를 쓰는 경우에는 金이 처가 되고 水가 자식이
된다.

三冬丁火는 甲木爲尊이요 庚金佐之하며 戊癸權宜酌
用可也니라

三冬의 丁火는 甲木을 중히 여기고 庚金으로 그것을 보
좌하며, 癸水와 戊土는 상황에 따라 알맞게 참작하여 쓰는
것이 옳다.

辛 丁 癸 癸

亥 亥 亥 亥

從殺格, 侍郎.

종살격 사주로, 시랑 벼슬을 하였다.

庚 丁 丁 乙

戌 未 亥 卯

正官格, 甲木逢生, 庚透壬旺, 狀元.

정관격으로 甲木이 生地를 만났으며 庚金이 투출하고
壬水가 旺하니, 장원급제하였다.

丁 丁 癸 癸

未 丑 亥 丑

支成木局, 水多, 必得誥封晉贈.

지지가 木局을 이루고 水가 많으니, 반드시 誥封晉贈(고
봉진증)39)을 받는다.

甲 丁 己 庚

辰 酉 丑 午

---

39) 왕이 벼슬하는 사람의 조상에게 작위를 내리는 것.

身强殺淺, 假殺化權, 將軍.

身이 강하고 殺이 약한데 殺을 빌어 권세로 化하니, 장군이 되었다.

癸 丁 丁 庚
卯 卯 亥 戌

支成木局, 年出庚金, 甲運登第.

지지가 木局을 이루고 年干에 庚金이 있으니, 甲운에 과거급제 하였다.

甲 丁 己 戊
辰 未 丑 子

地支寒溼, 得甲戊兩透, 侍郞.

지지가 한습하나 천간에 甲木과 戊土가 함께 투출함을 만나니, 시랑벼슬을 하였다.

乙 丁 癸 壬
巳 巳 丑 辰

無甲用丙晒乙, 爲枯草引燈, 有能訟棍.

甲木이 없으므로 丙火를 써서 乙木을 쬐어 말려서 마른

풀로 등불을 당기게 하는 사주이니, 송곤[40]에 능하다.

甲 丁 辛 辛

辰 卯 丑 卯

柱無庚丙, 乙木寒淫, 至乙運身死.

사주에 庚金과 丙火가 없고 乙木은 한습하니, 乙운에 이
르자 죽었다.

---

40) 남을 부추겨 소송을 일으켜 중간에서 이익을 꾀하는 사람.

窮通寶鑑 卷三

論 土

論 土

　五行之土는 散在四維라 故金木水火가 依而成象하니
是四時皆有用有忌者라 火는 死酉也하고 水는 旺子也
하니 蓋土賴火運하니 火死則土囚요 土喜水才나 水旺
則土虛라 土得金火라야 方成大器며 土高無貴요 空惹
灰塵이며 土聚則滯하고 土散則輕이니라

　오행 중의 土는 사방의 구석에 흩어져 있으므로, 金木水
火가 土에 의하여 형상을 이루니 이것은 四時에 모두 쓰임
이 있고 꺼리는 경우도 있다. 火는 酉에서 死하고, 水는 子
에서 旺하는데, 대체로 土는 火에 의지하여 운행하므로 火
가 死하면 土는 囚에 들어가며, 土는 水財를 좋아하지만
水가 旺하면 土가 허해진다. 土는 金과 火를 만나야만 큰
그릇을 이루며, 土가 너무 높으면 귀함은 없고 공연히 먼

지만 일으키며, 土는 모여 있으면 막혀 소통되지 않고 흩어지면 경박해진다.

辰戌丑未는 土之正也니 分陰分陽하여 主則不同이라 辰有伏水하고 未有匿木하여 滋養萬物하여 春夏爲功하며 戌有藏火하고 丑有隱金하여 秋火冬金이 肅殺萬物하니 土聚辰未爲貴나 聚丑戌不爲貴라 是土愛辰未요 而不愛丑戌也明矣니 若更五行有氣요 人命逢之면 田産無比니 晩年富貴悠悠하며 若土太實無水하여 燥則不和하고 無木則不疏通하며 土見火則焦하니 女命多不生長이라 土旺四季나 惟戌土困弱하니 戌多爲人好鬪하고 多瞌睡하며 辰未人好食하고 丑人淸省하니 丑爲艮土니 有癸水能潤而膏라 人命遇此면 主能卓立이니라

辰戌丑未는 土의 바른 모습인데, 음양으로 나뉘어 주장하는 바는 똑같지 않다. 辰에는 잠복한 水가 있고 未에는 은닉한 木이 있어서 만물을 자양하여 춘하에 공을 이루며, 戌에는 암장된 火가 있고 丑에는 은복된 金이 있어서 가을의 火와 겨울의 金이 만물을 시들어 마르게 하니, 土는 辰未가 모이면 귀함이 되나 丑戌이 모이면 귀함이 되지 않으

므로 土는 辰未를 좋아하고 丑戌을 좋아하지 않음이 분명한 것이니, 만약 다시 또 사주오행에 氣가 있으면서 人命이 이러함을 만나면 토지와 산업이 견줄 데가 없으니 만년에 부귀를 누리고 여유롭게 지내며, 만약 土가 너무 실하고 水가 없어서 건조하면 조화를 이루지 못하고 木이 없으면 氣가 소통되지 않으며, 土가 火를 만나면 까맣게 타는 것이니 女命의 경우에는 대부분 자녀를 생장시키지 못한다.

土는 四季에 왕성하나 戌土는 막혀 있어서 약하니 戌土가 많으면 사람됨이 싸우기를 좋아하고 졸음이 많으며, 辰未土가 있는 사람은 먹는 것을 좋아하고, 丑土가 있는 사람은 청렴하고 분명한데, 丑土는 艮土이니 癸水가 있으면 윤택하고 기름질 수 있으므로 사람의 사주가 이러함을 만나면 무리에서 빼어날 수 있다.

生於春月하면 其勢虛浮하니 喜火生扶하고 惡木太過하며 忌水泛濫이요 喜土比助며 得金而制木爲祥이나 金太多仍盜土氣니라

土가 春月에 生하면 그 기세가 허하게 떠 있으니, 火의 생부를 좋아하고 木의 태과함을 싫어하며, 水의 범람을 꺼리고 土의 도움을 좋아하며, 金을 만나 木을 제압하는 것은 상서로운 일이나 金이 너무 많으면 마침내 土의 기운을 빼앗는다.

夏月之土는 其勢燥烈하니 得盛水滋潤成功하고 忌旺火煅煉焦坼하며 木助火炎이면 水尅無碍요 金生水泛이면 妻才有益이며 見比肩蹇滯不通이니 如太過又宜木尅이니라

夏月의 土는 그 기세가 조열하니 왕성한 水가 축축하게 적셔줌을 만나면 공을 이루고, 왕성한 火가 뜨겁게 달구어 불타서 갈라지는 것을 꺼리며, 木이 도와서 뜨겁게 달구어 불타서 갈라지는 것을 꺼리며, 木이 도와서 불길이 뜨거우면 水가 극해도 장애가 없고, 金이 生하여 水가 범람하면 처와 財에 유익하며, 비견을 만나면 막혀서 통하지 않는데 만약 土가 태과하면 또한 木으로 극제해야 한다.

秋月之土는 子旺母衰니 金多而耗盜其氣요 木盛須制伏純良이며 火重重而不厭이니 水泛泛而不祥이며 得比肩則能助力이나 至霜降不比無妨하니라

秋月의 土는 子가 旺하고 母가 쇠하니, 金이 많으면 土

의 기운을 빼앗아가기 때문이며, 木이 성하면 반드시 제복시켜야 좋으며, 火가 중첩되는 것은 싫어하지 않으나 水가 범람하는 것은 좋지 않으며, 비견을 만나면 힘을 도울 수 있는데 霜降(상강) 이후에는 돕지 않아도 무방하다.

冬月之土는 外寒內溫하니 水旺才豐하고 金多子秀하며 火盛有榮이요 木多無咎며 再加比肩扶助為佳니 更喜身主康强足壽니라

冬月의 土는 밖은 차고 안은 따뜻하니, 水가 왕하면 재물이 풍부하고 金이 많으면 자식이 수려하며, 火가 왕성하면 영화가 있고 木이 많아도 허물이 없으며, 다시 비견의 부조를 더하면 아름다운데, 일주가 康强해져서 장수하는 것이 더욱 기쁘다.

論四季月之土

辰戌丑未는 四土之神이니 惟未土為極旺은 何也오 辰土帶木氣尅之하고 戌丑之土는 帶金氣泄之하니 此三土雖旺而不旺이라 故土臨此三位요 金多作稼穡格이라

도 不失中和나 若未月土는 則帶火氣也라 帶火以生之
니 所以爲極旺也라 若土臨此旺未月이요 見四柱土重이
면 多作火炎土燥니 不可作稼穡看이며 但臨此月之土라
도 見金結局이면 不貴卽富也니 書曰土逢季月見金多면
終爲貴論하며 而在未月尤甚이라 하나라

　辰戌丑未는 네 土의 神인데 오직 未土만이 지극히 旺한
것은 무엇 때문인가? 辰土는 木氣를 대동하여 土氣를 극하
고, 戌과 丑의 土는 金氣를 대동하여 土氣를 누설하니, 이
세 土는 비록 旺한 듯 해도 왕하지 않기 때문에, 土가 이
세 土의 자리에 임하고 金이 많으면 가색격으로 간주해도
중화를 잃지 않지만, 그러나 未月의 土는 火氣를 지니고
있으므로 火氣를 대동하여 土를 생하니 이 때문에 극왕이
되는 것이다. 가령 土가 이 왕한 未月에 임하고 사주에 土
가 중첩됨을 만나면 대부분 火炎土燥가 되니 가색격으로
간주하여 보아서는 안 되며, 다만 이 未月에 임한 土라도
金을 만나 局을 이루면 貴하지 않으면 富하게 된다. 書에
"土 日主가 季月에 태어나고 金을 많이 만나면 마침내 귀
한 것으로 논하며, 未月에 있으면 더욱 貴하다"고 하였다.

三春戊土總論

三春戊土는 無丙照暖이면 戊土不生이요 無甲疏劈이면 戊土不靈이며 無癸滋潤이면 萬物不長이니 正二月先丙後甲이요 癸又次之며 三月先甲後丙이요 癸又次之니 因戊土司權故也라 有甲丙癸三者齊透면 必主一品當朝요 或二透一藏이면 亦登金榜이며 二藏一透면 也可異途니라

三春의 戊土는 丙火의 비추어서 따뜻하게 함이 없으면 戊土가 생존하지 못하고, 甲木의 소통시켜 갈라놓음이 없으면 戊土가 신령스럽지 못하다. 癸水의 축축하게 적셔줌이 없으면 만물이 자라지 못하니, 정월과 2월생은 먼저 丙火를 쓰고 甲木을 뒤에 쓰며 癸水는 다시 또 그다음이며, 3월생은 먼저 甲木을 쓰고 丙火를 뒤에 쓰며 癸水는 또 그다음이니, 3월은 戊土가 권세를 맡기 때문이다. 甲·丙·癸 세 가지가 함께 투출하면 반드시 당대의 조정에서 一品(첫째)의 재상이 되고, 혹 두 가지가 투출하고 한 가지가 암장되어도 金榜[41]에 오르며, 두 가지가 암장되고 한 가지가 투출하면 또한 다른 길에서 성공할 수 있다.

---

41) 과거급제자의 이름을 게시하는 방.

正二月卽有甲癸나 若無丙除寒이면 如萬物生而不長
이라 故無丙者는 富貴艱辛이며 或有丙無甲癸者면 名
曰春旱이니 如萬物生而多厄이라 無甲癸者는 一生勤苦
나 勞而無功이며 或一派丙火에 有甲欠癸면 先泰後否
며 或支成火局이요 不見壬癸면 僧道孤貧이니 癸透者
貴하고 壬透者富하니라

　정월과 2月생 戊土에 혹 甲木과 癸水가 있더라도 만약
寒氣를 제거할 丙火가 없다면 만물이 태어나서 자라지 못
하는 것과 같으므로, 丙火가 없는 경우에는 부귀하기가 매
우 어려우며, 혹 丙火가 있더라도 甲木과 癸水가 없으면 이
름을 春旱(봄 가뭄)이라 하니, 만물이 태어나서 재앙이 많
은 것과 같으므로, 甲木과 癸水가 없는 경우에는 한평생 부
지런히 고생해도 애쓰기만 하고 功이 없으며, 혹 한줄기 丙
火에 甲木은 있으나 癸水가 없으면 먼저는 태평하나 뒤에
는 곤궁하며, 혹 지지가 火局을 이룬 경우에 壬·癸水가 보
이지 않으면 승도로 외롭고 가난하게 살아가는 것이니, 癸
水가 투출하면 귀하게 되고 壬水가 투출하면 富하게 된다.

用水者要審水之多少며 或一派甲木에 無丙常人이니

得一庚透方妙며 或支成水局에 甲又出干이요 又有庚透면 富貴雙全이라

水를 쓰는 경우에는 반드시 水의 많고 적음을 살펴야 하며, 혹 한줄기 甲木에 丙火가 없으면 평상인인데, 하나의 庚이 투출함을 만나면 비로소 묘한 命이 되며, 혹 지지가 水局을 이룬 경우에 甲木이 다시 또 천간에 나타나고 또 庚金의 투출도 있으면 부귀가 모두 온전하다.

或無庚金이요 又無比印이로되 難作從殺이면 定主遭凶이니 不然이면 必爲盜賊이며 若日下坐午면 不得喜終이니라

혹 庚金도 없고 또 비겁과 인성이 없는데도 從殺이 되기 어려우면 반드시 흉함을 만나니, 그렇지 않으면 반드시 도적이 되며, 만약 日支에 午火가 있으면 천수를 다하지 못한다.

或一派乙木하여 爲官殺會黨에 即有庚從이면 却難制乙이니 此人內奸外直이요 口是心非라 加一甲在內요 無庚이면 必懶惰自甘하고 好食無厭하며 或丙多甲多면

宜以癸庚參用이니라

정월과 2월 戊土 사주에 혹 한줄기 乙木이 있어서 관살이 무리를 이룬 경우에 혹 庚金이 있더라도 合으로 따른다면 도리어 乙木을 제압하기 어려운 것이니, 이러한 사람은 내심은 간사하면서 겉으로는 정직한 척하며 말은 옳으나 마음은 바르지 않다. 안에 하나의 甲木을 더하고 庚金이 없으면 반드시 게으르고 스스로 만족하게 여기며 먹는 것을 좋아하여 싫증냄이 없으며, 혹 丙火도 많고 甲木도 많으면 마땅히 癸水와 庚金을 참작하여 써야 한다.

三月戊土司令하니 不見丙甲癸者면 愚而且賤하며 甲癸透者면 科甲하며 丙癸透者면 生員이며 甲癸俱藏者면 只可云富며 有癸異途라

3월은 戊土가 월령을 맡으니, 丙·甲·癸를 만나지 못하면 어리석고 천하며, 甲木과 癸水가 투출한 경우에는 과거에 급제하며, 丙火와 癸水가 투출한 경우에는 生員[42]이 되며, 甲木과 癸水가 모두 암장된 경우에는 다만 富하다고 말할 수 있을 뿐이며, 癸水가 있으면 다른 길에서 공명을 이룬다.

---

42) 과거에 합격하고 벼슬살이 하지 못하는 사람.

若丙多無癸면 旱田無水하여 不能種苗하고 舊穀已沒
이요 新穀未登이니 此先富後貧之造며 或火多有壬透者
면 先貧後富요 癸透先賤後榮이며 壬藏不過食足이요
癸藏不過名傳이니 即此亦須運美며 或支成火局이요 得
癸透者면 富貴天然이나 壬透富貴辛苦니 何也오 癸乃
天上甘霖이요 壬乃江河波浪이니 所以有勞逸之殊니라

만약 丙火는 많은데 癸水가 없으면 가뭄 든 밭에 물이
없어서 씨앗을 심을 수 없고 묵은 곡식은 이미 말라 죽으
며 새 곡식은 여물지 않은 것과 같으니 이것은 先富後貧하
는 사주이며, 혹 火가 많을 때 壬水가 투출한 경우에는 先
貧後富하고, 癸水가 투출하면 먼저는 신분이 賤하나 뒤에
는 영달하며, 壬水가 암장되면 의식이 풍족할 뿐이고 癸水
가 암장되면 이름이 전해지는 데 불과할 뿐인데, 여기에
부합하더라도 반드시 운이 아름다워야 하며, 혹 지지가 火
局을 이루었을 때 癸水의 투출을 만나면 부귀가 저절로 이
루어지지만, 壬水가 투출하면 부귀에 고생이 따르는 것이
니 어째서인가? 癸水는 곧 天上의 감림(때 맞춰 내리는 비)
과 같고 壬水는 江河의 물결과 같으니, 이 때문에 고생스
러움과 편안함의 차이가 있는 것이다.

支成木局이요 又甲乙出干이면 此名官殺會黨하여 官殺無去留之義라 得一庚透하여 掃除官殺이면 亦主富貴나 無庚乃淺薄之人이니 宜用火洩木氣라 有一命하니 丁未癸卯戊寅乙卯라 癸丁透干하고 加以戊癸化火하니 將甲木暗焚이로되 反得武科探花라

지지가 木局을 이루고 다시 또 甲乙木이 천간에 나타나 있으면 이것을 官殺會黨이라 이름하여 官과 殺에 제거하거나 남기는 도리가 없으므로, 하나의 庚金이 투출하여 관살을 쓸어 없애게 되면 또한 부귀하나, 庚金이 없으면 천박한 사람이 되니, 마땅히 火를 써서 木氣를 누설시켜야 한다. 어떤 한 명조가 丁未·癸卯·戊寅·乙卯인 경우에 癸水와 丁火가 천간에 투출하고 戊癸가 火로 化함을 더하니 장차 甲木이 남모르게 불타버릴 듯한 데도 도리어 武科에서 탐화(삼등으로 급제함)가 되었다.

或木多無比印透면 作從殺而論하며 亦富貴라

혹 木이 많은데 비겁과 인성의 투출이 없으면 종살로 간주하여 논하며 역시 부귀하다.

或有比印이면 尙看癸透니 取癸而成貴格이나 無癸無
火無金이면 名爲土木自戰이니 主腹生疾病하고 憂愁艱
苦하니라

(지지에 木局을 이룬 경우에) 혹 비겁과 인성이 있으면
오로지 癸水의 투출을 보아야 하니, 癸水를 취용하면 귀격
이 되지만 癸水도 없고 火도 없고 金도 없으면 이름하기를
土와 木이 自戰한다고 하니, 복부에 질병이 생기고 근심과
고생이 많다.

用甲者는 水妻木子요 用丙者는 木妻火子니라

甲木을 쓰는 경우에는 水가 처가 되고 木이 자식이 되며,
丙火를 쓰는 경우에는 木이 처가 되고 火가 자식이 된다.

庚 戊 庚 丙
申 辰 寅 寅
丙癸甲會成七殺格, 大將軍.

丙火·癸水·甲木이 모여서 칠살격을 이루니, 대장군이
되었다.

丙 戊 乙 癸
辰 寅 卯 未

丙癸兩透, 甲藏, 侍郎.

丙火와 癸水가 함께 투출하고 甲木이 암장되었는데, 시
랑 벼슬을 하였다.

壬 戊 乙 癸
子 寅 卯 未

丙甲復所, 壬癸透干, 一榜.

丙火와 甲木이 자리에 머무르고 壬水와 癸水가 천간에
투출하니, 과거에 합격하였다.

壬 戊 癸 辛
子 寅 卯 卯

女命, 兩癸得所, 旺夫無子.

女命이다. 두 癸水가 제자리를 얻으니, 남편은 旺하나 자
식이 없다.

甲 戊 戊 己
寅 寅 辰 未

殺印相生格, 探花.

殺印相生格이다. 탐화43)가 되었다.

三夏戊土

四月戊土는 陽氣發升하고 寒氣內藏하여 外實內虛라
不畏火炎하니 無陽氣相催면 萬物不長이라 故先用甲疏
劈이요 次取丙癸為佐니라

4월의 戊土는 陽氣는 피어오르고 寒氣는 속으로 내장되
어 밖은 실하고 안은 허하므로 火炎을 두려워하지 않는데,
陽氣가 서로 재촉함이 없으면 만물이 자라지 않으므로 먼
저 甲木을 써서 소통시키고 다음에 丙火와 癸水를 취하여
보좌로 삼는다.

丙透甲出이면 廊廟之才요 丙癸俱透면 科甲之士며 卽
透一位요 支藏得所면 終非白丁이니라

丙火와 甲木이 투출하면 조정의 재목이 되고, 丙火와 癸
水가 함께 투출하면 과거에 급제할 인사가 되며, 혹 한 자

---

43) 唐代에 정시(庭試)에서 셋째로 급제함.

리만 투출하고 하나는 지지에 암장되어 자리를 얻으면 마침내 평민이 되지는 않는다.

若一派丙火면 爲火炎土燥니 僧道之流나 得一癸透壬藏이면 功名有准이며 或支藏癸면 衣食充足이나 但骨肉多刑이라

만약 한줄기 丙火가 있다면 火炎土燥한 사주가 되니 승도의 무리가 되지만, 癸水가 투출하고 壬水가 암장되면 功名에 준거로 삼을 바가 있으며, 혹 지지에 癸水를 암장하면 衣食은 충족하나 다만 골육 간에 형극이 많다.

化合成局無破면 富貴非輕이라

化合으로 局을 이루고 파괴함이 없으면 富貴가 가볍지 않다.

或支成金局하고 干出癸水하면 此爲奇格이며 正是土潤金生이니 卽不爲桃浪之客이라도 定有異路恩榮이리라

혹 지지가 金局을 이루고 천간에 癸水가 있다면 이것은 奇格에 해당되며, 바로 이것은 土가 윤택하여 金이 생성되는 것이니, 혹 도랑지객44)이 되지 않더라도 반드시 다른

길을 통한 임금의 은택과 영화가 있을 것이다.

此用癸水니 金妻水子라

이것은 癸水를 쓴 것이니, 金이 처가 되고 水가 자식이
된다.

丙 戊 癸 辛
辰 午 巳 亥

化合逢時, 名重玉堂.

戊癸合化가 때를 만났으니, 옥당(한림원)에 명성이 두터
웠다.

丁 戊 丁 癸
巳 午 巳 丑

癸水雖出年干, 乏甲疏土, 秀才而已.

癸水가 비록 천간에 투출했으나 甲木의 疏土가 결핍되
니, 수재(주현의 학교에 생원)가 되었을 뿐이다.

五月戊土는 仲夏火炎이니 先看壬水요 次取甲木이며

---

44) 봄 과거에 합격한 사람.

丙火酌用이니 用癸力微니라

5월의 戊土는 仲夏의 火가 타오르는 때이니, 먼저 壬水
를 보고 다음에 甲木을 취하며, 丙火는 상황을 참작하여
쓰는데 癸水를 쓰면 힘이 미약하다.

壬甲兩透면 名君臣慶會니 自然桃浪先聲하고 權高位
顯하며 又得辛透年干이면 官居一品이니 一命이 辛未
甲午戊寅壬子니 壬甲兩透하여 印旺殺高하니 出將入相
하여 名播四夷니라

壬水와 甲木이 함께 투출하면 군신의 경회라고 이름하
니, 자연히 과거급제자로 먼저 이름이 알려지고 권세와 지
위가 높이 드러나며, 다시 또 辛金이 年干에 투출하게 되
면 벼슬이 一品에 이르니, 한 명조가 辛未·甲午·戊寅·
壬子인데 壬水와 甲木이 함께 투출하여 인수가 旺하고 殺
이 왕성하니, 나가면 장군이고 들어오면 재상이 되어 이름
이 사방에 전파되었다.

若支成火局이면 即透癸水라도 不能大濟니 是一杯水
難濟車薪火也라 人命合此면 即好學不倦이라도 亦不能

成名이오 且主目疾이니 若得壬水出干이면 則此非比라

　만약 지지가 火局을 이루면 혹 癸水가 투출했더라도 크
게 구제하지 못하니, 그것은 한 잔의 물로 한 수레의 나무
에 붙은 불을 끄기는 어렵기 때문이다. 사람의 命이 이와
같으면 가령 학문을 좋아하여 게을리하지 않더라도 이름
을 이루지 못하며 또 주로 눈병을 앓는데, 만약 壬水가 천
간에 투출하게 되면 그것은 비교할 바가 아니다.

又或土木重重하고 全無滴水면 僧道孤貧之輩니라

　또 혹 土와 木이 중첩되고 전혀 한 방울의 물도 없다면
승도나 외롭고 가난한 무리이다.

用壬者는 金妻水子라

　壬水를 쓰는 경우에는 金이 처가 되고 水가 자식이 된다.

六月戊土는 遇夏乾枯니 先看癸水요 次用丙火甲木이라

　6월의 戊土는 여름의 바싹 마름을 만나니, 먼저 癸水를
보고 다음에 丙火와 甲木을 쓴다.

癸丙兩透면 科甲中人이요 或有癸無丙이면 見甲可許

秀才요 無甲略富며 或有丙無癸면 假道斯文이니 衣食
頗足이요 或癸透辛出이면 以刀筆之才로 可謀異路요
無癸丙者면 常人이요 若又無甲이면 下賤之輩니라

癸水와 丙火가 함께 투출하면 과거에 급제하는 사람이
며, 혹 癸水만 있고 丙火가 없으면 甲木을 만나야 수재(생
원)를 기대할 수 있고, 甲木이 없으면 조금 부유할 뿐이며,
혹 丙火만 있고 癸水가 없으면 임시로 유학의 힘을 빌린
사람인데 의식은 제법 넉넉하며, 혹 癸水가 투출하고 辛金
이 있으면 문서 작성하는 재주로써 다른 길의 성공을 도모
할 수 있으며, 癸水와 丙火가 없으면 평상인이며, 만약 甲
木도 없으면 하천한 무리이다.

或土多得一甲出이요 不見庚辛이면 爲人作事軒昂이
요 性情謹愼하니 即不顯揚이나 亦文章驚世니라

혹 사주에 土가 많고 하나의 甲木이 투출했을 때 庚辛金
이 보이지 않으면 사람됨이 일하는 것은 의기가 왕성하고
성정은 신중하니, 혹 이름을 높이 드날리지는 못하더라도
문장은 세상을 놀라게 한다.

用癸者는 金妻水子요 用丙者는 木妻火子며 用甲者

는 水妻木子라

癸水를 쓰는 경우에는 金이 처가 되고 水가 자식이 되며,
丙火를 쓰는 경우에는 木이 처가 되고 火가 자식이 되며,
甲木을 쓰는 경우에는 水가 처가 되며 木이 자식이 된다.

癸 戊 己 戊
丑 辰 未 戌
稼穡格, 有道全眞.
가색격으로 道를 지니고 천성을 보존하는 승도의 命이다.

辛 戊 己 戊
酉 午 未 申
稼穡格, 火爲病, 水爲藥. 狀元, 乏子.
가색격으로 火는 病이고 水는 약인데 장원급제하였으나
자식이 없었다.

丁 戊 癸 庚
巳 子 未 子
假傷官格, 學博, 子大貴.
가상관격으로 학문이 넓고 깊으며, 자식이 대귀하였다.

三秋戊土

七月戊土는 陽氣漸入하고 寒氣漸出하니 先丙後癸요 甲木次之라

　7월의 戊土는 따듯한 기운은 점점 들어가고 찬 기운은 점점 나오는 때이니, 먼저 丙火를 쓰고 다음에 癸水를 쓰며 甲木은 그다음이다.

　丙癸甲透者면 富貴極品이요 癸藏丙透면 不僅秀才요 丙甲兩透하고 癸水會局藏辰이라도 亦不失富貴요 無丙 得癸甲透면 此人淸雅요 家富千金이며 無癸甲者면 常人이요 有丙火면 妻賢子肖며 若丙甲癸三者俱無면 下流之命이니라

　丙火와 癸水와 甲木이 투출하면 부귀가 극품(최상)이며, 癸水가 암장되고 丙火가 투출하면 겨우 秀才에 머물지 않으며, 丙火와 甲木이 함께 투출하고 癸水가 局을 이루고 辰에 암장되었어도 부귀를 잃지 않으며, 丙火가 없더라도 癸水와 甲木의 투출을 이루면 이 사람은 청초 우아하고 집안이 천금의 富를 누리며, 癸水와 甲木이 없으면 평상인인데, 丙火가 있으면 처자가 어질며, 만약 丙·甲·癸 세 가

지가 모두 없으면 하류의 命이다.

或支成水局이라도 休作棄命從才요 宜取甲洩之니 甲
透者는 稍有富貴라 用神妻子는 仝前이니라

혹 지지가 水局을 이루더라도 棄命從財로 간주하지 말
고 마땅히 甲木을 취하여 水氣를 설해야 하니, 甲木이 두
출한 경우에는 제법 부귀가 있다. 용신과 처자는 앞의 것
과 같다.

壬 戊 戊 壬
午 辰 申 寅
太守.
태수 벼슬을 하였다.

癸 戊 甲 庚
丑 寅 申 寅
先貧後富, 多子.
선빈후부하고 자식이 많았다.

丙 戊 丙 辛

辰 子 申 酉

勾陳得位, 用時上丙火, 天師.

勾陳(구진)이 자리를 얻으니 時上의 丙火를 쓴다. 天師가
되었다.

八月戊土는 金洩身寒이라 賴丙照暖하고 喜水滋潤하
니 先丙後癸요 不必木疏라

8월의 戊土는 金이 설기하여 몸이 寒하므로, 丙火의 따
뜻하게 비춰줌에 의지하고 水의 촉촉하게 적셔줌을 기뻐
하니, 먼저 丙火를 쓰고 다음에 癸水를 쓰며 木의 소통은
필요하지 않다.

丙癸兩透면 科甲中人이며 丙透癸藏이면 可許入泮이
며 癸透丙藏이면 納資得官이나 若丙藏又無癸커나 即
多不透면 此皆常人이요 丙癸全無면 奔流之客이니라

丙火와 癸水가 모두 투출하면 과거에 급제하여 권세 있
는 사람[45]이고, 丙火가 투출하고 癸水가 암장되면 주현학
교에 입학을 기대할 수 있으며, 癸水가 투출하고 丙火가

---

45) 中人은 권세 있는 사람을 뜻함.

암장되면 재물을 바치고 관직을 얻지만, 만약 丙火가 암장되고 또 癸水가 없거나 혹 丙과 癸가 많더라도 투출하지 않으면 이러한 경우는 모두 평상인이며, 丙火와 癸水가 전혀 없으면 분주하게 떠돌아다니는 사람이다.

或四柱皆辛이요 無丙丁이면 此名傷官格이니 爲人淸秀라 卽不能拾芥나 亦可武庠이요 一見癸水면 富而且貴니라

8월 戊土가 혹 사주가 모두 辛이고 丙·丁火가 없으면 이것을 상관격이라 이름하니, 사람됨이 淸秀하므로 비록 일을 쉽게 이루지는 못하지만 武官학교에 학생일 수 있으며, 만일 癸水를 만나면 부귀하게 된다.

或支成水局이요 壬癸出干이면 此名才多身弱이니 愚懦無能하며 若天干有比劫하여 分散才神이면 頗言衣食이라

혹 지지가 水局을 이루고 壬·癸水가 天干에 나타나면 이것을 財多身弱이라 이름하니 어리석고 나약하며, 만약 천간에 비겁이 있어서 財神을 분산시키면 제법 衣食을 말할 수 있다.

用神妻子同前이나 秋土生金極弱이니 須丙火丁火出干이라야 方妙니라

용신과 처자는 앞에 것과 같으나, 가을의 土는 金을 生하므로 지극히 약하니, 반드시 丙丁火가 천간에 나타나야만 비로소 묘한 것이다.

九月戊土當權이라 不可專用丙이니 先看甲木하고 次取癸水하되 却忌化合하며 見金先用癸水하고 後取丙火하니 配合支干이라야 方成有生之土하여 定發雲程이니라

9월에는 戊土가 권세를 맡을 때이므로 丙火만을 전용해서는 안 되니, 먼저 甲木을 보고 다음에 癸水를 취하되 다시 또 化合을 꺼리며, 金을 만나게 되면 먼저 癸水를 쓰고 뒤에 丙火를 취하니, 支와 干을 알맞게 짝지어야만 비로소 생명이 있는 土를 이루어 반드시 청운(출세)의 앞길에 오르게 된다.

或無丙有癸요 不見甲透者면 衣衿小富며 無癸丙이요 有甲者면 衣食而已며 若癸甲全無면 雖有丙火라도 亦屬平常이며 或爲僧道니라

혹 丙火가 없고 癸水만 있으면서 甲木의 투출이 보이지 않는 경우에는 衣食과 小富를 기대할 수 있으며, 癸水와 丙火가 없고 甲木만 있으면 衣食이 있을 뿐이며, 만약 癸水와 甲木이 전혀 없으면 비록 丙火가 있더라도 평상인에 속하며 혹은 승도가 된다.

或支成水局이요 壬癸透干이면 用戊止流니 有比透反主富라

혹 지지가 水局을 이루고 壬癸水가 천간에 투출하면 戊土를 써서 흐름을 막아야 하니, 비겁의 투출함이 있으면 오히려 富를 주장한다.

支成火局이면 名土燥니 不發이라

지지가 火局을 이루면 土燥라고 하니 발달하지 못한다.

得金水兩透면 此人淸高하니 略可富貴요 無水면 一生困苦하며 妻子소前이니라

9월생 戊土에 金水가 투출함을 만나면 이 사람은 청고하고 고상하니 조금은 부귀할 수 있으나, 水가 없으면 한평생 곤고하며, 처자에 관한 것은 앞의 것과 같다.

丙 戊 甲 己
辰 辰 戊 酉

丙甲出干, 孝廉.

丙火와 甲木이 천간에 나타나 인수가 殺을 引化하니 효
렴으로 천거되었다.

癸 戊 庚 丁
亥 戌 戊 亥

印多官旺, 反得中和, 庠生, 大富.

印이 많고 官이 旺하여 도리어 中和를 이루니, 庠生이
되었고 大富하였다.

壬 戊 戊 丙
子 寅 戊 戊

丙癸甲皆全, 惜未出干, 只一貢生.

丙・癸・甲이 모두 갖추어졌으나 애석하게도 천간에 출
현하지 않으니, 다만 貢生(향시합격자)이 될 뿐이다.

乙 戊 庚 丁
卯 寅 戊 酉

白手興家, 大富.

백수로 집안을 일으켜 대부가 되었다.

己 戊 戊 丙

未 辰 戌 子

猛虎巡山格, 官至少保.

맹호순산격으로 벼슬이 少保[46])에 이르렀다.

三冬戊土

十月戊土는 時值小陽하여 陽氣略出하니 先用甲木이
요 次取丙火니 非甲土不靈이요 非丙이면 土不暖이니
安能生發萬物이리오 甲丙兩出이면 富貴中人이니라

　10월의 戊土는 때가 小陽을 만나서 陽氣가 약간 나오니,
먼저 甲木을 쓰고 다음에 丙火를 취하는데, 甲木이 아니면
土가 영묘하지 못하고 丙火가 아니면 土가 따뜻하지 않으
니, 어떻게 만물을 생육 발달시킬 수 있겠는가? 甲木과 丙
火가 함께 투출하면 부귀하여 권세 있는 사람이다.

---

46) 三公(太師, 太傅, 太保)의 한 사람인 太保의 보좌역.

或甲得長生이요 遇支藏得地之水며 一丙高透면 亦主
身貴揚名이나 支見庚金이면 入泮而已라

혹 甲木이 장생을 만나고 지지에 암장되어 제자리를 얻
은 水를 만나며 하나의 丙火가 높이 투출하면 또한 몸이
貴하게 되어 이름을 드날린다. 지지에 庚金을 만나면 泮宮
(州·縣의 학교)에 입학할 뿐이다.

若不見庚金이요 甲木藏支며 丙火高透면 科甲有之요
若有庚이나 丁出制면 必異路功名거나 或為典吏라

만약 庚金이 보이지 않고 甲木이 지지에 암장되며 丙火
가 높이 투출하면 과거에 급제함이 있고, 만약 庚金이 있
더라도 丁火가 나타나서 제압하면 반드시 다른 길을 통하
여 공명을 이루거나 혹은 典吏(벼슬아치)가 된다.

即庚丁不透요 甲丙藏支라도 亦云富貴니라

혹 庚金과 丁火가 투출하지 않고 甲木과 丙火가 지지에
암장되었더라도 富貴한다고 말할 수 있다.

壬透得戊救丙이면 主富中取貴요 丙甲俱無면 必為僧
道니라

壬水가 투출했을 때 戊土가 있어서 丙火를 구제함을 만나면 富 가운데 貴를 취하나, 丙火와 甲木이 모두 없으면 반드시 승려나 도사가 된다.

戊 戊 癸 癸
午 辰 亥 卯
羊刃駕殺格, 府尹.
양인가살격으로 부윤벼슬을 하였다.

庚 戊 辛 壬
申 寅 亥 申
此歸祿格, 四柱見金, 火運大發.
이것은 귀록격으로 사주에 金을 만나 火運에 크게 발달하였다.

丙 戊 丁 乙
辰 戌 亥 卯
食神生才格, 兩榜.
食神生財格으로 甲・乙양방[47)]에 합격하였다.

---

47) 兩榜은 갑방과 을방이다. 甲榜은 진사합격, 乙榜은 향시합격을 이른다.

十一二月嚴寒冰凍이라 丙火爲專하고 甲木爲佐하니
丙甲兩透면 桃浪之人이요 丙出甲藏이면 採芹食餼요
丙藏甲出이면 佐雜前程이요 有丙無甲者면 豪富요 有
甲無丙者면 淸貧이요 丙甲全無면 下流之造니라

11월과 12월의 戊土는 혹독한 추위로 水土가 어는 때이
므로, 丙火를 전용하고 甲木을 보좌로 삼으니, 丙火와 甲
木이 모두 투출하면 호화롭게 사는 사람이며, 丙火가 나타
나고 甲木이 암장되면 학교에 들어가 관급미를 제공받으
며, 丙火가 암장되고 甲木이 나타나면 잡무를 보좌하는 관
리가 되며, 丙火만 있고 甲木이 없으면 큰 부자가 되고, 甲
木만 있고 丙火가 없으면 청빈하며, 丙火와 甲木이 전혀
없으면 하류의 命이다.

或一派丙火에 加以丙透요 運値火土면 弱中復强이며
又一壬透干이면 主淸高榮祿이나 乏壬이면 僧道孤寒이라

혹 지지에 한줄기 丙火를 이루었을 때 거기에 丙火의 투
출을 더하고 운에서 火土를 만나면 약한 가운데 다시 강하
게 되며, 또 하나의 壬이 천간에 투출하면 청렴하고 고상
하며 영광스러운 관록을 주장하지만, 壬水가 결핍되면 승
려나 도사로 외롭고 쓸쓸하다.

或一派水土寒滯하고 不見一丙하며 得一癸透月時면 亦不失儒雅風流니라

혹 한줄기 水土로 차갑게 막혀 있고 하나의 丙火도 보이지 않으며, 하나의 癸水가 월이나 시에 투출함을 만나면 또한 바른 유학자의 풍류를 잃지 않는다.

或一派壬水에 不見比劫이면 可作從才而論이요 即有比劫이라도 得甲出干이면 又主富貴며 若寒土無丙이면 雖有甲木이라도 亦是內虛外實之人이니라

혹 한줄기의 壬水가 있을 때 비겁이 보이지 않으면 從財로 간주하여 논할 수 있는데, 혹 비겁이 있더라도 甲木이 천간에 나타남을 만나면 또한 부귀를 주장하며, 만약 寒土에 丙火가 없으면 비록 甲木이 있더라도 역시 그것은 겉으로만 충실한 사람이다.

或二癸透月時면 名為爭合이니 終屬勞碌之人이요 得一己出干制癸면 反為忠義之士니 捨己從人而論이라

혹 2개의 癸水가 월과 시에 투출하면 이름을 爭合이라 하니, 마침내 분주하게 애쓰는 사람에 속하며, 하나의 己

土가 천간에 나타나 癸水를 제지하게 되면 오히려 충의지
사가 되니 자신을 버리고 남을 따르는 사람으로 논한다.

**年月透辛金者면 又屬土金傷官이니 異路功名可許며
以金爲妻요 水爲子니라**

년·월천간에 辛金이 투출하면 또한 土金傷官에 속하니,
異路의 공명을 기대할 수 있으며, 金을 처로 삼고 水를 자
식으로 삼는다.

壬 戊 壬 壬
子 子 子 子
從才格, 太史.
從財格으로 태사벼슬을 하였다.

癸 戊 乙 癸
丑 申 丑 卯
四柱無火, 喜戊癸合化, 申宮壬水輔陽, 按察.
사주에 火가 없으나 기쁘게도 戊癸가 合化하며, 申宮의
壬水가 陽을 보필하니 벼슬이 안찰에 이르렀다.

戊 戊 甲 戊

午 辰 子 寅

甲出丙藏, 又戊多晦光, 好客, 一生貧苦.

甲木이 투출하고 丙火가 암장되며 다시 또 戊土가 빛을
어둡게 하니, 객을 좋아하며 한평생 빈곤하였다.

三春己土

正月己土는 田園猶凍하니 蓋因臘氣未除요 餘寒未退
요 故丙為尊이며 得丙照暖이면 萬物自生이라 忌見壬
水하여 反為己病은 何也오 壬乃江湖之水니 湖水一發
이면 則田園洗蕩하여 變為沙土하여 而根苗盡沒矣니
須戊作堤하여 以保園圃라 壬多要見戊制니 有戊出干者
면 定主玉堂金馬요 若乏制戊면 必屬平常이라

정월의 己土는 마치 전원이 얼어 있는 것과 같은데, 그
것은 섣달의 기운이 아직 제거되지 않고 남은 추위가 물러
가지 않았기 때문이니, 그러므로 丙火를 소중하게 여기며,
丙火의 따뜻하게 비춤을 만나면 만물이 저절로 생장한다.
壬水를 만나는 것을 꺼려서 오히려 己土의 病으로 여기는

것은 어째서인가? 壬은 곧 강이나 호수의 물이니 강호의 물이 한번 넘치면 전원을 싹 쓸어버려서 변하여 모래흙이 되어 뿌리와 싹이 다 죽기 때문이니, 반드시 戊土로 제방을 만들어서 원포(과실과 채소를 심는 밭)를 보호해야 한다. 壬이 많으면 반드시 戊土의 제지를 만나야 하니, 戊土가 천간에 나타나 있으면 마땅히 玉堂金馬(한림원)에 몸을 두며, 만약 제지할 戊土가 없으면 반드시 평상인에 속한다.

或一派甲木에 有庚出干이요 加以癸丙齊透며 配得中和면 亦名利雙全이라

혹 한줄기 甲木이 있을 때 庚金이 천간에 나타나 있고 거기에 癸水와 丙火가 나란히 투출함을 더하며, 干支배합에 중화를 이루면 또한 名利가 함께 갖추어진다.

即丙生寅月이요 庚透天干이면 亦有俊秀라

혹 己土가 丙火의 長生인 寅月에 태어나고 庚金이 천간에 투출하면 또한 준수함이 있다.

若甲多無庚이면 殘疾廢人이니 宜用丁洩이라

만약 甲木이 많은데 庚金이 없으면 고질병을 앓는 폐인

이 되니, 마땅히 丁火를 써서 설해야 한다.

或一派火에 即不見水無碍니 何也오 正月己土寒溼하
니 必丙燥暖이라야 反主厚祿이요 加一癸透면 科甲自
然이니 戊透면 反作常人이니라

혹 한줄기 火가 있을 때 비록 水를 만나지 않아도 장애
가 없으니, 왜냐하면 정월의 己土는 한습하므로 반드시 丙
火가 건조시키고 따뜻하게 해야만 도리어 厚祿(후록)을 주
장하기 때문이며, 여기에 癸水의 투출을 더하면 과거급제
는 저절로 이루어지는데, 戊土가 투출하면 도리어 평상인
이 된다.

或一派戊土에 有甲出制면 又主榮顯이요 如見乙出이
면 雖多不能疏土며 且乙多者면 奸詐小人이니라

혹 한줄기 戊土가 있을 때 甲木이 나타나서 제재(制裁)
하면 또한 영달하여 명성이 들어나며, 만약 乙木의 출현을
만나면 비록 많더라도 土를 소통시키지 못하며, 또 乙木이
많으면 간교하게 남을 속이는 소인이다.

用丙者는 木妻火子라

丙火를 쓰는 경우에는 木이 처가 되고 火가 자식이 된다.

二月己土는 陽氣漸升이라 雖禾稼未成이나 萬物出土
하니 田園未展이라 先取甲木疏之요 忌合이며 次取癸
水潤之니 甲癸出干이면 定主科甲이요 加以一丙出透면
勢壓百僚하니 一見壬水면 微末官職이니라

　2월의 己土는 陽氣가 점차 상승하는 때이므로, 비록 곡
식이 아직 이루어지지는 않았더라도 만물이 흙에서 나오
는데, 전원의 토지가 아직 벌어지지 않았으므로 먼저 甲木
을 취하여 그 막힌 것을 터서 통하게 하되, 己土가 합하는
것을 꺼리며, 다음에 癸水를 취하여 그것을 적셔주어야 하
는 것이니, 甲木과 癸水가 천간에 나타나면 반드시 과거에
급제하며, 거기에 하나의 丙火의 투출을 만나면 권세가 모
든 벼슬아치들을 압도하는데, 만일 壬水를 만나면 미관말
직에 종사한다.

或見庚制甲이요 壬水出干이며 此劫重重[48]이면 此必
俗子며 丙透면 猶有小富요 丙藏衣祿無虧라

　혹 庚金이 甲木을 제압하고 壬水가 천간에 나타나고 비

---

48) 此는 比가 되어야 함.

겁이 중첩됨을 만나면, 이것은 반드시 평범한 사람이며, 丙火가 투출하면 오히려 小富가 되고, 丙火가 암장되면 의식과 봉록에 결손이 없다.

或支成木局에 庚透富貴하니 若柱多乙木이요 乙又屈庚하면 庚必輸情於乙하며 不能掃邪於正이니 此必狡詐之徒며 運入東南하면 恐有不測이라 當用丁洩之니 有丁者면 小人而已요 不致無良이니라

혹 지지가 木局을 이루었을 때 庚金이 투출하면 富貴하는데, 만약 사주에 乙木이 많고 乙木이 또 庚金에게 합하려고 굴복하면 庚金은 반드시 乙木에게 정을 주게 되어 制殺하는 바른 기능에서 삿됨을 제거할 수 없으니, 이러한 경우에는 반드시 간교한 무리가 되며, 운이 동남으로 돌아가면 예측하지 못할 재앙이 있을까 두려우므로, 마땅히 丁火를 써서 氣를 누설시켜야 하니, 丁火가 있으면 小人일 뿐이지 선량하지 않음에 이르지는 않는다.

無比印하여 從殺者는 貴하니라

비겁과 인수가 없어서 從殺하는 경우에는 貴命이 된다.

若柱中無甲丙癸者는 皆下格이며 妻子用神仝前이니라

만약 사주 중에 甲·丙·癸가 없는 경우에는 모두 하격
이며, 처자와 용신은 앞의 내용과 같다.

庚 己 乙 癸

午 巳 卯 卯

庚金隔位, 乙難合庚, 群邪自伏, 撫軍.

庚金이 자리가 떨어져 있어서 乙木이 庚金과 합하기 어
려우니, 삿된 무리가 저절로 庚金에게 굴복하므로, 撫軍[49]
벼슬을 하였다.

乙 己 乙 癸

丑 巳 卯 卯

偏官格, 巳丑會局, 庚不合乙制殺, 狀元.

편관격인데, 巳丑이 회국하고 庚金이 乙木과 합하지 않
고 제살하니, 장원급제 하였다.

---

49) 각처를 순회하며 백성을 보살피는 관직.

三月己土는 正栽培禾稼之時라 先丙後癸하여 土暖而潤이면 隨用甲疏니 三者俱透天干이면 必官居黃閣이요 或三者透一이라도 科甲定然이나 但要得地요 却以庚金 爲病이니라

3월의 己土는 바로 곡식을 재배하는 때이므로, 먼저 丙火를 쓰고 다음에 癸水를 써서 土가 따뜻하고 윤택해지면 드디어 甲木을 써서 소통시키는 것이니, 이 세 가지가 모두 천간에 투출하면 반드시 벼슬이 황각(재상)에 머물고, 혹 세 가지 중에 하나만 투출해도 과거급제는 틀림없는데, 다만 반드시 자리를 얻어야 하며, 3月己土에서는 도리어 庚金을 病으로 여긴다.

或有丙甲無癸면 亦可致富니 但不貴顯이요 或有癸而 無甲丙이면 亦有衣衿이요 或有丙癸無甲이면 亦係人才 요 丙癸全無면 流俗之輩니라

혹 丙火와 甲木이 있고 癸水가 없는 경우에도 富를 이룰 수 있는데, 다만 귀하게 현달하지는 못하며, 혹 癸水만 있고 甲木과 丙火가 없는 경우에도 衣食이 있으며, 혹 丙火와 癸水가 있고 甲木이 없는 경우에도 재능이 있는 사람에

속하며, 丙火와 癸水가 전혀 없으면 세속적인 사람이 된다.

或一片乙木에 無金制伏이면 貧而且夭也니라 妻子仝前이라

혹 한 덩어리 乙木이 있을 때 金의 제복이 없으면 가난하고 요절한다. 처자관계는 앞의 것과 같다.

丙 己 甲 壬
寅 卯 辰 子
丙申癸全, 殺旺身强, 一品.
丙火와 甲木 癸水가 전부 갖춰지고, 殺이 旺하고 身이 强하니, 제일 높은 벼슬에 이르렀다.

甲 己 壬 辛
子 巳 辰 未
身旺任才, 富翁.
身旺하여 財를 감당할 수 있으니, 부자의 사주이다.

壬 己 甲 壬
申 卯 辰 子

雜氣才官格, 狀元.

잡기재관격으로 장원급제하였다.

三夏己土

三夏己土는 雜氣才官이요 禾稼在田이라 最喜甘沛니 取癸為要요 次用丙火라 夏無太陽이면 禾稼不長이니 故無癸曰旱田이요 無丙曰孤陰이니라

巳·午·未월에 태어난 己土는 잡기재관에 해당하며, 곡식이 밭에 있으므로 단비가 내리는 것을 가장 좋아하니 癸水를 취하는 것이 가장 중요하고, 다음에 丙火를 쓴다. 여름에는 태양이 없으면 곡식이 자라지 못하므로, 癸水가 없는 것을 旱田(가뭄 든 밭)이라 하고 丙火가 없는 것을 孤陰(외로운 응달)이라 한다.

或丙癸兩透요 又加辛金生癸면 此富貴之格으로 名水火旣濟요 鼎甲之人이니 却忌戊癸化合이라

혹 丙火와 癸水가 함께 투출하고 다시 또 辛金이 癸水를 生함을 더하면 이것은 富貴할 격으로 수화기제(만사가 잘

되어가는 상)라 이름하며, 과거에 장원급제할 사람인데, 다만 戊癸의 合化를 꺼린다.

或有丙無癸면 有壬亦可나 但不大發이니라

혹 丙火만 있고 癸水가 없으면 壬水가 있어도 괜찮으나, 다만 크게 발전하지는 못한다.

或一派丙火烈土에 加以丁火制辛하여 癸水無根인댄 如七八月之間旱이면 則苗稿矣니 此命孤苦零丁이며 或 有甲木이라도 又見丙火重重이요 無滴水解炎이면 亦孤 貧到老라

혹 한 무리의 丙火가 土를 바싹 마르게 하는 경우에, 거기에 丁火가 辛金을 억제함을 더하여 癸水에 근원이 없다면, 마치 7월·8월 사이에 날이 가물면 싹이 마르는 것과 같으니, 이러한 사주는 외롭고 고달프며 의지할 때가 없게 되며, 혹 甲木이 있더라도 다시 또 丙火가 중첩됨을 만나고 火氣를 해소할 한 방울의 물도 없다면 역시 늙도록 외롭고 가난하다.

如有壬水요 又見庚辛이면 此又不作孤看이니 但恐目

疾과 心腎肝臟之災이요 若壬水有根하고 辛金得地하면 又非此而論이며 或壬癸並出하여 破火潤土면 此人聰穎 特達하여 富中取貴하니 又轉禍為福也니라

만일 壬水가 있고 또 庚・辛金을 만나면 이것은 또한 고독한 命으로 보지 않는데, 다만 눈병과 心腸・腎臟・肝腸의 질병을 염려해야 하며, 만약 壬水의 근원이 있고 辛金이 자리를 만나면 또한 이와 같이 논하지 않으며, 혹 壬・癸水가 함께 나타나서 火를 파괴하고 土를 윤택하게 하면 이러한 사람은 총명하고 특별히 빼어나서 富한 가운데 貴를 취하니, 또한 전화위복하게 된다.

用癸者는 金妻水子요 用丙者는 木妻火子니라

癸水를 쓰는 경우에는 金이 처가 되고 水가 자식이 되며, 丙火를 쓰는 경우에는 木이 처가 되고 火가 자식이 된다.

戊 己 己 己
辰 巳 巳 巳

此命大富, 己生初夏, 戊己多, 得三庚生癸, 故妙.

이것은 大富의 사주이다. 己土가 초여름에 생하였는데, 戊己가 많고 巳 중에 암장된 세 개의 庚金이 辰宮의 癸水

를 생하므로, 묘한 사주가 되었다.

辛 己 辛 乙

未 巳 巳 巳

金多洩土, 旱而乏水, 專用胎元.

金이 많아서 土氣를 설하니 가뭄에 물이 부족하므로 오
로지 胎元(壬水)을 써야 한다.

庚 己 辛 乙

午 巳 巳 丑

辛生丑宮, 不爲旱田, 位至方伯.

辛金이 丑宮에 生하니 가뭄 든 밭은 아니다. 지위가 方
伯에 이르렀다.

乙 己 癸 丙

亥 亥 巳 申

丙癸俱全, 才旺生扶, 一品夫人

丙火와 癸水가 함께 갖추어지고, 財가 旺하여 官을 生扶
하니, 一品夫人이 되었다.

三秋己土

三秋己土는 萬物收藏之際로 外虛內實하며 寒氣漸升하니 須丙火溫之요 癸水潤之며 不特此也라 且癸能洩金하고 丙能制金하여 補土精神하니 則秋生之物咸茂矣라 癸先丙後라

三秋의 己土는 만물이 거두어 간직되는 때로 외면은 허하고 내면은 실하며, 寒氣가 점점 상승하는 때이니 반드시 丙火로 그 土를 따뜻하게 하고 癸水로 그 土를 적셔주어야 하며, 이뿐만 아니라 또 癸水는 金氣를 누설할 수 있고 丙火는 金氣를 제압할 수 있으므로 土의 정신을 보충할 수 있으니, 그렇게 되면 가을에 태어난 생물이라도 모두 무성해질 것이다. 癸水를 먼저 쓰고 丙火를 뒤에 쓴다.

丙癸兩透면 雁塔題名하며 或無癸하고 有兩丙透者면 異途顯達하니 或武職權高하며 或有丙火요 不見壬癸면 爲假道斯文이니 終無誠實하며 或有壬癸無丙者면 衣食充足하고 才能而已니라

丙火와 癸水가 함께 투출하면 진사에 급제하며, 혹 癸水가 없고 두 개의 丙火가 투출하면 다른 길을 통하여 현달

하니 혹 무관직이면 권세가 높으며, 혹 丙火만 있고 壬·
癸水가 보이지 않으면 거짓으로 유학의 길을 빌린 것이니
마침내 성실함이 없으며, 혹 壬·癸水는 있으나 丙火가 없
으면 의식이 충족하고 재능만 있을 뿐이다.

**或支成金局이요 癸透有根이면 此人家畜萬緡이니 富
中取貴라**

혹 지지에 金局을 이루고 癸水가 투출하여 근원이 있으
면 이 사람은 집에 만 꿰미의 돈을 저축하니, 富한 가운데
에서 貴를 취한다.

**或支四庫에 甲透者富요 乏甲者孤貧이며 或甲出無癸
乏金이면 積德可全科甲이며 或會火局이요 無水救면
乃大奸大惡之徒라**

혹 지지가 四庫를 갖춘 경우에 甲木이 투출하면 부유하
고, 甲木이 부족하면 고독하고 가난하며, 혹 甲木은 있는
데 癸水가 없고 金이 부족하면 덕을 쌓아야 과거급제를 온
전히 할 수 있으며, 혹 火局을 이루고 水의 구제가 없으면
곧 큰 간악한 무리이다.

或丙透癸藏에 遇金頗有選援이요 加一壬輔면 富貴慷慨요 有賢聲이며 見戊透者면 主遭凶厄且貧이니라

혹 丙火가 투출하고 癸水가 암장되었을 때 金을 만나면 제법 선발됨이 있으며, 거기에 하나의 壬水의 보좌를 더하면 富貴하여 의기가 넘치고 어질다는 명성이 있으며, 戊土의 투출이 보이면 재앙을 만나고 또 가난하다.

八月支成金局이요 無丙丁出救면 此人零丁孤苦며 如得丙透丁藏하여 生己元神이면 此人名魁天下요 五福完人이니라

8월의 己土에서 지지가 金局을 이루었을 때 丙丁이 나타나서 구제가 없으면 이 사람은 의지할 때 없이 외롭고 고달프며, 만일 丙火가 투출하고 丁火가 암장됨을 만나 己土의 元神을 생하면 이 사람은 명성이 천하에 으뜸이며, 五福을 완비한 사람이다.

總之컨대 三秋己土는 先癸後丙하고 取辛輔癸하니 九月土盛이라 宜甲木疏之요 餘皆酌用이니라

총괄하여 말하자면, 三秋의 己土는 먼저 癸水를 쓰고 뒤

에 丙火를 쓰며, 辛金을 취하여 癸水의 보좌로 하는데, 9
월은 土가 왕성하므로 마땅히 甲木으로 그것을 소통시켜
야 하고, 나머지는 모두 참작하여 쓴다.

　壬 己 癸 甲
　申 未 酉 寅
　甲丙癸壬全, 提督.
　甲木·丙火·癸水·壬水가 갖추어졌다. 제독의 사주이다.

　壬 己 甲 己
　申 丑 戌 巳
　戊己局全于四季, 火運大魁.
　戊己局이 四季에 온전한데 火運에 장원급제 하였다.

**勾陳全備潤下면 勞碌奔波之客이요 土凝水竭이면 離
鄕背井之流라**

　勾陳(土)이 윤하를 모두 갖추면 분주하게 애쓰고 고생하
는 사람이 되고, 土가 응집하고 水가 고갈되면 고향을 멀
리 떠날 사람이다.

勾陳得位會才官이요 無沖無破必然端이며 甲子北方
寅卯木이면 管教敎環拱戴金冠이니 戊己喜亥卯未爲官
이요 申子辰爲才며 忌刑沖殺害니라

구진이 자리를 얻고 財官을 만나면 沖破가 없으면 반드
시 귀격이 되고, 甲子가 북방에서 寅卯木으로 행하면 대궐
의 병사를 관리 감독하고 국왕을 받들게 되니, 戊己土는
亥卯未가 官이 되고 申子辰이 財가 되는 것을 좋아하며,
刑沖殺害를 꺼린다.

三冬己土

三冬己土는 濕泥寒凍이라 非丙暖不生하니 取丙爲尊
하고 甲木參酌하며 戊土癸水不用이라 惟初冬壬旺하니
取戊制之하고 餘皆用丙丁하되 但丁不能解凍除寒이라
不能大濟니라

三冬의 己土는 습한 진흙이 차게 얼었으므로, 丙火의 따
뜻함이 아니면 生氣가 없으니, 丙火를 취하는 것을 귀하게
여기고 甲木을 참작하여 쓰며 戊土와 癸水는 쓰지 않는다.
오직 초겨울에는 壬水가 旺하니 戊土를 취하여 그것을 제

지하고 나머지는 모두 丙丁을 쓰는데, 다만 丁火는 언 것을 녹이고 추위를 제거하지 못하므로 일이 크게 이뤄지지는 못한다.

或干透一丙하고 支藏一丙하며 加以甲透하면 科甲有准하며 即藏丙無制라도 亦主衣衿이니라

혹 천간에 하나의 丙火가 투출하고 지지에 하나의 丙火가 암장되며 거기에 甲木이 투출하면 과거급제 할 수 있으며, 혹 丙火가 암장되고 극제가 없어도 衣食이 있다.

或多壬水에 得戊透制之면 此命安然富中取貴며 不見戊土면 富屋貧人이라 凡三冬己土는 見壬水出干이면 爲水浸湖田이니 此人孤苦로되 若見火不孤요 見土不貧이니라

혹 壬水가 많을 때 戊土가 투출하여 그것을 제지함을 만나면 이러한 命은 편안히 富한 가운데 貴를 취하며, 戊土를 만나지 못하면 부잣집의 가난한 사람이다. 무릇 三冬의 己土는 壬水가 천간에 출현함을 만나면 호숫가의 밭에 물이 잠긴 것이니, 이러한 사람은 외롭고 고달픈 것인데, 만약 火를 만나면 외롭지 않고 土를 만나면 가난하지 않다.

或一派癸에 不見比劫이면 此爲從才로 反主富貴니 雖不科甲이라도 恩誥有之요 若見比爭이면 平常人物로 妻子主事라 從才者는 木妻火子니라

혹 한줄기 癸水가 있고 비겁을 만나지 않으면 이것은 從財格으로 도리어 富貴를 주관하니, 비록 과거급제를 하지 않더라도 은혜로운 誥命[50]이 있으며, 만약 비겁을 만나 다투게 되면 평상인물이 되고 처자가 일을 주관한다. 從財하는 경우에는 木이 처가 되고 火가 자식이 된다.

或一派戊己면 取甲制之니 甲透者富貴니라

혹 한줄기의 戊·己土가 있으면 甲木을 취하여 그것을 제지하는 것인데, 甲木이 투출한 경우에는 부귀한다.

或一片辛庚이면 須用丙火요 還須丁火爲助니 丙藏이 면 富貴奇特之命이니라

혹 한 무리의 庚·辛金이 있으면 반드시 丙火를 쓰고 또 반드시 丁火를 보좌로 삼아야 하는데, 丙火가 암장되면 富貴하는 기특한 命이다.

---

50) 왕이 작위를 내리는 명령.

甲 己 癸 壬

戌 丑 丑 申

木疏季土格, 侍郎.

甲木이 季土를 소통시키는 격으로, 시랑벼슬을 하였다.

己 己 癸 壬

巳 卯 丑 子

才旺生殺格, 狀元.

財가 旺하여 殺을 生하는 격으로, 장원급제한 사주이다.

窮通寶鑑 卷四

論金

論 金

金以至陰爲體요 中含至陽之精이라 乃能堅剛하여 獨
異衆物이요 若獨陰而不堅하니 冰雪是也니 遇火則消矣
라 故金無火鍊이면 不能成器니 金重火輕이면 執事繁
難하며 金輕火重이면 煆煉消亡하니 金極火盛이면 爲
格最精이라 金火全이면 名曰鑄印이니 犯丑字면 即爲
損模며 金火多면 名爲乘軒이니 遇死衰면 反爲不利라

金은 지극한 陰을 본체로 하면서도 그 가운데 지극한 陽
의 精氣를 지니고 있어서 그와 같이 굳세고 단단하여 유독
많은 물질과 다르며, 만약 陰으로만 이루어졌다면 견고하
지 못한데 얼음과 눈이 그것이니 火를 만나면 소멸된다.
그러므로 金은 火의 단련이 없으면 그릇을 이루지 못하는
데, 金이 중하고 火가 경하면 일하는 것이 번거롭고 어려

우며, 金이 경하고 火가 중하면 단련하여 사라져 없어지니, 金이 지극하고 火가 성하면 격을 이룸이 가장 뛰어나다. 金과 火가 완전하면 이름을 鑄印(주인)51)이라 하니, 丑字를 만나면 곧 모형(거푸집)을 손상하게 되며, 金과 火가 많으면 이름을 乘軒(승헌)52)이라 하니 死·衰의 자리를 만나면 도리어 불리하게 된다.

木火煉金이면 成名銳而退速이요 純金遇水면 逢富顯以贏餘라 金能生水나 水旺則金沉하며 土能生金이나 金多則土賤하며 金無水乾枯요 水重則沉淪無用이며 金無土則死絕이요 土重則埋沒不顯이니 兩金兩火最上이요 兩金兩木才足이며 一金生三水면 力弱難勝이요 一金得三木이면 頑鈍自損이라 金成則火滅이니 故金未成器면 欲得見火요 金已成器면 不欲見火며 金到申酉巳丑을 亦可謂之成也니 運喜西北이요 不利南方이라

木과 火가 金을 단련하면 이름을 이룸도 빠르고 물러나는 것도 빠르며, 순순한 金이 水를 만나면 富와 현달을 만나 남는 재물이 있다. 金이 水를 生할 수 있으나 水가 旺

---

51) 도장을 주주함, 즉 관직에 들어감을 뜻함.
52) 대부의 수레를 타는 것.

하면 金이 침몰하며, 土가 金을 生할 수 있으나 金이 많으면 土가 賤해지며, 金은 水가 없으면 메마르고 水가 많으면 가라앉아서 쓸모가 없으며, 金은 土가 없으면 死絕되고 土가 많으면 매몰되어 드러나지 않으니, 두 金과 두 火가 최상이고 두 金과 두 木은 財가 넉넉하며, 하나의 金이 세 개의 水를 생하면 힘이 약하여 이기기 어렵고, 하나의 金이 세 개의 木을 만나면 무디고 둔해져서 저절로 손상된다.

金이 이루어지면 火가 소멸해야 하므로, 金이 그릇을 이루기 전에는 火를 만나야 하고 金이 그릇을 이룬 뒤에는 火를 만나지 말아야 하며, 金이 申酉巳丑에 이르는 것을 또한 그릇을 이룬다고 하는 것이니, 운이 서북은 좋고 남방은 불리하다.

生於春月이면 餘寒未盡이라 貴乎火氣爲榮이니 性柔體弱이면 欲得厚土輔助며 水盛增寒이면 難施鋒銳之勢며 木旺損力이면 有剉鈍之危니 金來比助면 扶持最妙로되 比而無火면 失類非良이니라

金이 春月에 生하면 남은 추위가 아직 다 사라지지 않았으므로, 火氣로 영화롭게 되는 것을 귀하게 여기는데, 성정이 부드럽고 체질이 약할 때에는 厚土의 보조를 만나야

하며, 水가 성하여 寒氣를 더하면 날카로운 기세를 행하기
어려우며, 木이 旺하여 힘을 손상하게 되면 꺾기고 무디어
지는 위험이 있으니 金이 와서 도우면 힘을 견디고 형상을
유지함이 가장 묘한데, 비겁만 있고 火가 없으면 형상을
잃어서 좋지 않다.

夏月之金은 尤為柔弱하여 形質未具라 尤嫌死絕이니
火多而却為不厭하며 水盛而滋潤呈祥하며 見木而助鬼
傷身하며 遇金而扶持精壯하며 土薄而最爲有用하며 土
厚而埋沒無光이니라

夏月의 金은 더욱더 유약하여 형체와 바탕이 갖추어지
지 않았으므로, 死絕을 더욱 꺼리는데 火가 많으면 도리어
싫어하지 않게 되며, 水가 성하면 적시고 윤택하게 하여
상서로움을 드러내며, 木을 만나면 鬼를 도와 身을 상하며,
金을 만나면 형질을 유지하고 精이 튼튼하며, 土가 적으면
가장 쓸모가 있으며, 土가 두터우면 매몰되어 빛을 잃는다.

秋月之金은 當權得令이니 火來煅煉하면 遂成鍾鼎之
材나 土多培養하면 反惹頑濁之氣하며 見火則精神越秀
하고 逢木則琢削施威하며 金助愈剛이요 剛過則決하며

氣重愈旺이요 旺極則衰니라

秋月의 金은 권력을 잡고 시령을 만났으므로, 火가 와서 단련하면 마침내 鐘과 솥의 재질을 이루지만, 土가 많아서 배양되면 도리어 완고하고 혼탁한 기운을 불러들이며, 火를 만나면 정신이 더욱 빼어나고, 木을 만나면 깎고 다듬어 위세를 행하며, 金이 도우면 더욱 강해지고 강함이 지나치면 부러지며, 氣가 무거우면 더욱 旺해지고 旺이 지극하면 衰하게 된다.

冬月之金은 形寒性冷하니 木多則難施琢削之功이요 水盛而未免沉潛之患이니 土能制水면 金體不寒이요 火來助土면 子母成功이며 喜比肩聚氣相扶하고 欲官印溫養爲利니라

冬月의 金은 형체가 차고 성질은 냉하니, 木이 많으면 깎고 다듬는 공을 베풀기 어렵고, 水가 성하면 깊이 가라앉는 근심을 면치 못하는데, 土가 水를 제재할 수 있으면 金의 형체가 차지 않고, 火가 와서 土를 도우면 子와 母가 공을 이루는 것이며, 비견이 氣를 모아 서로 돕는 것을 좋아하고, 官과 印이 따뜻하게 배양하여 이롭게 하는 것을 원한다.

三春庚金

正月庚金은 木旺之際니 有土皆死라 不能生金이요 且金之寒氣未除라 先用丙暖庚性하되 又慮土厚埋金이라 須甲疏洩이니 丙甲兩透면 科甲顯榮이요 二者透一이라도 亦有生監이며 丙藏甲透면 異路功名이니라

정월의 庚金은 木이 旺한 때이니, 土가 있어도 모두 죽으므로 金을 生할 수 없으며, 또 金의 寒氣가 아직 제거되지 않았으므로, 먼저 丙火를 써서 庚의 성질을 따뜻하게 해야 하는데, 또 土가 두터워서 金을 매몰할까 염려되므로, 반드시 甲木으로 소통하고 누설해야 하니, 丙火와 甲木이 함께 투출하면 과거에 급제하고 현달하여 영화를 누리며, 두 가지 중 하나만 투출해도 生員이나 監生(국자감의 학생)이 되며, 丙火가 암장되고 甲木이 투출하면 異路에서 공명을 이룬다.

或柱中土多요 甲透者貴하고 甲藏者富하며 庚出則否니라

혹 사주 중에 土가 많을 때 甲木이 투출하면 신분이 貴하고, 甲木이 암장되면 부유하며, 庚金이 나타나서는 안 된다.

或丁火出干이요 加以戊己而無水者면 又主富貴하니 何也오 寅中甲木이 引丁有根하고 無水爲病이면 名官星有氣요 才旺生扶니 故以富貴推之라 如火多則用土며 用土者는 火妻土子니라

혹 丁火가 천간에 있을 때 거기에 戊己土를 더하고 水가 없으면 또한 富貴를 주장하는데, 무엇 때문인가? 寅 중의 甲木이 丁火를 이끌어 뿌리가 있고 病이 되는 水가 없으면 "官星有氣"라 하며, 財가 旺하여 生扶하므로, 그것을 富貴로 추리하는 것이다. 만약 火가 많으면 土를 쓰며, 土를 쓰는 경우에는 火가 처가 되고 土가 자식이 된다.

或支成火局에 壬透하여 有根者는 大富貴요 無根者는 小富貴며 乏水者는 殘疾之人이라

혹 지지에 火局을 이루었을 때, 壬이 투출하여 뿌리가 있는 경우에는 大富貴하고, 뿌리가 없는 경우에는 小富貴하며, 水가 결핍된 경우에는 고질병을 앓는 사람이다.

或木被金傷에 無丙丁出制요 支無丁火면 此係平人이며 或丙遭癸困에 無戊制者亦然이니라

혹 木이 金에게 손상당할 때, 丙丁火가 나타나서 제압해
줌이 없고 지지에 丁火가 없으면 이러한 경우에는 평인에
속하며, 혹 丙火가 癸水에게 괴로움을 당할 때 戊土의 제
재가 없는 경우에는 역시 그러하다.

**總之컨대 正月庚金은 丙甲爲上이요 丁火次之니 春
金多火면 不夭則貧하며 陽金最喜火煉하니 煆煉太過면
反主奔流니라**

총괄하여 말하자면, 정월의 庚金은 丙火와 甲木을 으뜸
으로 삼고 丁火가 그다음인데, 春金에 火가 많은 경우에는
요절하지 않으면 가난하며, 陽金은 火의 단련을 가장 좋아
하는데 단련이 너무 지나치면 도리어 유랑하게 된다.

庚 庚 壬 壬
辰 申 寅 子

水盛金寒, 專用丙戊, 早年困苦, 入東南運入泮.

水가 성하고 金이 寒하므로 오로지 丙火와 戊土를 써야
하는데, 초년에는 곤고했으나 東南운으로 들어가자 학교에
입학하였다.

丙 庚 庚 辛

戌 戌 寅 巳

支成火局無水 僧道.

지지가 火局을 이루고 水가 없으니 승려나 도사의 命이다.

二月庚金은 柱中自然有乙하여 當令之乙이 見庚必留
情於乙이라 此金有暗強之勢로 如秋金一理니 故二月庚
金은 專用丁火로되 借甲引丁이요 借庚劈甲이니 無丁
用丙者는 富貴多出於勉強이니라

2월의 庚金은 사주 중에 저절로 乙木이 있어서, 당령한
乙木이 庚金을 만나면 庚金은 반드시 乙木에게 정을 두게
되므로, 이것은 金에게 암암리에 강해지는 세력이 있게 하
므로 가을의 金과 동일한 이치이니, 그러므로 2월의 庚金
은 오로지 丁火를 쓰되 甲木을 빌려 丁火를 인도하고 庚金
을 빌려 甲木을 쪼개야 하는 것인데, 丁火가 없어서 丙火
를 쓰는 경우에는 富貴가 대부분 힘써 노력하는 데에서 나
온다.

或丁在干하고 甲透引丁하며 支下再見一庚制甲하면
配得中和하면 必然大貴며 如不見庚合者는 雖丁甲兩透

라도 亦屬平人이라 春丁不旺不衰라 故用甲爲佐丁之物
하니 甲若無庚劈이면 則不能引丁이요 乙木雖多라도
又忌濕乙傷丁하여 難爲丁母니 故有丁甲無庚者는 常人
이며 有丁庚이요 甲不出干者는 常人이며 或丁透無庚
甲者는 可許貢監이며 無丁有丙者는 異路功名이라

혹 丁火가 天干에 있고 甲木이 투출하여 丁火를 인도하
며, 지지에서 다시 하나의 庚金이 甲木을 제압함을 만나면
배합이 中和를 이루니 반드시 大貴하며, 혹 庚이 합을 만
나지 못하는 경우에는 비록 丁火와 甲木이 함께 투출했더
라도 평상인에 속한다. 봄철의 丁火는 旺하지도 않고 衰하
지도 않으므로, 甲木을 써서 丁火를 보좌하는 물건으로 삼
는데, 甲木은 만약 庚金의 쪼개줌이 없으면 丁火를 이끌지
못하며, 乙木이 비록 많더라도 또한 습한 乙木이 丁火를
손상함을 꺼려서 丁火의 母가 되기 어려우므로, 丁火와 甲
木이 있고 庚金이 없는 경우에는 평상인이며, 丁火와 庚金
이 있고 甲木이 천간에 나타나지 않은 경우에는 평상인이
며, 혹 丁火가 투출하고 庚金과 甲木이 없는 경우에는 공
감(국자감 학생)을 기대할 수 있으며, 丁火가 없고 丙火가
있으면 이로를 통하여 공명을 이룬다.

或一片甲乙이면 忌庚出幇破才니 乃從才格은 反主富
貴나 若見一比면 又主孤貧이니라

혹 甲乙木이 한 무리를 이루면 庚金이 출현하여 日元을
도와 財를 파괴하는 것을 꺼리니, 곧 從財格일 경우에는 부
귀하지만, 만약 하나의 비겁을 만나면 고독하고 가난하다.

從才者는 火妻土子요 用丁者는 取甲為妻하니 若有
庚制면 難許同偕라

종재하는 경우에는 火가 처가 되고 土가 자식이며, 丁火
를 쓰면 甲을 처로 삼는데, 만약 庚의 제재가 있으면 해로
하기를 기대하기 어렵다.

死金嫌蓋頂之泥니 重見戊己면 如人壓伏之象이라 須
甲透為妙니라

死金(2월庚金)은 머리를 덮는 진흙을 꺼리니, 戊己土를
거듭 만나면 사람이 억눌려서 엎드려 있는 형상과 같으므
로, 甲木이 투출해야 묘하다.

丁 庚 己 庚
丑 寅 卯 申

貴自富得, 慷慨好施.

富를 통하여 貴를 얻으며, 의기가 넘치고 베풀기를 좋아
한다.

甲 庚 己 庚

申 子 卯 午

甲透丁藏, 武魁.

甲木이 투출하고 丁火가 암장되었다. 武科에 수석합격을
하였다.

丁 庚 辛 辛

亥 寅 卯 酉

武狀元, 甲透丁藏.[53]

武科에 장원급제하였다. 丁火가 투출하고 甲木이 암장되
었다.

丁 庚 辛 丙

亥 辰 卯 申

大貴乏嗣.

---

53) 丁透甲藏의 오기인 듯함.

大貴했으나 후사가 없었다.

三月庚金은 戊土司令하니 無生金之理요 有埋金之憂라 故先甲後丁하고 不用庚劈甲이라 三月之庚은 土旺金頑하니 頑金宜丁이요 旺土須甲이라 乏甲不能立業하니 乏丁焉能成名이리요 二者少一이면 富貴不眞이요 庚金無火면 非夭則貧이며 身弱才多면 富貴不久니라

3월의 庚金은 戊土가 사령하니, 金을 生하는 도리는 없고 金을 매몰하는 근심이 있으므로, 甲木을 우선으로 하고 丁火를 뒤에 쓰며 庚金으로 갑목을 쪼개는 것을 쓰지 않는다. 3월의 庚金은 土가 왕하고 金이 완고하니, 완고한 金에게는 丁火가 알맞고, 旺한 土는 甲木이 필요하므로, 甲木이 모자라면 사업을 이룰 수 없는데 丁火가 모자라면 어떻게 이름을 이룰 수 있겠는가? 두 가지 중 하나라도 모자라면 富貴가 참되지 못하고, 庚金에 火가 없으면 요절하지 않으면 가난하며, 身이 약하고 財가 많으면 富貴가 오래가지 못한다.

得丁甲兩透하고 不見比肩이면 科甲之命이나 但要好運相催요 甲透丁藏이면 採芹拾芥요 甲藏丁透면 異路

功名이요 丁甲俱藏하여 不受庚制면 富中取貴니 刀筆起家요 有甲無丁이면 平常之輩요 有丁無甲이면 迂儒腐儒요 丁甲兩無이면 下賤之流니라

丁火와 甲木이 함께 투출함을 만나고 비견을 만나지 않으면 과거에 급제할 命인데, 다만 좋은 운이 서로 재촉해야 하며, 甲木이 투출하고 丁火가 암장되면 반수의 미나리를 캐기 어렵고,[54] 甲木이 암장되고 丁火가 투출하면 異路에서 공명을 이루며, 丁火와 甲木이 함께 암장되어 庚金에게 억제당하지 않으면 富한 가운데 貴를 취하니 문서 작성하는 일로 집안을 일으키며, 甲木이 있고 丁火가 없으면 평범함 무리이고, 丁火가 있고 甲木이 없으면 세상물정이 어두운 선비나 쓸모없는 선비가 되며, 丁火와 甲木이 둘다 없으면 하천한 무리이다.

或一甲에 無丁有丙이면 由行伍而得官職하니 須不見壬癸라야 爲妙라

혹 하나의 甲木이 있을 때 丁火가 없고 丙火가 있으면 항오(군대)를 통하여 관직을 얻는데, 반드시 壬水와 癸水를 만나지 않아야만 묘하다.

---

54) 학교에 들어가지 못함.

或支成土局에 無木이면 貧賤僧道요 見乙이면 奸詐小人이라

혹 지지가 土局을 이루었을 때 木이 없으면 빈천한 승려나 도사이고, 乙木을 만나면 간사한 소인이다.

或支成火局에 癸水透면 富貴하고 有丙丁出干엔 見壬制之라야 方吉이요 無制면 殘疾之人이니라

혹 지지에 火局을 이루었을 때 癸水가 투출하면 부귀하고, 丙火나 丁火의 출간이 있을 때에는 壬水가 그것을 제압함을 만나야만 길하고, 제재함이 없으면 고질병을 앓는 사람이다.

用甲者는 水妻木子요 用丁者는 木妻火子니라

甲木을 쓰는 경우에는 水가 처가 되고 木이 자식이 되며, 丁火를 쓰는 경우에는 木이 처가 되고 火가 자식이 된다.

壬 庚 庚 庚
午 申 辰 子

時出壬水, 支成水局, 名井欄叉格, 官至太師.

時干에 壬水가 투출하고 지지에 水局을 이루니, 정난차

격이라 이름하며, 벼슬이 태사[55]에 이르렀다.

三夏庚金

四月庚金은 長生於巳하고 巳內有戊하여 丙不鎔金이라 故不畏火炎하니 丙亦可作用이나 但先壬水라야 方得中和며 故曰羣金生夏면 喜用勾陳이라 次取戊土요 丙火佐之니 三者皆全이면 登科及第요 卽透一二라도 亦非白丁이니라

4월의 庚金은 巳에 장생이 되고, 巳 중에 戊土가 있어서 丙火가 金을 녹이지 않으므로, 화염을 두려워하지 않으니 丙火도 용신이 될 수 있으나 다만 壬水를 우선으로 해야만 中和를 이루게 되며, 원래 무리를 이룬 金이 하절에 태어나면 구진을 喜用하므로 다음에 戊土를 취하고 丙火로 그것을 보좌하는 것이니, 세 가지(壬·戊·丙)가 모두 갖추어지면 과거에 급제하며, 혹 한두 가지만 투출해도 평민이 되지는 않는다.

---

55) 역사를 기록하는 관직.

或一派丙火면 名曰假殺爲權하니 須不見壬制者는 此人
假作淸高요 並無仁義하고 刑妻剋子하며 有壬制者는 又
主榮華하며 壬藏支者는 有富貴之名이나 而無其實이라

혹 한줄기의 丙火가 있으면 이름하기를 "殺을 빌려 권세
로 삼는다" 하는데, 마침내 壬水의 제지를 만나지 못하는
경우에는 이 사람은 거짓으로 청고한 체하고 아울러 仁義
도 없고 처자를 헤치게 되며, 壬水의 제지가 있는 경우에
는 영화를 주장하며, 壬水가 지지에 암장된 경우에는 富貴
하다는 이름은 있으나 그 실제가 없다.

或支成金局이면 變弱爲强이니 用丙無力이요 用丁方
妙라 故丁透者吉이요 無丁이면 無用之人이며 或丁出
三四하여 煆制太過면 其人奔波니라

혹 지지에 金局을 이루면 약함이 변하여 강함이 된 것이
니, 丙火를 쓰면 무력하여 金을 단련하지 못하므로 丁火를
써야만 묘하다. 그러므로 丁火가 투출하면 길하고 丁火가
없으면 쓸모없는 사람이 되며, 혹 丁火 서너 개가 나타나
서 단련과 제재가 너무 지나치면 그 사람은 분주하게 고생
한다.

四月庚金은 須用壬丙戊하되 但非拘執先後니 宜分病
用藥이요 妻子全前이라

4월의 庚金은 모름지기 壬水와 丙火와 戊土를 쓰되, 다
만 선후에만 구애되거나 집착할 것이 아니라, 마땅히 病을
분별하여 藥을 써야 하며, 처자에 대한 것은 前과 같다.

劍戟成功에 入火鄕而反害니 金逢火已損이요 再見火
必傷이라 庚辛火旺怕南方이나 逢辰巳之鄕이면 又爲榮
斷이니라

검극으로 공을 이룬(金이 그릇을 이룬) 경우에 火鄕으로
들어가면 도리어 해로우니, 金이 火를 만나 이미 손상되었
는데 다시 火를 만나면 반드시 상하게 된다. 庚辛金은 사
주가 火가 旺하면 남방을 두려워하나 辰巳의 향을 만나면
또한 영화롭다고 단정할 수 있다.

五月庚金은 丁火旺烈하며 庚金敗地니 專用壬水요
癸又次之니라

5월의 庚金은 丁火가 왕성하고 맹렬하며 庚金의 패지이
니, 오로지 壬水를 써야 하고 癸水가 또 그다음이다.

壬透癸藏이요 支見庚辛이면 必然科甲이로되 切忌戊
己透干制水則否라 戊藏支內면 不失儒林이며 或壬在支
요 有金生助며 又得金神出干이면 明經之貴며 或癸出
帶辛이면 異路之榮이니라

壬水가 투출하고 癸水가 암장되며 지지에 庚辛金을 만
나면 반드시 과거에 급제하는데, 매우 꺼리는 것은 戊己土
가 천간에 투출하여 水를 제지해서는 안 된다. 戊土가 지
지에 내장되면 유학의 길을 잃지 않으며, 혹 壬水가 지지
에 있고 金의 생조가 있으며 다시 또 金神의 출간을 만나
면 명경과 합격의 귀함을 누리며, 혹 癸水가 투출하고 辛
金을 대동하면 다른 길을 통한 영화를 누린다.

或支成火局에 乏水者는 奔波之客이요 有壬癸制者는
捐納之人이로되 又見戊己透者則否며 無壬癸制火者는
又宜戊己出干補金洩火라야 庶不夭折孤貧이니라

혹 지지가 火局을 이루었을 때, 水가 결핍된 경우에는
분주하게 고생할 사람이며, 壬癸水의 제지가 있을 경우에
는 재물을 바치고 관직을 얻을 사람인데 戊己土의 투출을
만나서는 안 되며, 壬癸水의 火를 제지함이 없는 경우에는

또한 마땅히 戊己土가 천간에 나타나서 金을 돕고 火氣를
누설해야만 거의 요절하거나 고빈하지 않는다.

　總之컨대　仲夏無水면　必非上格이요　或一派木火에
無傷印比劫이면　又作從殺而論이니라

총괄하여 말하자면 仲夏의 庚金에 水가 없으면 반드시
상격이 아니며, 혹 한줄기 木火만 있고 상관 인성 비겁이
없으면 또한 從殺로 간주하여 논해야 한다.

　壬　庚　庚　己
　午　戌　午　未
　從殺格, 先貧後富, 壽考子多.
　종살격으로 先貧後富했으며, 장수하고 자식도 많았다.

　六月庚金은　三伏生寒이요　頑鈍極矣니　先用丁火하고
次取甲木이라

6월의 庚金은 삼복에 寒氣가 생기고 완둔함이 지극하니,
먼저 丁火를 쓰고 다음에 甲木을 취한다.

　丁甲兩透면　名顯身榮이나　忌癸傷丁하며　有甲無丁이

면 庸俗이요 有丁無甲이면 生員이요 丁甲全無면 下賤
之人이라 木雖有나 丁不透하고 支又見水면 執鞭之士
요 丁火無傷이면 貿易之流라

丁火와 甲木이 함께 투출하면 이름이 드러나고 몸이 영
화로운데, 癸水가 丁火를 손상함을 꺼리며, 甲木이 있고
丁火가 없으면 평범한 사람이고, 丁火가 있고 甲木이 없으
면 生員이 되며, 丁과 甲이 전혀 없으면 하천한 사람이다.
木이 비록 있더라도 丁火가 투출하지 않고 지지에 다시 또
水를 만나면 채찍을 잡는 사람(마부)이 되며, 丁火가 손상
됨이 없으면 무역하는 사람이 된다.

支會土局이면 甲先丁後니 甲透者는 文章顯達이요
丁透者는 刀筆揚名이니라

지지가 土局을 이루면 甲木이 우선이고 丁火가 그다음
인데, 甲木이 투출한 경우에는 문장으로 현달하고, 丁火가
투출한 경우에는 도필(문서작성)로 이름을 날린다.

或柱多金이요 有二丁出制면 異路功名이니라

혹 6월 庚金 사주에 金이 많을 때, 두 개의 丁火가 나타
나 제재함이 있으면 다른 길을 통하여 공명을 이룬다.

丁 庚 丁 丙

亥 申 未 辰

丁透甲藏, 早年得志, 一榜, 少兄弟.

丁火가 투출하고 甲木이 암장되었으니, 젊은 나이에 뜻
을 이루어 과거급제 했는데, 형제가 적었다.

壬 庚 乙 丙

午 寅 未 午

壬透制火, 縣令, 大有才幹.

壬水가 투출하여 火를 제압하니, 현령벼슬을 했으며, 크
게 재간(재능)이 있었다.

甲 庚 己 癸

申 子 未 巳

此傷官格, 制殺太過, 入木火運, 才旺生殺, 大發.

이 사주는 상관격으로 制殺이 너무 지나친데, 木火운으
로 들어가자 財가 旺하여 殺을 생하니, 크게 발전하였다.

癸 庚 乙 丙

未 辰 未 辰

一丙二丁, 取癸制煞, 爲役起家.

天干에 하나의 丙火가 있고 두 개의 丁火가 암장되었는
데, 癸水를 취하여 煞을 제압하니 힘든 일을 하여 집안을
일으켰다.

三秋庚金

七月庚金은 剛銳極矣니 專用丁火煅煉하고 次取木引
丁이라 故曰秋金銳銳最爲奇니 壬癸相逢總不宜며 如逢
木火來成局이면 試看福壽與天齊요 如得丁甲兩透면 定
步靑雲이며 若有丁無甲爲俊秀요 有甲無丁是平人이며
丁甲兩無無用物이니 只堪門下作閒人니라

7월의 庚金은 굳세고 예리함이 지극하니, 오로지 丁火를
써서 단련하고 다음에 木을 취하여 丁火를 이끌어야 한다.
가을의 金은 예리함이 가장 기이하므로 壬·癸水와 서로
만나면 모두 마땅치 않으며, 혹 木火가 局을 이룸을 만나
는 경우에는 시험해보면 福과 수명이 하늘과 같고, 혹 丁
火와 甲木이 모두 투출함을 만나는 경우에는 반드시 청운
(입신출세)을 걸으며, 만약 丁火만 있고 甲木이 없으면 재

주가 뛰어나고 甲木만 있고 丁火가 없으면 평범한 사람이
며, 丁火와 甲木이 둘 다 없으면 쓸모없는 인물이니 다만
집안에서 할 일이 없는 사람이 될 수 있을 뿐이다.

或支成水局이요 乏丁用丙엔 柱中卽有丙火라도 不見
甲木者면 必主愚懦니 何也오 當時金水兩旺하며 金生
水以制火하니 何能發達이리오 或見甲出引丁이면 可云
生監이요 甲弱者는 衣食充盈이라

혹 지지에 水局을 이루고 丁火가 결핍되어 丙火를 쓰는
경우에는 柱 중에 비록 丙火가 있더라도 甲木을 만나지 못
하면 반드시 어리석고 나약하니, 왜냐하면 시령을 담당한
金과 局을 이룬 水가 둘 다 旺하여 金이 水를 생하여 火를
제압하니 어떻게 발달할 수 있겠는가? 혹 甲木이 출현하여
丁火를 인도함을 만나면 생원이나 감생이 된다고 할 수 있
으며, 甲木이 약한 경우에는 의식이 충족하다.

或支成土局이면 先甲後丁이라

혹 지지가 土局을 이루면 먼저 甲木을 쓰고 丁火를 뒤에
쓴다.

支成火局이면 富貴中人이요 金剛木明엔 行商坐賈之
人이요 金備申酉戌之地면 富貴疑요 金神入火鄉에 逢
羊刃이면 富貴榮華니라

지지에 火局을 이루면 부귀하고 권세 있는 사람이며, 金
이 굳세고 木이 밝으면 행상을 하거나 자리에 앉아서 장사
하는 사람이며, 金이 申酉戌의 자리를 구비하면 부귀가 의
심되며, 金神이 火鄉에 들어가고 양인을 만나면 부귀영화
를 누린다.

八月庚金은 剛銳未退라 用丁甲이요 丙不可少니 若
丁甲透하고 又見一丙이면 功名顯赫하며 且見羊刃無刑
冲하고 丙殺藏支면 名為羊刃架殺이니 主出將入相하는
直介忠臣이니라

8월의 庚金은 굳세고 예리함이 아직 물러가지 않았으므
로 丁火와 甲木을 쓰고 丙火가 적어서는 안 되니, 만약 丁
火와 甲木이 투출하고 다시 또 하나의 丙火를 만나면 공명
이 뚜렷하게 나타나며, 또 양인을 만나서 형충이 없고 丙
火殺이 지지에 암장되면 이름을 양인가살이라 하니, 나가
면 장수 들어오면 재상이 되는 절개 곧은 충신이다.

或丙火重重하고 一丁高透면 亦主科甲이오 丙出丁藏
이면 異路之仕라

혹 丙火가 중첩되고 하나의 丁火가 높이 투출하면 역시
과거에 급제하며, 丙火가 나타나고 丁火가 암장되면 다른
길을 통하여 벼슬한다.

或甲藏支요 火透而水不透者면 亦主清高니 衣衿可望
이라

혹 甲木이 지지에 암장되고 火가 투출했을 때 水가 투출
하지 않으면 또한 청고함을 주장하니, 약간의 의식을 기대
할 수 있다.

或丁藏支內요 重見丙火者면 此名假殺重重이니 雖羊
刃帖身이라도 却難從殺也라

혹 丁火가 지지 안에 암장되고 丙火를 거듭 만나면 이것
을 가살이 중중하다고 이름하니, 비록 양인이 일주 가까이
있더라도 곧 종살이 되기 어렵다.

即一丙透면 秀而不富며 或支見重重甲乙이면 無用之

人이라 總之컨대 旺金木衰엔 非火莫制니 不見丙丁이
면 藝術之輩니라

　혹 하나의 丙火가 투출하면 자질은 뛰어나지만 부유하
지 않으며, 혹 지지에 甲乙木이 중첩됨을 만나면 쓸모없는
사람이 되는 것이다. 총괄하여 말하자면, 金이 旺하고 木
이 쇠한 경우에는 火가 아니면 제지할 수 없으니, 丙丁火
를 만나지 않으면 기예나 학술을 하는 사람이다.

　丙 庚 丁 丙
　子 子 酉 子
　身旺任殺, 一品.
　身이 旺하여 殺을 감당할 수 있으니, 일품벼슬을 하였다.

　丁 庚 乙 乙
　亥 午 酉 巳
　歸靈格, 才旺生官, 副使.
　귀령격으로 財가 왕하고 官을 생하니, 부사벼슬을 하였다.

　戊 庚 癸 己
　寅 申 酉 亥

羊刃架殺格, 尚書.

양인가살격으로 벼슬이 상서(재상)에 이르렀다.

九月庚金은 戊土司令하니 最怕土厚埋金이라 宜先用甲疏요 後用壬洗니 則金自出矣로되 忌見己土濁壬이라

9월의 庚金은 戊土가 사령하니 土가 두터워서 金을 묻는 것을 가장 두려워하므로, 마땅히 먼저 甲木을 써서 소통하고 뒤에 壬水를 써서 씻어야 하니, 그렇게 되면 金이 저절로 나올 것인데 己土를 만나 壬水를 탁하게 함을 꺼린다.

壬甲兩透면 科甲相宜며 或甲透壬藏이면 鄕魁可望이요 甲藏壬透면 廩貢堪謀며 有甲無壬이면 猶有學問이요 有壬無甲이면 莫問衣衿하면 壬甲兩無면 則爲下格이니라

壬水와 甲木이 함께 투출하면 과거급제 하는데 배합이 서로 합당하며, 혹 甲木이 투출하고 壬水가 저장되면 향시에서 장원을 기대할 수 있고, 甲木이 저장되고 壬水가 투출하면 늠생과 공생을 도모할 수 있으며, 甲木은 있는데 壬水가 없으면 그래도 학문이 있고, 壬水는 있는데 甲木이 없으면 衣食을 묻지 말며(衣食은 있다), 壬水와 甲木이 둘

다 없으면 하격이다.

或支成水局이요 丙透救之면 此人才高邁衆하고 名重
鄕閭하니 不見癸水면 一榜可許라

혹 지지에 水局을 이루었을 때 丙火가 투출하여 金·水
의 寒氣를 구제하면, 이 사람은 재주가 높아 무리에서 뛰
어나고 명성이 고을에 드높으니, 癸水를 만나지 않으면 과
거급제를 기대할 수 있다.

或四柱戊多金旺이요 全無甲壬者면 即有衣祿이라도
亦不能久며 或庚戊多無壬甲者면 愚頑之輩니라

혹 사주에 戊土가 많고 金이 旺할 때 甲木과 壬水가 전
혀 없으면 비록 의식이 있더라도 오래가지 못하며, 혹 庚
金과 戊土가 많고 壬水와 甲木이 없으면 어리석고 완고한
무리가 된다.

甲 庚 戊 辛
申 申 戌 酉
尙書.
상서(재상) 벼슬을 하였다.

辛 庚 丙 庚
巳 戌 戌 寅
方伯.
벼슬이 방백(지방 장관)에 이르렀다.

辛 庚 戊 辛
巳 申 戌 酉
太衛.
태위벼슬을 하였다.

三冬庚金

十月庚金은 水冷性寒하니 非丁莫造요 非丙不暖이라

10월의 庚金은 水가 냉하고 성질이 寒하니, 丁火가 아니면 그릇을 만들 수 없고 丙火가 아니면 따뜻하게 할 수 없다.

丁甲兩透하고 支無水局이면 一榜有之며 支藏丙火면 桃浪之仙이며 支見亥子에 得己出制면 亦有功名이라

丁火와 甲木이 함께 투출하고 지지에 水局이 없으면 과

거에 오를 수 있으며, 지지에 丙火를 암장하면 도랑의 신
선처럼 貴顯하며, 지지에 亥子水를 만났을 때 己土가 나타
나 제지하게 되면 역시 공명이 있다.

若見丙透無丁者면 決無顯達이요 丁藏甲透면 武職之
人이며 以上不合者는 庸俗이니라

만약 丙火의 투출을 만나고 丁火가 없으면 결코 현달할
수 없고, 丁火가 암장되고 甲木이 투출되면 무관직에 종사
할 사람이며, 이상이 부합하지 않은 경우에는 평상인이다.

如金水混雜하고 全無丙丁者면 鄙夫요 支成金局하고
無火者면 僧道之命也라 書曰水冷金寒愛丙丁이라 하니라

만일 金과 水가 혼잡되고 丙丁火가 전혀 없으면 수준 낮
고 천한 소인이며, 지지에 金局을 이루고 火가 없으면 승
려나 도사의 命이다. 書에 "水가 冷하고 金이 寒하면 丙丁
火를 좋아한다"고 하였다.

壬 庚 辛 丁
午 子 亥 亥
甲丁得全, 廉訪.

甲木과 丁火가 온전함을 이루니, 염방벼슬(시찰담당)을
하였다.

丙 庚 辛 壬
子 辰 亥 辰
女命, 金淸水秀, 夫榮子貴. 美而且賢.
女命으로 金이 청하고 水가 빼어나니, 夫가 영화롭고 자
식이 귀하게 되었으며, 本人은 아름답고 현숙하였다.

十一月庚金은 天氣嚴寒이라 仍取丁甲하고 次取丙火
照暖하니 或丁甲兩透하고 丙在支中이면 必主科甲이요
即無丙火라도 亦有衣衿이요 有丁無甲이면 亦可富中取
貴요 有甲無丁이면 只作常人이요 或丙透丁藏이면 異
途名望이요 丁藏有甲이면 武學可許라

11월의 庚金은 天氣가 혹독하게 추우므로, 곧 丁火와 甲
木을 취하고 다음에 丙火를 취하여 따뜻하게 비추어야 하
니, 혹 丁火와 甲木이 모두 투출하고 丙火가 지지 중에 있
으면 반드시 과거에 급제하고, 혹 丙火가 없더라도 衣食은
있으며, 丁火가 있고 甲木이 없으면 또한 富한 가운데 貴
를 취할 수 있으며, 甲木이 있고 丁火가 없으면 다만 평상

인이 될 뿐이며, 혹 丙火가 투출하고 丁火가 암장되면 다른 길에서 명예와 신망이 있으며, 丁火가 암장되고 甲木이 있으면 무관학교 입학을 기대할 수 있다.

或重重丙火면 可許一富나 但不淸高요 丙戊生寅하니 或丙底坐寅이 有一二者면 富眞貴假요 若見癸透면 一介寒儒라

혹 丙火가 중첩되면 富를 기대할 수 있으나 다만 청고하지는 못하며, 丙火와 戊土는 寅의 장생이 되는데 혹 丙火 밑에 자리 잡은 寅이 한두 개가 있는 경우에는 富는 참되나 貴는 참되지 않으며, 만약 癸水가 투출하면 하나의 가난한 선비일 뿐이다.

或支成水局하고 不見丙丁者면 此乃傷官格이니 爲人淸雅요 衣祿常盈이나 但子息艱難耳니라

혹 지지가 水局을 이루고 丙丁火를 만나지 않으면 이것은 곧 상관격이니, 사람됨이 청아하고 衣祿이 항상 넉넉한데 다만 자식보전이 어려울 뿐이다.

或丙丁太多면 名官殺混雜最無良이요 又怕身輕有損

傷이니 如遇東南二運地면 焉能挨得過時光이리오 過於
清冷이면 似有凄凉이니 柱中一派金水요 不入火土之鄉
이면 主一生孤貧浪蕩하여 難望有成也니라

혹 丙丁火가 너무 많으면 관살혼잡이라 하여 가장 좋지
않으며, 다시 또 身이 경하여 손상됨이 있을까 두려우니,
만약 東·南의 두 運地를 만난다면 어찌 지나친 당시의 불
빛(火)을 만나는 것을 참고 견딜 수 있겠는가? 청냉함에 지
나치면 처량함이 있는 듯하는 것이니, 柱 중에 한줄기 金
水가 있을 때 火土의 鄉에 들어가지 않으면 한평생 고빈하
고 유랑 방탕하여 성공을 바라기 어렵다.

庚 庚 壬 壬
辰 申 子 子
井欄叉格, 尙書.
정난차격으로 상서벼슬을 하였다.

癸 庚 庚 辛
未 辰 子 亥
丁甲在支, 富大貴小.
丁火와 甲木이 지지에 있으니, 富는 크나 貴는 작다.

戊 庚 戊 乙

寅 寅 子 卯

甲丙得位, 富中取貴.

甲木과 丙火가 자리를 얻으니, 富한 가운데 貴를 취한다.

十二月庚金은 寒氣太重이요 且多溼泥하며 愈寒愈凍이라 先取丙火解凍하고 次取丁火煉金하니 甲亦不可少니라

12월의 庚金은 寒氣가 매우 중하고 또 습한 진흙이 많아서 더욱 차가워지고 더욱 얼게 되므로, 먼저 丙火를 취하여 언 것을 녹이고 다음으로 丁火를 취하여 金을 단련해야 하는데 甲木도 적어서는 안 된다.

丙丁甲透者는 即不科甲이라도 亦有恩榮이요 有丙無丁甲者는 富中取貴요 有丁甲無丙者는 特達才人이요 有丙丁無甲者는 白手成家로되 刀筆亨通하니 乏金更美요 或支成金局無火면 僧道之流니라

丙丁甲이 투출한 경우에는 곧 과거급제는 못 하더라도 임금의 은혜를 입는 영광이 있고, 丙火가 있고 丁火와 甲

木이 없는 경우에는 富한 가운데 貴를 취하며, 丁火와 甲
木이 있고 丙火가 없는 경우에도 재주가 특별히 뛰어난 사
람이고, 丙丁火가 있고 甲木이 없는 경우에는 빈손으로 가
업을 이루되 도필(문서작성)로 성공하니, 金이 모자라면 더
욱 아름다운데 혹 지지에 金局을 이루고 火가 없으면 승려
나 도사의 무리이다.

癸 庚 己 庚
未 戌 丑 辰
女命, 夫婦白頭, 五子大貴.
女命으로 부부가 해로하였고 다섯 아들이 大貴하였다.

甲 庚 丁 己
申 子 丑 巳
兄弟雙生, 兄擧人, 第茂才. 弟酉時, 無甲故也.
형제가 쌍둥이로 태어났는데, 형은 擧人[56]이 되고, 아우
는 茂才[57]가 되었으니 아우는 酉時생으로 甲木이 없기 때
문이다.

---

56) 향시에 급제하여 會試에 응시한 사람.
57) 주·현학교에 입학한 생원.

三春辛金

　正月辛金은 陽氣舒而寒未除나 不知正月建寅하니 中
有長生之丙하여 解去寒氣라 忌甲木司權하여 辛金失令
하니 取己土為生身之本이며 欲得辛金發現이면 全賴壬
水之功이니 己壬兩透하고 支見庚制甲이면 科甲定然이
며 或己土透干하고 支中有甲이면 異路恩榮이며 或己
土不全이면 號曰君臣失勢니 富貴難全이며 或有丙火出
干이면 亦主武學이며 或見壬이요 無己庚者는 貧賤之
徒니라

　정월의 辛金은 陽氣가 느긋하게 펼쳐져서 寒氣가 제거
되지 않았다 하겠으나, 정월은 寅을 월건으로 하니 寅 중
에 長生인 丙火가 있어서 寒氣를 해소시킴을 모른 것이다.
甲木이 권세를 맡아 辛金이 時令을 잃게 됨을 꺼리니, 己
土를 취하여 生身의 근본으로 삼아야 하며, 辛金의 발현을
이루려면 완전히 壬水의 功에 의지해야 하니, 己土와 壬水
가 함께 투출하고 지지에 庚金이 甲木을 제압함을 만나면
과거급제가 틀림없으며, 혹 己土가 천간에 투출하고 지지
중에 甲木이 있으면 다른 길을 통하여 은총을 받으며, 혹
己土가 갖추어지지 않으면 君과 臣이 권세를 잃었다고 하

는 것이니 富貴가 갖춰지기 어려우며, 혹 丙火가 천간에
나타나 있으면 또한 무관학교에 입학하며, 혹 壬水를 만나
고 己土와 庚金이 없는 경우에는 빈천한 무리이다.

　或支成火局이면 即壬水出干거나 不剋己土면 亦尋常之
人이며 或庚壬兩透하여 破局制火면 必為顯達之人이라

　혹 지지가 火局을 이루면 비록 壬水가 천간에 나타났더
라도 庚金이 없거나 己土의 相生이 있더라도 甲木의 극함
이 없으면 또한 평범한 사람이며, 혹 庚金과 壬水가 함께
투출하여 局을 파하여 火를 제압하면 반드시 현달하는 사
람이 된다.

　或支成水局이요 不見丙火면 名為金弱沉寒이니 平常
之士며 書曰金水性寒寒到底하니 凄涼難免少年憂라 하
니 得丙透照暖이면 反主富貴라

　혹 지지가 水局을 이룬 경우에 丙火를 만나지 않으면 이
름하기를 金이 약하여 찬 곳에 빠져 있다고 하는 것이니
평범한 사람이며, 書에 "金水의 성질이 차가워서 한기가
밑바닥에 다다르니 청량하여 소년시절의 근심을 면하기
어렵다"고 했는데, 丙火가 투출하여 따뜻하게 비춰줌을 만

나면 오히려 부귀한다.

故正月辛金은 先己後壬하니 己為君이요 庚為佐며 如用丙火須參看이라 用己면 火妻土子요 用壬이면 金妻水子니라

그러므로 정월의 辛金은 먼저 己土를 쓰고 뒤에 壬水를 쓰는데, 己土는 君이 되고 庚金이 보좌가 되며, 만일 丙火를 쓰는 경우에는 반드시 局의 형세를 참고하여 보아야 한다.

辛金珠玉이라 最怕紅爐하니 辛逢卯日子時면 名曰朝陽이니라

辛金은 주옥이므로 붉게 타오르는 화로를 가장 두려워하니, 辛金이 卯日子時를 만나면 이름을 조양격이라 한다.

己 辛 庚 丙
丑 酉 寅 辰
有己無壬, 秀才而已.
己土는 있으나 壬水가 없으니, 수재(주·현학교의 생원)가 될 뿐이다.

二月辛金은 陽和之際라 壬水為尊하고 見戊己為病하
니 得甲制伏이면 則辛金不致埋沒이요 壬水不致混濁이
니 合此者必身入玉堂이라 故二月辛金에 有壬甲透者貴
顯이요 否則鄕紳이요 或壬坐亥支하고 不見土出이면 可
能入芥요 家亦小康이며 得申中之壬者면 異途名望이요
無壬者常人이니 其生剋之理는 與正月辛金皆同이니라

2월의 辛金은 陽氣가 화창한 때이므로, 壬水를 귀하게
여기고 戊己土를 만나는 것을 病으로 여기는데, 甲木의 제
복을 만나면 辛金은 매몰에 이르지 않고 壬水는 혼탁에 이
르지 않으니, 여기에 부합하는 경우에는 반드시 몸이 옥당
(한림원)에 들어간다. 그러므로 壬水와 甲木의 투출이 있으
면 귀하게 현달하고 그렇지 않으면 시골의 벼슬아치가 되
며, 혹 壬水가 亥의 지지 속에 앉아 있고 土의 출현을 만
나지 않으면 작은 일을 이룰 수 있고 집안도 조금 안정되
며, 申 중의 壬水를 만나면 다른 길을 통하여 명성을 얻으
며, 壬水가 없으면 평상인이 되는데, 그 생과 극의 이치는
정월의 辛金과 모두 같다.

或壬戊透요 甲不出干이면 此爲病不遇藥이니 平常之
人이며 得乙破戊면 頗有衣衿이나 但假名假利요 刻薄
乖張이라

혹 壬水와 戊土가 투출하고 甲木이 천간에 나타나지 않
으면 이것은 곧 病이 약을 만나지 못한 것이니 평상인이
며, 乙木이 戊土를 파괴함을 만나면 제법 衣食이 있으나
다만 실제가 아닌 거짓 名利뿐이며 잔인하고 박정하며 매
사에 어긋난다.

或一派壬水汪洋하면 名金水淘洗太過라 하여 不得中
和니 暑有衣食이나 全無作爲며 如壬水重重에 得戊反
吉이라

혹 한줄기 壬水가 성대하면 金水의 도세가 태과하다고
하여 중화를 이루지 못한 것이니 약간의 衣食이 있으나 큰
일을 행함이 전혀 없으며, 혹 壬水가 중첩할 때 戊土를 만
나면 도리어 길하다.

或支成木局하여 洩盡壬水에 有庚富貴요 無庚平人이라
혹 지지가 木局을 이루어 壬水를 누설함이 지나칠 때에

는 庚金이 있으면 부귀하고, 庚金이 없으면 평상인이다.

或支成火局이면 名官印相爭이니 金水兩傷이라 下流之格이며 得二壬出制면 富貴反奇니라

혹 지지가 火局을 이루면 관인상쟁(火土가 서로 旺함을 다툼)이라 하니 金과 水가 모두 손상하므로 하류의 격이며, 두 개의 壬水가 나타나 火局을 제복해 줌을 만나면 부귀가 도리어 기특하다.

辛金生於春季에 一派壬水요 而無丙火면 即能顯達이나 家無宿舂이며 得壬丙齊透라야 方許大富大貴니라

辛金이 봄철에 태어난 경우에 한줄기 壬水가 있고 丙火가 없으면 혹 현달할 수는 있더라도 집에 묵혀둘 양식이 없으며, 壬水와 丙火가 함께 투출함을 만나야 비로소 大富貴를 기대할 수 있다.

甲辛己乙
午酉卯卯
用胎元庚金, 破木, 太守.
胎元 庚金을 써서 木을 파괴하니 태수벼슬을 하였다.

丙 辛 己 乙

申 卯 卯 酉

用庚不用壬, 侍郎.

庚金을 쓰고 壬水를 쓰지 않는다. 시랑벼슬을 하였다.

己 辛 丁 己

亥 巳 卯 未

用丁, 文學蓋世, 但一秀才耳.

丁火를 쓰며, 문학으로 세상에 이름을 냈으나, 다만 수재
(생원)가 될 뿐이다.

己 辛 丁 甲

亥 未 卯 午

才旺生官, 狀元.

財가 旺하여 官을 생하니, 장원급제 하였다.

壬 辛 癸 壬

辰 卯 卯 子

女命, 金水汪洋, 一生淫賤孤寡.

女命으로 金水가 차고 넘치니, 한평생 음란천박하고 고

과하였다.

　三月辛金은 戊土司令하니 辛承正氣하여 母旺子相이
라 先壬後甲하니 壬甲兩透면 富貴必然이요 壬透甲藏
이면 廩貢不失이며 甲透壬藏이면 富貴可云이며 壬甲
皆無면 平常之格이니라

　3월의 辛金은 戊土가 사령하니, 辛金이 정기를 받아 母
旺子相하므로 먼저 壬水를 쓰고 뒤에 甲木을 쓰는데, 壬水
와 甲木이 모두 투출하면 부귀가 틀림없고, 壬水가 투출하
고 甲木이 내장되면 늠공(생원)의 자리를 잃지 않으며, 甲
木이 투출하고 壬水가 잠복하면 부귀를 말할 수 있으며,
壬水와 甲木이 없으면 평상의 격이다.

　所忌者는 丙貪合也니 如月時皆丙이면 名爲爭合하니
主慷慨風流하여 交遊四海요 若癸出干制丙이면 可許採
芹이요 或支坐亥子之鄕에 支又見申이면 卽非玉堂이나
亦必高增祿位요 若戊出干制水에 不見甲乙이면 淸閑之
人이라

　꺼리는 것은 丙火가 합을 탐하는 것인데, 가령 月과 時

가 모두 丙인 경우에는 쟁합이라고 이름하니, 대체로 의기가 넘치고 풍류를 즐겨 온 세상 사람과 교유하며, 만약 癸水가 천간에 나타나서 丙火를 제압하면 채근(주현학교에 입학함)을 기대할 수 있으며, 혹 지지가 亥·子水의 향에 앉은 경우에 지지에서 다시 또 申을 만나면 비록 옥당은 아니더라도 반드시 지위가 높고 녹을 더하게 되며, 만약 戊土가 천간에 나타나서 水를 제지할 때 甲乙木을 만나지 않으면 한가한 사람이다.

又或支見四庫면 名土厚埋金이니 不見甲制면 愚頑之輩라

또 지지에 四庫를 만나면 土厚埋金(토가 두터워 金을 매몰함)이라고 이름하니, 甲木의 제재를 만나지 않으면 어리석고 완고한 무리이다.

或四柱火多요 無水制伏이면 名火土雜亂하여 主作緇衣니 見癸可解라

혹 사주에 火가 많고 水의 제복이 없으면 火土雜亂(火土가 뒤섞여 혼란함)이라고 이름하여 승복을 입게 되는데, 癸水를 만나면 해소될 수 있다.

或比劫重重에 壬癸淺弱이면 主夭하며 有甲出干이면
則貴하니 然無庚制라야 方妙니라

혹 사주에 비겁이 중첩된 경우에 壬癸水가 얕고 약하면
주로 요절하며, 甲木의 출간이 있으면 귀한 것인데, 그러
나 庚金의 제재가 없어야만 절묘하다.

三夏辛金

四月辛金은 時逢首夏라 忌丙火之燥烈하고 喜壬水之
洗淘하니 支成金局하고 水透出干에 有木制戊면 名一
淸澈底니 科甲功名이요 癸透壬藏이면 富眞貴假요 若
壬癸皆藏하고 戊己亦藏이면 暑富요 若壬癸俱無하고
反見火出이면 必主鰥獨이니라

4월의 辛金은 시절이 첫여름을 만났으므로, 丙火의 말려
서 뜨겁게 함을 꺼리고 壬水의 씻어서 가려냄을 좋아하니,
지지가 金局을 이루고 水가 천간에 투출했을 때 木의 戊土
를 제재함이 있으면 "一淸澈底(일청철저)"[58]라고 이름하니
과거에 급제하여 공명을 이루며, 癸水가 투출하고 壬水가

---

58) 한결같이 맑아서 속속들이 꿰뚫음.

암장되면 富는 참되나 貴는 거짓이며, 만약 壬癸水가 모두 암장되고 戊己土 역시 암장되면 약간의 富를 누리며, 만약 壬癸水가 모두 없고 도리어 火의 출현을 만나면 반드시 외로운 홀아비가 된다.

或支成火局이 有制者吉이요 無制者凶이니 凡火旺無水면 取土洩之니라

혹 지지가 火局을 이루었을 때에는 제지함이 있으면 吉하고 제지함이 없으면 凶하니, 무릇 火가 왕하고 水가 없으면 土를 취하여 그것을 누설해야 한다.

若壬水藏亥에 戊不出干이면 亦主上達이나 有戊常人이며 有一甲透면 衣祿可求로되 若有甲無壬癸者면 富貴虛浮니 所謂羊質虎皮是也니라

만약 壬水가 亥 중에 암장되었을 때 戊土가 천간에 나타나지 않으면 또한 높은 자리에 도달할 수 있으나, 戊土가 있으면 평상인이며, 하나의 甲木이 투출하면 의식과 봉록을 구할 수 있는데, 만약 甲木이 있고 壬癸水가 없으면 부귀가 헛된 것이니, 이른바 양의 바탕에 범의 가죽59)이란

---

59) 외관이 훌륭하나 실속이 없음.

것이 이것이다.

壬癸甲三者全無요 又不合格이면 斯為下品이니라

壬癸甲 세 가지가 전혀 없으면서 다시 또 格에 부합하지
않으면 하품(별 볼 일 없는 사람)이 된다.

乙 辛 辛 乙
未 亥 巳 未

兩間不雜, 但非時耳, 茂才.

둘 사이가 혼잡하지는 않은데 다만 때가 아닐 뿐이니,
무재(생원)의 命이다.

五月辛金은 丁火司權하고 辛金失令하여 陰柔之極이
니 不宜煅煉이요 須己壬兼用이라 何也오 己為泥沙요
壬為湖海니 己無壬不溼이요 辛無己不生이라 故壬己並
用이라 無壬이면 癸亦可用이나 但癸力小니 或支成火
局엔 即重見癸出이라도 亦不濟요 得壬透破火方可라
必主生員하니 若無壬이요 癸見戊면 雖有午宮己土라도
燥泥成灰니 金必煅鎔하여 反遭埋沒이라 必為僧道며

有一二重比肩이면 不致孤獨이니라

5월의 辛金은 丁火가 권세를 맡고 辛金은 時令을 잃어 陰柔의 극치이니, 단련해서는 안 되고 반드시 己土와 壬水를 겸하여 써야 한다. 왜냐하면 己土는 진흙과 모래이고 壬水는 호수와 바다이니, 己土는 壬水가 없으면 습해지지 않고 辛金은 己土가 없으면 생존하지 못하므로 壬水와 己土를 함께 쓰는 것이다. 壬水가 없으면 癸水도 쓸 수 있으나 다만 癸水는 힘이 적으니, 혹 지지가 火局을 이룬 경우에는 비록 癸水의 출현을 거듭 만나더라도 구제되지 않고, 壬水가 투출하여 火를 파괴함을 만나야 비로소 구제될 수 있어서 반드시 生員이 될 수 있는데, 만약 壬水가 없고 癸水가 戊土를 만나면 비록 午宮의 己土 편인이 있더라도 진흙을 건조시켜 재를 만들게 되니, 金은 반드시 단련되고 녹아서 도리어 매몰 당하므로 반드시 승려나 도사가 되며, 한두 개의 거듭된 비견이 있으면 고독에 이르지 않는다.

五月辛金은 壬癸己三者皆用이니라

5월의 辛金은 壬癸己 세 가지가 모두 쓰인다.

或壬己兩透하고 支見癸水에 不沖이면 定主顯達이요

即己藏支라도 亦有廩貢이며 或無壬有己면 須得異途요
或癸出有庚이면 必主衣錦하고 叨受恩榮하며 若水土多
見이면 見甲方妙니라

혹 壬水와 己土가 모두 투출하고 지지에 癸水를 만난 경
우에 충하지 않으면 반드시 현달하며, 비록 己土에 암장되
어 있더라도 늠생이나 공생이 될 수 있으며, 혹 壬水가 없
고 己土가 있으면 반드시 다른 길에 공명을 이루며, 혹 癸
水가 투출하고 庚金이 있으면 반드시 비단 옷을 입고 분에
넘치고 은혜로운 영화를 받으며, 만약 水土가 많이 보이면
甲木을 만나야 비로소 묘하게 된다.

庚辛生於夏月이면 要壬癸得地나 若木多火多요 不見
金水엔 逢金水運必敗니라

庚辛金이 夏月에 태어나면 반드시 壬癸水가 자리를 얻
어야 하는데, 만약 원국에 木과 火가 많고 金水를 만나지
못한 경우에는 金水운을 만나면 반드시 패망한다.

壬 辛 甲 丙
辰 亥 午 子
用午宮丁己, 又透甲木. 中書.

午宮의 丁火 己土를 쓰고 또 甲木이 투출하니, 중서성의 관직을 맡았다.

六月辛金은 己土當權하니 輔助太多하여 恐掩金光이라 先用壬水요 取庚佐之니 壬庚兩透면 科甲功名하며 即不出干하여 藏支得所라도 亦有榮華라 但忌戊出이니 得甲制之면 方吉이로되 甲須隔位하니 恐貪己合면 反掩金光이요 又塞壬水之流면 下賤之格이며 又忌庚出制甲이라 或只有未中一己가 見了壬水면 又為溼泥라 不可見甲엔 甲出이면 反作平人이라 總以一壬一己로 見庚無甲이라야 方妙니 與五月用己壬同이니라

6월의 辛金은 己土가 당권하니 보조가 지나쳐서 金의 빛을 가릴까 염려되므로 壬水를 먼저 쓰고 庚金을 취하여 그 것을 보좌해야 하니, 壬水와 庚金이 함께 투출하면 과거에 급제하여 공명을 이루며, 비록 천간에 나타나지 않고 지지에 암장되어 자리를 얻었더라도 영화가 있다. 다만 꺼리는 것은 戊土의 출간이니 甲木의 제지해 줌을 만나면 비로소 길하게 되는데, 甲木은 반드시 간격을 두고 자리 잡아야 하니 己土와의 합을 탐하면 도리어 金의 빛을 가리고 또

壬水의 흐름을 막으면 하천한 격이 됨을 두려워하는 것이며, 또 庚金이 나타나서 甲木을 제지함을 꺼리게 된다. 혹 다만 未 중의 己土가 壬水를 만나면 습한 흙이 되므로, 甲木이 나타나면 도리어 평상인이 된다. 총괄하자면 하나의 壬水와 하나의 己土로 庚金을 만나고 甲木이 없어야만 비로소 오묘한 것이니, 5월 辛金이 己土와 壬水를 쓰는 것과 동일하다.

　或丁乙出干이요 又有庚壬者면 顯貴나 無壬者면 否며 或支成木局에 得壬透요 又有庚金發水之源이면 可云富貴니라

　혹 丁火와 乙木이 천간에 나타나고 다시 또 庚金과 壬水가 있으면 귀함을 드러내는데, 壬水가 없으면 드러낼 수 없으며, 혹 지지가 木局을 이루었을 때 壬水의 투출함을 만나고 다시 發水의 근원인 庚金이 있으면 富貴 한다고 말할 수 있다.

　甲 辛 丁 壬
　午 丑 未 辰
　丁壬兩透, 大貴之命.

丁火와 壬水가 모두 투출한 大貴의 命이다.

丁 辛 辛 甲

酉 未 未 寅

七殺無制, 貧苦終身.

七殺이 제재함이 없으므로, 종신토록 빈고한 命이다.

三秋辛金

七月辛金은 値庚司令하니 不旺自旺하고 且壬水居申하여 四柱不見戊土라도 胎元戊藏申內하여 爲壬堤岸이니 人命得此면 爲官淸正이나 但不富耳니라

7월의 辛金은 庚金이 사령할 때를 만나니, 旺하게 하지 않아도 저절로 왕성하고 또 壬水가 있어서 사주에 戊土를 만나지 않아도 胎元(월령) 申宮 안에 戊土가 간직되어 壬水를 막는 제방이 되니, 사람의 命이 이와 같으면 벼슬하는 것은 청렴정직하나 다만 부유하지 않을 뿐이다.

或有土無甲이면 爲有病無藥이니 常人이며 有甲者면

衣衿可望이라

土가 있는데 甲木이 없으면 病만 있고 藥이 없는 것이니 평상인이며, 甲木이 있으면 衣衿을 바랄 수 있다.

或四柱金多면 宜水洩之요 若一派金水에 得一戊土면 反爲辛用하니 又宜甲制면 自然富貴라

혹 사주에 金이 많으면 마땅히 水로써 누설시켜야 하며, 한줄기 金水가 있을 때 하나의 戊土를 만나면 도리어 辛金 을 위하여 작용하게 되니, 다만 甲木의 제재가 있어야 저 절로 富貴하게 된다.

或干支水多하고 重見戊土에 逢生得位면 福壽之造니라

혹 천간과 지지에 水가 많고 戊土를 거듭 만난 경우에 生地를 만나 자리를 얻으면 다복하고 장수하는 명조이다.

七月辛金은 壬不在多니 故로 書曰水淺金多면 號曰 體全之象이라 하니 壬水爲尊이요 甲戊酌用可也며 癸 水不可爲用이니라

7월의 辛金은 壬水가 많이 있지 않으니, 그러므로 書에

말하기를 "水가 얕고 金이 많으면 이름을 本體가 온전한 상이라고" 한 것이니, 壬水를 중히 여기고 甲木과 戊土를 참작하여 쓰는 것이 옳으며, 癸水는 用이 될 수 없다.

癸 辛 壬 甲
巳 卯 申 午

壬甲兩透, 詞林.

壬水와 甲木이 모두 투출하니, 벼슬이 사림(한림학사)에 이르렀다.

八月辛金은 當權得令하여 旺之極矣라 專用壬水淘洗 니 故云金見水以流通이며 如見戊己면 則生扶太過라 故以土爲病이니 見甲制土라야 方妙요 無戊면 不宜用 甲이니라

8월의 辛金은 권세를 맡고 時令을 얻어 旺이 지극하므로, 오로지 壬水를 써서 씻고 가려내야 하니, 그러므로 金은 水를 만나서 유통한다고 말하는 것이며, 만일 戊己土를 만나면 生扶가 너무 지나치므로, 土를 病으로 여기니 甲木을 만나 土를 제재해야만 묘하며, 戊土가 없으면 甲木을 쓰지 말아야 한다.

或四柱一點壬水요 甲多洩水면 此為用神無力이라 奸
詐之徒로되 得庚制者면 反主仁義며 或三點辛金에 一
重壬水요 多見甲木에 有庚透者면 主大富貴로되 不見
丁為美니 若見一丁이면 此人은 風雅清高요 衣食饒裕
而已니라

혹 사주에 일점 壬水가 있을 때 甲木이 많아 水를 설하
면 이것은 용신이 무력한 것이므로 간교하게 남을 속이는
무리인데, 庚金의 제재를 만나면 도리어 仁義를 주장하게
되며, 혹 세 개의 辛金과 하나의 壬水가 있고 甲木을 많이
보일 때 庚金의 투출이 있으면 大富貴를 주장하는데, 丁火
를 만나지 않아야 아름다우니, 만약 丁火를 만나면 이 사
람은 인격이 우아하고 청고하며 의식이 넉넉할 뿐이다.

或一二比肩이요 壬甲皆一이며 無庚出干이면 亦有恩
榮이라

혹 사주에 한두 개의 비견이 있고 壬水와 甲木이 각각
한 개씩이며 庚金의 출간이 없으면 또한 은혜를 입는 영화
가 있다.

若二三比肩이요 一點壬水에 戊土多見이면 此爲土厚埋
金이니 此人愚懦로되 見一甲出이면 必爲創立之人이라

만일 두세 개의 비견이 있고 하나의 壬水가 있을 때 戊
土가 많이 보이면 이것은 土가 두터워서 金을 묻은 것이니
이러한 사람은 어리석고 나약한데, 甲木의 출현을 만나면
반드시 사업을 일으키는 사람이 된다.

或一派辛金에 一位壬水요 無庚雜亂이면 又主富中取
貴라

혹 한줄기 辛金에 한 자리의 壬水가 있고 庚金의 어지럽
게 섞임이 없으면 또한 富 가운데 貴를 취한다.

或一派壬水洩金에 無戊出制면 爲沙水同流니 主奔波
貧苦요 若得支見一戊止流면 其人頗有才略이요 藝術過
人이니라

혹 한줄기 壬水가 金을 누설할 때 戊土가 출현하여 제지
시킴이 없으면 금모래와 물이 함께 흘러가니 분주하게 애
쓰고 고생하며, 만약 지지에 戊土를 만나 흐름을 멈추게
할 수 있으면 그 사람됨이 제법 재주와 계략이 있고 예술

이 남보다 뛰어나다.

　或支成金局이요　干見比肩에　無壬淘洗면　此宜用丁이
니　無丁이면　必主凶頑無賴며　若得一壬高透하여　以洩
羣金하면　又名一淸到底니　定有治國之材라

　혹 지지가 金局을 이루고 천간에 비견을 만난 경우에 壬
水의 일어서 씻어줌이 없으면 이때에는 마땅히 丁火를 써
야 하니, 丁火가 없으면 반드시 악하고 완고하고 무뢰하며,
만약 하나의 壬이 높이 투출하여 여러 金을 누설시킴을 만
나면 또한 한결같은 淸氣가 철저하다고 하는 것이니, 반드
시 나라를 다스리는 재목이 된다.

　或支成金局이요　戊己透干에　壬透無火면　名白虎格이
니　運行西北하면　富貴大顯이나　子息艱難하며　或透丙
火면　雖有壬出이라도　亦屬平庸이라

　혹 지지가 金局을 이루고 戊己土가 천간에 투출한 경우
에 壬水가 투출하고 火가 없으면 백호격이라고 이름하니,
운이 서북으로 행하면 부귀가 크게 드러나지만 자식을 두
기가 어려우며, 혹 丙火가 투출하면 비록 壬水가 있더라도
평상인이다.

或一二辛金과 一派己土면 定爲僧道며 或干透己土요
支見庚甲이면 一生安閑이라

혹 한두 개의 辛金과 한줄기의 己土가 있으면 반드시 승
려나 도사가 되며, 혹 천간에 己土가 투출하고 지지에 庚
金과 甲木을 만나면 한평생 편안하고 한가하다.

或一派乙木에 不見庚壬이면 爲才多身弱이니 一見庚
制면 富貴可期니라

혹 한줄기 乙木이 있을 때 庚金과 壬水를 만나지 않으면
곧 재다신약이 되니, 만일 庚의 제재를 만나면 부귀를 기
약할 수 있다.

金生秋月土重이면 貧無寸鐵이요 六辛日透戊子時면
運喜西方이니 陰若朝陽이면 切忌丙丁離位며 庚辛局全
巳酉丑이면 位重權高니라

金이 秋月에 태어나고 土가 중첩되면 가난하여 작은 칼
하나도 없으며, 六辛日이 戊子시를 만나면 운이 서방을 좋
아하니, 음이 만약 陽을 향하면 丙·丁·離 남방火位를 가
장 꺼리며, 庚辛局이 巳酉丑을 갖추면 지위가 중하고 권세

가 높다.

己 辛 癸 己
亥 未 酉 酉

二人同命, 一文擧, 家貧. 一武擧, 家富.

두 사람이 같은 命인데, 한 사람은 문과에 올라 집이 가난하였고, 한 사람은 무과에 올라 부유하였다.

丙 辛 己 丁
申 酉 酉 酉

身强殺淺, 辛日坐酉, 丙宮生印, 太守.

身이 강하고 殺이 약하며, 辛日主가 酉건록에 앉고 丙寅이 인수를 생하니, 벼슬이 태수에 이르렀다.

壬 辛 己 丁
辰 亥 酉 卯

丁壬兩透, 經魁.

丁火와 壬水가 양쪽에 투출했는데, 문과에 장원급제를 하였다.

九月辛金은 戊土司令하여 母旺子相이라 須甲疏土하
고 壬洩旺金하니 先壬後甲이라 壬甲兩透면 桃洞之仙
이요 或壬透甲藏하며 又見庚者면 平人이요 甲透壬藏
하며 戊在支內면 異途之仕라

9월의 辛金은 戊土가 사령하여 母旺子相이 되므로 반드
시 甲木으로 土를 소통시키고 壬水로 왕한 金을 누설시켜
야 하니, 먼저 壬水를 쓰고 뒤에 甲木을 쓴다. 壬水와 甲木
이 둘 다 투출하면 桃洞의 신선이 되고, 혹 壬水가 투출하
고 甲木이 암장되며 다시 또 庚金을 만나면 평상인이 되
며, 甲木이 투출하고 壬水가 암장되며 지지 안에 戊土가
있으면 다른 길을 통하여 벼슬을 한다.

或辛日甲月이요 壬水在支에 有庚自能去濁留淸이니
秋闈一榜이며 若戊戌月이면 卽有甲在支亦否라

혹 辛日이 甲月에 생하고 지지에 壬水가 있을 때 庚金이
있으면 자연히 濁氣를 제거하고 淸氣를 남길 수 있으니 가
을의 과거에 합격하게 되며, 만약 戊戌月의 경우에는 비록
甲木이 지지에 있더라도 합격할 수 없다.

總之土太多요 甲不出干이면 莫問功名이며 得一壬出

하여 洗土助甲이면 雖不發達이나 富而可求니라

총괄하여 말하자면 土가 너무 많을 때 甲木이 천간에 나타나지 않으면 功名을 묻지 말며, 壬水가 출간하여 土를 씻고 甲木을 도울 수 있다면 비록 크게 발달하지는 못하더라도 富는 구할 수 있다.

或土多無壬甲이요 時月多透丙辛者는 略貴며 加以辰字在支면 則榮顯莫及이라

혹 土가 많고 壬水와 甲木이 없으며, 時와 月에 丙火와 辛金의 투출이 많은 경우에는 貴함이 약소하며, 지지에 辰字를 더하면 영화와 현달이 비할 때가 없다.

或木多土厚요 無水者常人이며 或干上重見癸水면 雖無淘洗之功, 頗有淸金之用이니 此命은 主富辛苦니라

혹 木이 많고 土가 두터운데 水가 없는 경우에는 평상인이며, 혹 천간에 癸水를 거듭 만나면 비록 金을 일어서 씻어주는 공은 없더라도 제법 金을 맑게 하는 작용이 있으니, 이러한 명조는 대체로 부유하나 고생이 따른다.

或己透無壬有癸면 亦能滋生金力이니 衣衿之貴요 但

恐己多면 不免濁富니라

혹 己土가 투출했을 때 壬水가 없고 癸水가 있으면 또한
金의 힘을 더욱 生할 수 있으므로 衣衿의 귀함이 있는데,
다만 염려되는 것은 己土가 많으면 濁富(부정하게 이룬
富)를 면치 못한다.

九月辛金은 火土爲病이요 水木爲藥이니라

9월의 辛金은 火와 土를 病으로 삼고 水와 木을 약으로
삼는다.

壬 辛 戊 丙
辰 未 戌 戌

印重最喜才鄕, 壬丙俱透, 尙書.

印綬가 중중하니 財향이 가장 좋은데, 壬水와 丙火가 함
께 투출하니 상서(재상)벼슬을 하였다.

戊 辛 壬 戊
子 酉 戌 戌

去濁留淸, 孝廉.

탁기를 제거하고 청기를 남기니, 효렴으로 천거되었다.

丁 辛 戊 丙

酉 未 戌 戌

用戊生金, 用丙暖土.

戊土를 써서 金을 生하고 丙火를 써서 土를 따뜻하게 한다.

三冬辛金

十月辛金은 時値小陽하니 陽漸升하고 寒氣將降이라 先用壬水요 次取丙火며 壬丙兩透면 金榜題名이라 何也오 蓋辛金有壬水丙火면 名金白水淸이요 又在亥月故 發이니라

10월의 辛金은 때가 소양을 만나니, 陽氣는 점점 상승하고 寒氣는 하강하려 하므로, 먼저 壬水를 쓰고 다음에 丙火를 취하며, 壬水와 丙火가 모두 투출하면 과거급제자 명단에 이름을 올리게 된다. 왜냐하면 대체로 辛金은 壬水와 丙火가 있으면 金白水淸이라 이름하며, 다시 또 亥月은 활동의 기상이 있기 때문에 발달할 수 있는 것이다.

丙透壬藏이면 採芹之造요 丙藏壬透면 富有千金이요

壬丙在支면 聰明之士니라

丙火가 투출하고 壬水가 암장되면 주·현의 학교에 입
학하는 命이고, 丙火가 암장되고 壬水가 투출하면 부유함
이 천금을 소유하며, 壬水와 丙火가 모두 지지에 있으면
총명한 선비가 된다.

戊壬存柱면 積蓄之人이요 或壬多無戊면 名辛水汪洋
이니 反成貧賤이요 戊多壬少면 又主成名이니라

戊土나 壬水가 사주에 있으면 재물을 저축하는 사람이
며, 혹 壬水가 많고 戊土가 없으면 辛水汪洋이라 이름하니,
도리어 빈천하게 되며, 戊土가 많고 壬水가 적으면 또한
이름을 이룬다.

或甲多戊少면 因藝術而蓄金이라

혹 甲木이 많고 戊土가 적으면 예술을 근거로 하여 돈을
모은다.

若己多有戊면 壬水被困하고 金被埋하니 不過誠實之
人이며 或壬癸多無戊丙者면 勞碌辛苦라 十月辛金은
先壬後丙이요 餘皆參用이니라

만약 己土가 많고 戊土가 있으면 壬水가 막힘을 당하고 金이 매몰당하니 성실한 사람에 불과하며, 혹 壬癸水가 많고 戊土와 丙火가 없으면 애쓰고 고생한다. 10월의 辛金은 먼저 壬水를 쓰고 丙火를 쓰며, 나머지 경우도 모두 참작하여 쓴다.

十一月辛金은 癸水司令하여 爲寒冬雨露니 切忌癸出凍金이요 而困丙火며 壬丙兩透하고 不見戊癸면 衣錦腰金이며 即壬藏丙透라도 一榜堪圖니라

11월의 辛金은 癸水가 사령하여 추운 겨울의 우로가 되니, 癸水가 투출하여 金을 얼게 하고 丙火를 곤궁하게 하는 것을 매우 꺼리며, 壬水와 丙火가 함께 투출하고 戊土와 癸水를 만나지 않으면 비단옷을 입고 金띠를 두르며, 혹 壬水가 암장되고 丙火가 투출하더라도 과거급제를 기대할 수 있다.

或壬多有戊하고 丙甲出干者는 青雲之客이요 若壬多無戊丙者는 洩金太過하니 定主寒儒요 或壬多하고 甲乙重重하며 無丙火者는 貧寒이라

혹 壬水가 많고 戊土가 있으며 丙火와 甲木이 천간에 투

출한 경우에는 입신출세할 사람이며, 만약 壬水가 많고 戊
土와 丙火가 없는 경우에는 金氣를 누설함이 태과하니 반
드시 빈한한 선비가 되며, 혹 壬水가 많고 甲乙木이 중첩
되며 丙火가 없는 경우에는 빈한하다.

或支成水局하고 癸水出干에 有二戊制者면 富貴恩榮
이요 無戊者면 常人이라

혹 지지에 水局을 이루고 癸水가 천간에 있을 때, 두 戊
土의 제지가 있으면 부귀와 은혜로운 영화를 누리고, 戊土
가 없으면 평상인이다.

或支見亥子丑하고 干出比劫에 無丙이면 名潤下格이
니 富貴雙全이요 運喜西北하며 若無庚辛이요 又出甲
乙에 無戊丙者면 必主僧道라

혹 지지에 亥子丑을 만나고 천간에 비겁이 있을 때 丙火
가 없으면 윤하격이라 이름하니, 富貴가 모두 온전하고 운
은 서북을 좋아하며, 만약 庚辛金이 없고 또 甲乙木이 있
을 때 戊土와 丙火가 없으면 반드시 승도가 된다.

或支成木局에 有丁出干이요 又見戊者면 功名特達하

며 冬月辛金능 須丙溫暖이라야 方妙니라

혹 지지가 木局을 이룬 경우에 丁火의 출간이 있고 또 戊土를 만나면 功名이 특별히 뛰어나며, 冬月의 辛金은 반드시 丙火의 온난함이 있어야 비로소 신묘하다.

十二月辛金은 寒凍之極이라 先丙後壬하니 無丙不能解凍이요 無壬不能洗淘니 丙壬兩透면 金馬玉堂之客이요 壬丙俱滅이면 游庠食餼之人이요 有丙無壬이면 富眞貴假요 有壬乏丙이면 賤而且貧이요 或丙多에 無壬有癸면 市中貿易之流라

12월의 辛金은 차갑고 얼어붙음이 지극하므로 丙火를 우선으로 하고 壬水를 뒤에 쓰는데, 丙火가 없으면 언 것을 녹일 수 없고 壬水가 없으면 金을 씻어서 가려 낼 수 없기 때문에, 丙火와 壬水가 함께 투출하면 금마옥당(한림원)의 인물이 되고, 壬水와 丙火가 모두 저장되면 주현학교에 유학하여 녹미를 먹는 생원이 되며, 丙火만 있고 壬水가 없으면 富는 있으나 貴가 없고, 壬水만 있고 丙火가 없으면 천하면서도 가난하며, 혹 丙火가 많은데 壬水가 없고 癸水가 있으면 시중에서 무역하는 무리가 된다.

或水多에 有戊己出干이요 又有丙丁이면 必主衣食充
盈하고 一生安樂이라 十二月辛金은 丙先壬後요 戊己
次之니라

혹 水가 많을 때 戊己土의 출간이 있고 다시 丙丁火가
있으면 반드시 의식이 풍족하고 일생이 안락하다. 12월의
辛金은 丙火가 우선이고 壬水가 그 뒤를 이으며, 戊己土가
그다음이다.

戊 辛 己 乙
子 丑 丑 丑
侍郎.
시랑벼슬을 하였다.

戊 辛 癸 丁
子 卯 丑 丑
用丁火, 按察.
丁火를 쓰며, 안찰벼슬을 하였다.

丁 辛 己 乙
酉 未 丑 卯

先貧後富, 且壽.

先貧後富하고 또 장수하였다.

己 辛 丁 甲

亥 卯 丑 申

才旺生殺, 制軍.

財가 旺하여 殺을 生하니, 제군(총독)벼슬을 하였다.

窮通寶鑑　卷五

論水

論 水

天傾西北이라 亥為出水之方이요 地陷東南이라 辰為
納水之府니 逆流到申而作聲하니 故水不西流라 水性潤
下라 順則有容하니 順行十二神이 順也며 主有度量이
요 有吉神扶助면 乃貴格이라 逆則有聲하니 逆行十二
神이 逆也며 入格者는 主清貴요 有聲譽라 忌刑沖하니
則橫流하고 愛自死自絶하니 則吉하니라

하늘은 서북쪽이 높으므로, 亥는 물이 나오는 곳이고 땅
은 동남쪽이 낮으므로 辰은 물을 받아들이는 곳인데, 거꾸
로 흘러서 申에 이르면 소리를 내므로 물은 서쪽으로 흐르
지 않는다. 水의 성질은 적시면서 내려가는 것이므로, 그
것을 따르면 용납함이 있는데 12神을 순행하는 것이 順이
며, 순행하면 도량이 있고 吉神의 부조가 있으면 곧 귀격

이 된다. 거스르면 소리가 있는데 12神을 역행하는 것이 逆이며, 격에 부합하는 경우에는 淸貴하고 명예가 있다. 刑沖을 꺼리는데 형충을 당하면 횡류[60]하게 되고, 자신의 死地(木)와 絶地(火)를 좋아하니 死絶地를 만나면 吉하다.

水不絶源인댄 仗金生而流遠이요 水流泛濫이면 賴土剋以堤防이라 水火均이면 則合旣濟之美요 水土混이면 則有濁源之凶이요 四時皆忌火多니 則水受渴이요 忌見土重이니 則水不流요 忌見金死니 金死則水困이요 忌見木旺이니 木旺則水死라 沈芝云하되 水命動搖면 多主濁濫하니 女人尤忌之라하며 口訣云하되 陽水身弱이면 窮이요 陰水身弱이면 主貴라하나니라

水가 근원이 끊어지지 않으려면 金의 生扶에 의지해야 멀리 흐를 수 있고, 水의 흐름이 범람하면 土의 극제에 의지하여 제방으로 삼아야 한다. 水와 火가 균형을 이루면 旣濟(기제)의 아름다움에 부합하고, 水와 土가 혼잡되면 근원을 혼탁하게 하는 흉함이 있으며, 四時에 모두 火가 많음을 꺼리니 水가 고갈되기 때문이며, 土가 중첩됨을 만나

---

60) 홍수가 나서 옆으로 흘러감.

는 것을 꺼리니 水가 흐르지 못하기 때문이며, 金이 死함을 만나는 것을 꺼리니 金이 死하면 水가 통하지 않으며, 木이 旺함을 만나는 것을 꺼리니 木이 旺하면 水가 死한다. 沈芝가 말하기를 "水의 命이 동요되면 대부분 혼탁하고 범람하니, 여인은 더욱 그러한 것을 꺼린다"고 했으며, 구결에 말하기를 "陽水가 신약하면 곤궁하고, 陰水가 신약하면 貴를 주장한다"고 하였다.

生於春月에 性濫滔淫하니 再逢水助면 必有崩堤之勢니 若加土盛이면 則無泛漲之憂며 喜金生扶나 不宜金盛이요 欲火旣濟나 不要火多요 見木而可施功이나 無土仍愁散漫이니라

水가 春月에 生하면 성질이 도를 벗어나 방탕한데 다시 水의 도움을 만나면 반드시 둑을 무너뜨리는 형세가 있으니, 만약 土의 성함을 가하면 차서 넘치는 근심이 없으며, 春月의 水는 金의 生扶를 좋아하나 金이 盛해서는 안 되며, 火를 만나 기제(만사가 잘)가 되기를 원하지만 火가 많아서는 안 되며, 木을 만나면 공력을 베풀 수 있으나 土가 없으면 水勢가 산만해 짐을 근심하게 된다.

夏月之水는 執性歸源이요 時當涸際니 欲得比肩이며 喜金生而助體요 忌火旺而熇乾이며 木盛則盜其氣요 土旺則制其流니라

夏月의 水는 근원으로 돌아가려는 성질을 지니고 있으며, 시절이 마르는 때에 해당되니 비견의 부조를 만나야 하며, 金으로 生하여 본체를 돕는 것을 좋아하고, 火가 旺하여 바싹 말리는 것을 꺼리며, 木이 盛하면 그 氣를 빼앗고, 土가 旺하면 그 흐름을 제지한다.

秋月之水는 母旺子相하여 表裏晶瑩하니 得金助則清澄이요 逢土旺而混濁하며 火多而財盛이요 木重而子榮하며 重重見水면 增其泛濫之憂요 疊疊逢土면 始得清平之意니라

秋月의 水는 모왕자상하여 겉과 속이 밝고 투명하니, 金의 도움을 만나면 맑고 깨끗하며, 土旺함을 만나면 혼탁해지며, 火가 많으면 재물이 풍성하고, 木이 중하면 자식이 번영하며, 거듭하여 水를 만나면 범람하는 근심을 더하고 거듭하여 土를 만나면 비로소 고요하고 화평한 뜻을 이룬다.

冬月之水는 司令當權하니 遇火면 則增暖除寒하며
見土면 則形藏歸化라 金多면 反曰無義요 木盛이면 是
謂有情이며 土太過면 勢成涸轍이요 水泛濫이면 喜土
堤防이니라

冬月의 水는 時令을 만나 권한을 담당하니, 火를 만나면
따뜻함을 더하고 차가움을 제거하며, 土를 만나면 형체가
수장되고 돌아가 변화된다. 金이 많으면 도리어 義가 없다
하고, 木이 盛하면 그것을 유정이라 하며, 土가 너무 지나
치면 형체가 涸轍(학철)[61]을 이루며, 水가 범람하면 土의
제방을 좋아한다.

三春壬水

正月壬水는 汪洋之象이니 能幷百川之流나 然水性柔
弱이니 宜用庚金之源이라야 庶不致汪洋無度니 有庚丙
戊三者齊透면 科甲功名이요 或庚戊藏支하고 丙坐寅支
者면 亦有恩誥요 即一庚透라도 貢監有之니라

정월의 壬水는 넓고 성대한 상이니, 百川의 흐름을 병합

---

61) 수레바퀴 자국에 고인 물처럼 쉽게 마르는 것.

할 수 있으나 水의 성질이 유약하므로, 마땅히 庚金의 근원을 써야만 거의 양양 무도함에 이르지 않을 것이니, 庚金·丙火·戊土 세 가지가 가지런히 투출하면 과거에 공명을 이루며, 혹 庚金과 戊土가 지지에 암장되고 丙火가 寅지지에 앉으면 또한 은고(임금의 임명장)가 있으며, 혹 庚金이 투출하더라도 공감(국자감학생)이 될 수 있다.

凡壬日無比肩羊刃者는 不必用戊니 專用庚金하고 以丙為佐라

무릇 壬日生 사주에 비견과 양인이 없는 경우에는 戊土를 쓸 필요가 없으니, 오로지 庚金을 쓰고 丙火를 보좌로 삼는다.

或見比劫이요 又有庚辛이면 此弱極復旺이라 又宜制伏이니 戊透면 可云科甲이요 戊藏이면 則是秀才나 然必丙透不合이라야 為妙니라

혹 比劫이 보이고 또 庚辛金도 있으면 이것은 약함이 지극하면 다시 旺해지는 것이므로, 또한 마땅히 제복해야 하니 戊土가 투출하면 과거에 급제한다고 말할 수 있고, 戊土가 잠복해 있으면 秀才(주·현학교 학생)가 될 수 있는

데 그러나 반드시 丙火가 투출하되 辛金과 合하지 않아야
만 묘한 것이다.

或支見多戊요 又有甲出干이면 名一將當關에 羣邪自
伏이니 主光明磊落하여 名重百寮라

혹 지지에 많은 戊土를 만나고 또 甲木의 出干이 있으면
한 명의 장수가 관문을 지키니 많은 사악한 무리가 스스로
굴복한다고 지칭하는 것이니, 대체로 성품이 결백하고 용
모가 뛰어나 모든 관료 중에 명망이 두텁다.

或支成火局이면 惜不逢時니 主名利皆虛요 文章駭俗
이니라

혹 지지에 火局을 이루면 애석하게도 正月生이라 때를
만나지 못한 것이니, 대체로 명예와 이익은 모두 실제가
없으나 문장은 세상을 놀라게 할 만하다.

用庚者는 土妻金子요 用丙者는 木妻火子요 用戊者
는 火妻土子니라

庚金을 쓰는 경우에는 土가 처가 되고 金이 자식이 되
며, 丙火를 쓰는 경우에는 木이 처가 되고 火가 자식이 되

며, 戊土를 쓰는 경우에는 火가 처이고 土가 자식이 된다.

庚 壬 丙 己
子 辰 寅 巳

惜戊不出干, 富而不貴.

애석하게도 戊土가 천간에 나타나지 않았으니, 富는 이루었으나 貴하게 되지는 못하였다.

二月壬水는 寒氣初除하여 有并流之象이니 不用丙暖이요 專取戊土辛金하니 二月壬水는 先戊後辛이요 庚金次之니라

2월의 壬水는 寒氣가 처음으로 제거되어 寒과 暖이 함께 흐르는 상이니, 丙火의 따뜻함을 쓰지 않고 戊土와 辛金을 쓰는데, 2월의 壬水는 먼저 戊土를 쓰고 뒤에 辛金을 쓰며 庚金이 그다음이다.

戊辛兩透면 雁塔題名이요 戊透辛藏이면 亦有恩誥며 或戊辛不透요 有庚出干者는 主富니라

戊土와 辛金이 함께 투출하면 안탑에 이름을 쓰고(진사급제), 戊土가 투출하고 辛金이 저장되어도 은고(임금의 임

명장)가 있으며, 혹 戊土와 辛金이 투출하지 않고 庚金의
투출이 있는 경우에는 富를 주장한다.

或支成木局에 有庚透者는 金榜題名이요 庚在水者[62)
는 異途之仕라

혹 지지에 木局을 이루고 庚金의 투출이 있는 경우에는
금방(과거급제의 榜)에 이름을 올리며, 庚金이 지지에 있는
경우에는 다른 길을 통하여 벼슬한다.

或木出火多면 名木盛火炎이니 須比肩羊刃이요 尤宜
水透라야 富貴恩榮하며 乏水者則否라

혹 木이 투출하고 火가 많으면 木이 성하고 火가 뜨겁다
고 이름하니, 比肩과 羊刃이 필요하며, 더욱 마땅히 水가
투출해야만 富貴하여 임금의 은혜를 입는 영광을 누리며,
水가 결핍되면 불가능하다.

或比肩重重이면 又須戊土니 書에 曰土止流水福壽全
이요 若戊不見이면 名水泛木浮니 一生辛苦며 再行水

運이면 落水身亡이라 하니라

혹 비견이 중첩되면 또한 戊土가 필요하니, 書에 "土가 流水를 제지하면 福壽가 온전하며, 만약 戊土가 보이지 않으면 水가 범람하여 木이 뜬다고 하는 것이니 한평생 고생하며, 다시 水운으로 행하면 물에 빠져 죽는다"고 하였다.

或甲乙重重無比肩者는 此依人度日하여 全無作爲며 若見庚辛이면 飢寒可免이니라

혹 甲乙木이 중첩되고 비견이 없는 경우에는 남에게 의지하여 세월을 보내고 전혀 일다운 일을 행함이 없으며, 만약 庚·辛金을 만나면 굶주리고 떠는 것을 면할 수 있다.

三月壬水는 戊土司權이라 恐有推山塞海之患이니 先用甲疏季土하고 次取庚金이라

3월의 壬水는 戊土가 권세를 맡으므로, 산을 밀어내서 바다를 막는 근심이 있을까 두려우니 먼저 甲木을 써서 季土를 소통시키고 다음으로 庚金을 쓴다.

甲庚俱透면 科甲定然이요 甲透庚藏이면 修齊品格이니 甲藏有根이면 可云俊秀요 有癸滋甲이면 必主干城

하니 獨甲藏支면 必富요 獨庚在柱면 常人이며 無甲이
면 剛暴之徒요 乏庚이면 愚頑之輩니라

　甲木과 庚金이 함께 투출하면 과거급제가 틀림없고, 甲
木이 투출하고 庚金이 암장되면 수신제가 할 품격(바탕)이
며, 甲木이 암장되어 뿌리가 있으면 준수하다고 말할 수
있고, 癸水가 있어서 甲木을 자양하면 반드시 干城[63]이 되
는데, 하나의 甲木만 지지에 암장되면 반드시 부유하고,
하나의 庚金만 柱 중에 있으면 평상인이며, 甲木이 없으면
우악스럽고 사나운 무리이고, 庚金이 결핍되면 어리석고
완고한 무리이다.

　或時干透丁者는 此為化合이라 助火而不助水니 見丁
未一理니라

　혹 時천간에 丁火가 투출한 경우에는 壬水와 합하여 木
으로 변화하므로 火를 돕고 水를 돕지 않으니, 丁未를 만
나도 같은 이치이다.

　或支成四庫요 乏甲者는 名殺重身輕이니 終身有損이라
　혹 지지가 四庫로 이루어지고 소통시킬 甲木이 부족한

---

63) 외적을 막아 나라를 지키는 사람.

경우에는 殺은 중하고 身은 경하다고 이름하니, 종신토록 손실만 있다.

凡水旺多見庚金者는 乃無用之人이니 須丙制之方妙니라

무릇 水가 旺하고 庚金을 많이 만나는 경우에는 곧 쓸모 없는 사람이니, 반드시 丙火로 그것을 제재해야만 비로소 묘하게 된다.

甲 壬 甲 壬
辰 辰 辰 申
食神制殺格, 提督.
식신제살격으로 벼슬이 제독(무관의 최고벼슬)에 이르렀다.

三夏壬水

四月壬水는 丙火司權하여 水弱極矣하니 專取壬水比肩
爲助며 次取辛金發源이요 且暗合丙火며 庚金爲佐니라
4월의 壬水는 丙火가 권세를 맡아 水의 약함이 지극하

니, 오로지 壬水比肩을 취해야 도움이 되며 다음으로 辛金을 취하면 水源을 發하고 또 丙火와 암합하며, 庚金을 보좌로 삼는다.

壬辛兩透면 金榜有名이며 或癸辛兩出하고 加以甲透면 亦主異路之榮이요 無甲者면 富貴門下之客이니라

壬水와 辛金이 함께 투출하면 금방(과거급제를 게시한 榜)에 이름이 있으며, 혹 癸水와 辛金이 함께 투출하고 甲木의 투출을 더하며 또한 다른 길을 통한 榮華가 있는데 甲木이 없는 경우에는 富貴한 집안의 식객이다.

如無壬이요 木少火多者는 又作棄命從才格이니 因妻致富하며 癸透者殘疾이라

만일 壬水가 없고 사주에 木이 적고 火가 많은 경우에는 또한 기명종재격이 되니 처로 인하여 치부하며, 癸水가 투출한 경우에는 잔질이 있다.

或四柱多金得地면 則弱極復強이니 須用巳中戊土면 亦主名利雙全하니 或異途之貴며 若見一甲藏寅하여 與巳相刑이면 主有暗疾이요 名利皆虛하니 不能創立이니라

혹 사주에 金이 많고 자리를 얻으면 지극한 弱이 다시 强이 되니, 巳 중에 戊土를 쓰면 또한 名利雙全을 주장하는데 혹 다른 길을 통한 귀함이 있으며, 만약 하나의 甲木이 저장된 寅을 만나 巳와 서로 刑하면 주로 암질[64]이 있고 名利가 모두 공허하니 사업을 창립하지 못한다.

或多甲乙에 有庚出干者는 貴하나 無庚者는 否라

혹 甲乙木이 많을 때 庚金의 출간이 있는 경우에는 貴하나 庚金이 없으면 貴하지 않다.

或支成水局이면 大貴하니라

혹 지지가 水局을 이룬 경우에는 大貴하다.

乙 壬 乙 壬
巳 午 巳 寅
從才格, 三刑合局, 制軍.
종재격으로 三刑이 합국하니 제군(총독)이 되었다.

---

64) 증상이 뚜렷하지 않은 병.

乙 壬 乙 壬
巳 申 巳 午

才旺生官, 尙書.

財가 旺하여 官을 生하니, 벼슬이 상서(재상)에 이르렀다.

壬 壬 癸 丙
寅 辰 巳 辰

土木交鋒, 孤貧一世.

土와 木이 서로 싸우니, 일생동안 외롭고 가난하였다.

五月壬水는 丁旺壬弱이라 取癸爲用하고 取庚爲佐하니 無庚不能發水요 無癸不能傷丁이라

5월의 壬水는 丁火가 旺하고 壬水는 약하므로 癸水를 취하여 용신으로 삼고 庚金을 취하여 보좌로 삼으니 庚金이 없으면 水源을 발할 수 없고 癸水가 없으면 丁火를 손상할 수 없다.

五月壬水는 辛癸亦可參用하니 其理與四月皆同이니라

5월의 壬水는 辛金과 癸水도 참작하여 쓸 수 있으니, 그 이치도 4월과 모두 동일하다.

庚癸兩透면 科甲必然이요 庚壬兩透면 官居極品이며
有庚無壬癸者면 常人이라

庚金과 癸水가 함께 투출하면 과거급제가 틀림없고, 庚
金과 壬水가 함께 투출하면 벼슬이 최고지위에 오르며, 庚
金만 있고 壬癸水가 없으면 평상인이다.

或支成火局하고 全無金水면 名才多身弱이니 富屋貧
人이며 若又甲乙多者면 僧道之命이니라

혹 지지가 火局을 이루고 金水가 전혀 없으면 財多身弱
이라 부르니 부잣집 속의 가난한 사람이며, 만약 다시 또
甲乙木이 많으면 승도의 命이다.

辛 壬 壬 庚
亥 寅 午 午
庚壬兩透, 才旺生官, 尙書.
庚金과 壬水가 함께 투출하고 財가 旺하여 官을 생하니
상서벼슬을 하였다.

甲 壬 丙 丁
辰 寅 午 酉

太守.

태수벼슬을 하였다.

六月壬水는 己土當權하고 丁火退氣니 先用辛金癸水
하고 次用甲木劈土하니 六月壬水는 先辛後甲이요 次
取癸水니라

6월의 壬水는 己土가 권세를 담당하고 丁火는 퇴기이니,
먼저 辛金과 癸水를 쓰고 다음에 甲木을 써서 土를 깨뜨려
야 하니, 6월의 壬水는 辛金을 우선으로 하고 甲木을 뒤에
쓰며 다음에 癸水를 취한다.

辛甲兩透면 富貴淸高요 甲藏辛透면 貢監生員이요
辛藏甲透면 異途武職이요 甲壬兩透하며 無傷이면 有
治國之貴요 卽甲藏壬出無破라도 是拾芥之才요 或支多
土火면 又只淸貧이니라

辛金과 甲木이 함께 투출하면 富貴가 청고하고, 甲木이
저장되고 辛金이 투출되면 향시에 합격하여 생원이 되며,
辛金이 저장되고 甲木이 투출하면 이도의 무관직에 종사
하며, 甲木가 壬水가 함께 투출하여 손상됨이 없으면 나라

를 다스리는 존귀함이 있고, 혹 甲木이 간직되고 壬水가 나타나 파괴함이 없더라도 보잘 것 없는 재주가 있을 것이며, 혹 지지에 火土가 많으면 또한 청빈할 뿐이다.

或一派己土면 此假從殺格이라 爲人妙詐[65]하고 且主 孤貧하니 得甲乙出制可救요 凡土居生旺之地면 須用木 制方妙니라

혹 한줄기 己土가 있으면 이것은 가종살격으로 사람됨이 간사하고 또 대체로 외롭고 가난한데, 甲乙木이 나타나 제재함을 만나면 구제될 수 있으며, 土가 生旺의 자리에 있으면 반드시 木의 제재를 써야만 비로소 묘하게 된다.

或支成木局하여 洩水太過면 當用金水爲貴니 以金爲 妻요 水爲子니라

혹 지지가 木局을 이루어 水를 설함이 태과하면 마땅히 金水를 쓰는 것을 귀하게 여기니, 金을 처로 삼고 水를 자식으로 삼는다.

---

65) 妙는 奷이 되어야 함.

三秋壬水

七月壬水는 庚金司令하여 壬得申之長生하여 源流自遠하니 轉弱為强이라 專用戊土하고 次取丁火하여 佐戊制庚하니 但用辰戌之戊요 不用申中受病之戊라 戊丁俱透면 科甲生員이요 戊透天干하고 丁藏午戌하면 恩封可待니 特忌戊癸化合이며 即支見寅戌하고 年出丁火면 可許衣衿이며 或丁戊兩藏이면 富中取貴니라

7월의 壬水는 庚金이 사령하여 壬水가 申장생을 만나 근원의 흐름이 저절로 멀어지니 약한 것이 변하여 강하게 되었으므로, 오로지 戊土를 쓰고 다음에 丁火를 취하여 戊土를 보좌하고 庚金을 제재해야 하는데, 다만 辰戌 중의 戊土를 쓰고 申 중의 병든 戊土를 쓰지 말아야 한다. 戊土와 丁火가 모두 투출하면 과거에 급제하여 생원이 되고, 戊土가 천간에 투출하고 丁火가 午나 戌에 저장되면 은혜로운 봉함을 기대할 수 있는데, 다만 戊癸의 化合을 꺼리며, 혹 지지에서 寅戌을 만나고 年에 丁火가 투출하면 衣衿을 기대할 만하며, 혹 丁火와 戊土가 모두 저장되면 富한 가운데 貴를 취한다.

或四柱多壬戊又透干하면 名假殺化權이라 閬苑之仙
이니 支中見甲이라도 亦不忌也나 但太多者면 常人이
로되 有庚居申이라 頗有衣祿이니라

혹 사주에 壬水와 戊土가 많고 또 천간에 투출하면 가살
이 권세로 변화했다고 이름하므로, 낭원(신선이 사는 곳)의
신선이다. 지지 중에 甲木을 만나더라도 꺼리지 않으나 다
만 甲木이 너무 많으면 평상인이 되는데, 庚金이 申에 머
물러 있어서 그것을 제지하므로 제법 의식과 녹봉이 있다.

或戊多而透에 得一甲制면 畧貴나 無甲常人이요 或
一派甲木하고 又見火多에 無庚出者면 別祖離鄉하여
隨緣度日하나니 蓋申中之庚은 不能救也니라

혹 戊土가 많고 천간에 투출했을 때 甲木의 제재를 만나
면 약간의 貴를 누리나 甲木이 없으면 평상인이 되며, 혹
甲木이 한줄기를 이루고 다시 또 火를 만났을 때 庚金의
투출이 없으면 조상과 이별하고 고향을 떠나 인연을 따라
세월을 보내게 되는데, 왜냐하면 申 중의 庚金으로는 구제
할 수 없는 것이다.

七月壬水는 專用戊土요 丁火爲佐니라

7월의 壬水는 오로지 戊土를 쓰고 丁火를 보좌로 삼는다.

壬 壬 庚 戊

寅 辰 申 寅

此用戊丙, 按院.

이 사주는 戊土와 丙火를 쓰니, 안원벼슬을 하였다.

丙 壬 戊 丁

午 辰 申 亥

此身旺任才, 丁戊俱透, 尙書.

이 사주는 身이 旺하여 財를 감당하고 丁火와 戊土가 함
께 투출하여 상서가 되었다.

辛 壬 庚 癸

亥 辰 申 酉

此用辰中戊土, 依人而富.

이 사주는 辰 중 戊土를 쓰니, 남에게 의지하여 부자가
되었다.

八月壬水는 辛金司權하니 正金白水淸이며 忌戊土爲病이라 專用甲木하니 甲木一透制戊면 壬水澈底澄淸이라 名高翰苑하니 若甲出時干하면 功名顯達하며 設見庚破면 又屬常人하며 卽甲藏支요 無庚이면 秀才可許니라

8월의 壬水는 辛金이 권세를 맡으니 바로 금백수청이며 戊土가 病이 됨을 꺼리므로, 오로지 甲木을 쓰는데 甲木이 만일 투출하여 戊土를 제압하면 壬水가 철저하게 맑게 되니 한원(한림원)에 명성이 드높게 된다. 만약 甲木이 時干에 투출하면 공명현달하며, 만약 庚金의 파괴를 만나면 또한 평상인에 속하며, 혹 甲木이 지지에 저장되고 庚金이 없으면 수재(생원)를 기대할 수 있다.

或天干有壬하고 支見申亥면 此非用甲이요 戊土作用이니 亥雖有甲이라도 又有申中之金制甲이니 秀才一定이요 且富足多才니라

혹 천간에 壬水가 있고 지지에 申과 亥가 보이면 이때에는 甲木을 쓰는 것이 아니라 戊土가 용신이 되는데, 亥에 비록 甲木이 있더라도 申 중의 庚金이 甲木을 제재하기 때문이니, 秀才가 틀림없으며 또 富가 넉넉하고 재주가 많다.

或無戊하고 多金水者는 主人淸才濁하니 困苦寒儒라

혹 戊土가 없고 金水가 많은 경우에는 대체로 사람은 청고하나 재능이 혼탁하니, 곤고하고 가난한 선비이다.

無甲用金이면 發水之源이니 名獨水三犯庚辛이요 號曰體全之象이니라

甲木이 없어서 金을 쓰면 발원의 근원이 되니, 하나의 水가 庚辛金을 세 번 만난다고 하면 본체가 온전한 象이라고 부른다.

八月壬水는 專用甲木하고 庚金次之니 用甲者는 水妻木子니라

8월의 壬水는 오로지 甲木을 쓰고 庚金이 그다음이니, 甲木을 쓰는 경우에는 水가 처가 되고 木이 자식이 된다.

壬 壬 丁 辛

寅 辰 酉 酉

龍虎拱天門, 又曰壬趨艮格, 探花.

용(辰)과 虎(寅)가 천문을 안고 있으니 또한 壬趨艮格이라 하는데, 탐화[66]가 되었다.

庚 壬 己 壬

戌 子 酉 子

印旺身强, 富大貴小.

寅이 旺하고 身이 强한 사주로 富는 크나 貴는 적다.

己 壬 丁 丙

酉 子 酉 子

身旺無依, 一生貧苦.

身旺하나 의지할 곳이 없으니, 한평생 빈고하였다.

甲 壬 乙 庚

辰 子 酉 午

庚甲兩透, 詞林.

庚金과 甲木이 함께 투출하니, 벼슬이 사림에 이르렀다.

九月壬水進氣요 其性特厚하니 若一派壬水에 見一甲
이면 制戌中之戊요 戊又出干이면 斯用丙火니 此格清
貴極矣라 正合一將當關에 羣邪自伏이요 或不見丙戊면
亦不爲妙니라

---

66) 과거에 삼등으로 합격한 사람.

9월의 壬水는 進氣이고 그 성질이 특히 돈후한데, 만약 한줄기 壬水가 있을 때 하나의 甲木을 만나면 戌 중의 戊 土를 제재하게 되며, 戊土가 또 천간에 나타나면 丙火를 쓰는 것이니 이러한 격은 청귀함이 지극하므로, 바로 한 명의 장수가 관문을 지키자 사악한 무리가 스스로 복종하 는 형세에 부합하며, 혹 丙火와 戊土를 만나지 않으면 또 한 묘함이 되지 않는다.

或一派戊土에 無一己庚雜亂하고 得一甲透時干이면 玉堂淸貴요 卽甲透月上이라도 亦主科甲이며 若支藏己 土라도 一榜可圖요 或庚乏丁이면 貧賤之人니라

혹 한줄기 戊土가 있을 때 己土와 庚金이 섞여서 어지럽 힘이 없고 甲木이 時干에 투출함을 만나면 옥당(한림원)에 서 淸貴하게 되며, 혹 甲木이 月上에 투출해도 과거에 급제 하며, 만약 지지에 己土를 암장해도 一榜(과거급제)을 얻을 수 있으며, 庚金이 있고 丁火가 없으면 빈천한 사람이다.

或丁透見甲이면 畧貴라

혹 丁火가 투출하고 甲木을 만나면 貴를 누린다.

或水多乏丙者면 又用戊土니 常人이라

혹 水가 많고 丙이 결핍되면 또한 戊土를 쓰게 되니, 평
상인이다.

九月壬水는 專用甲木하고 次用丙火하며 用土者는
火妻土子니라

9월의 壬水는 오로지 甲木을 쓰고 다음에 丙火를 쓰며,
土를 쓰는 경우에는 火가 처이고 土가 자식이다.

辛 壬 戊 丙
丑 戌 戌 寅
身旺官旺, 又得丙透, 參政.

身旺官旺하고 또 丙火의 투출을 만나니, 참정벼슬을 하
였다.

甲 壬 戊 辛
辰 戌 戌 丑
支成四庫, 一甲透時, 太史.

지지가 四庫를 이루고 하나의 甲木이 時干에 투출하니,
태사벼슬을 하였다.

三冬壬水

十月壬水司權하여 至旺之極하니 取戊爲用이라 若生辰日干67)하고 又見辰時면 必須戊透하고 又須庚制甲하여 不傷戊土니 戊庚兩全이면 定主登科乃第하여 位顯權高나 或甲出制戊에 不見庚救者면 斷之困窮하며 戊藏無制면 可許生員이요 或戊庚兩透無甲者도 亦主榮顯이니라

10월은 壬水가 권세를 맡아 旺이 지극하니, 戊土를 용신으로 취한다. 만약 辰日에 生하고 다시 또 辰時를 만나면 반드시 戊土가 투출해야 하고 또 반드시 庚金이 甲木을 제재하여 戊土를 상하지 않게 해야 한다. 戊土와 庚金이 함께 온전하면 반드시 등과 급제하여 지위가 드러나고 권세가 높아지지만 혹 甲木이 출간하여 戊土를 제재할 때 庚金의 구제를 만나지 않으면 틀림없이 곤궁하며, 戊土가 저장되어 제재받음이 없으면 생원을 기대할 만하고, 혹 戊土와 庚金이 함께 투출하고 甲木이 없는 경우에는 또한 영달하여 명성이 드러난다.

---

67) 干은 연문이거나 支가 되어야 함.

或支成木局이요 有甲乙出干에 得庚透者면 富貴하고
無庚者면 平常이라

　지지가 木局을 이루고 甲乙木이 천간에 있을 때 庚金의
투출을 만나면 부귀하고, 庚金이 없으면 평상인이다.

或支成水局이요 不見戊己면 名潤下格이니 運行西北
이면 大富貴나 行東南者면 必危니라

　혹 지지가 水局을 이루고 戊己土를 만나지 않으면 윤하
격이라 이름하는데, 운이 西北으로 행하면 크게 부귀하나
東南으로 행하면 반드시 위태롭다.

或丙戊兩透하고 行火土運이면 名利雙全하며 或有丙
無戊면 可云衣祿이나 有戊無丙이면 難許推盈이라 十
月壬水는 專用戊丙이요 次取庚金이니라

　혹 丙火와 戊土가 함께 투출하고 火土운으로 행하면 名
利가 모두 온전하며, 혹 丙火가 있고 戊土가 없으면 의록
을 말할 수 있으나, 戊土가 있고 丙火가 없으면 名利를 기
대하기 어렵다. 10월의 壬水는 오로지 戊土와 丙火를 쓰고
다음으로 庚金을 취한다.

庚 壬 丁 庚
戌 戌 亥 子

得庚制甲, 會元.

庚金이 투출하여 甲木을 제재하니, 회원이 되었다.

辛 壬 辛 壬
亥 子 亥 申

支見亥子, 四柱無戌, 名旺盛無依, 爲僧.

지지에 亥子를 만나고 사주에 戌土가 없어 왕성하나 의
지할 때가 없다고 이름하니, 僧이 되었다.

十一月壬水는 陽刃幇身이라 較前更旺하니 先取戊土
하고 次用丙火라 丙戊兩透면 富貴榮華요 有戊無丙이
면 畧可言富나 有丙無戊면 好謀無成이니라

11월의 壬水는 陽刃이 身을 도우므로, 10월 壬水와 비교
하여 더욱 旺하니 먼저 戊土를 취하고 다음에 丙火를 쓴
다. 丙火와 戊土가 모두 투출하면 부귀영화를 누리고, 戊
土가 있고 丙火가 없으면 대략 富를 말할 수 있으나, 丙火
가 있고 戊土가 없으면 도모하기를 좋아하나 성과가 없다.

或支成水局이요 丙不出干이면 即有戊土라도 亦係庸
人이며 或丙透得所면 即戊藏支라도 亦可顯達이니 須
運得用이라야 方妙니라

혹 지지가 水局을 이루고 丙火가 천간에 나타나지 않으
면 비록 戊土가 있더라도 평범한 사람에 속한다. 혹 丙火
가 투출하여 자리를 얻으면 비록 戊土가 지지에 저장되
더라도 현달할 수 있는데, 반드시 운에서 쓰임을 만나야
비로소 묘한 것이다.

或支成火局이면 一富而已니라

혹 지지가 火局을 이루면 오직 富만 이룰 뿐이다.

或比見月時하고 年見丁火면 平常之輩요 支成四庫면
富貴中人이며 或丁出時干이면 名爲爭合하니 主名利難
成이라

혹 비견이 月과 時에 보이고 年干에 丁火를 만나면 평상
의 무리인데, 이때 지지에 四庫를 이루면 富貴하여 권세
있는 사람이며, 혹 丁火가 時干에 나타나면 合을 다투니
名利가 이루어지기 어렵다.

或壬子日丁未時면　雖不能科甲이라도　亦有恩榮하니
何也오　蓋用子中癸水爲官[68]이요　號曰用神得地니　亦
主榮華니라

혹 壬子日 丁未時인 경우에는 비록 과거급제는 못하더
라도 은혜를 입는 영광이 있으니, 어째서인가? 그것은 子
중의 癸水를 써서 身을 돕고 (丁火가 未에 통근하여) 용신
이 자리를 얻으니 역시 영화를 주장하는 것이다.

十一月壬水는　丙戊並用이니라

11월의 壬水는 丙火와 戊土를 함께 쓴다.

壬　壬　壬　壬
寅　寅　子　寅
天元一氣, 段旺得地.[69] 侍郞.
天元一氣로 戊土·丙火가 자리를 얻으니, 시랑벼슬을 하
였다.

---

68) 爲官은 衍文이거나 誤字인 듯함.
69) 段은 誤字인 듯함.

甲 壬 壬 壬

辰 子 子 子

飛天祿馬格, 尙書.

비천녹마격으로 상서벼슬을 하였다.

十二月壬水는 旺極復衰하니 何也오 上半月癸辛主事
라 故旺하니 專用丙火요 下半月己土主事라 故衰하니
亦用丙火하고 甲木佐之니라

12월의 壬水는 旺이 지극하여 다시 쇠약해지는 것인데,
어째서인가? 上半月은 癸水와 辛金이 일을 주관하므로 왕
한 것이니 오로지 丙火를 쓰고, 下半月은 己土가 일을 주
관하므로 쇠한 것인데 역시 丙火를 쓰고, 甲木으로 丙火를
돕는 것이다.

有丙解凍하면 名利雙全하고 丙透甲出하면 科甲之貴
나 然四柱無壬이라야 方妙하며 無丙이면 單寒之士니라

丙火가 있어서 해동하면 名利가 모두 온전하고, 丙火가
투출하고 甲木이 있으면 과거급제의 貴함이 있는데, 그러
나 사주에 壬水가 없어야만 비로소 묘하며, 丙火가 없으면
의지할 때가 없고 가난한 선비이다.

或四柱多壬이요 戊透制之면 衣衿可望이라

혹 사주에 壬水가 많고 戊土가 투출하여 그것을 제재하면 衣衿을 바랄 수 있다.

或丁出時干하여 化合成木이요 月干又見丁火에 無癸破格이면 亦主富貴니라

혹 丁火가 時干에 나타나 化合하여 木이 되고 月干에 다시 또 丁火를 만났을 때 癸水의 格을 파함이 없으면 또한 富貴를 주장한다.

或支成金局하고 不見丙丁이면 名金寒水冷이라 一世孤貧하니 見火略可요 卽丙透遇辛이라도 亦不爲妙요 見丁頗吉이니라

혹 지지가 金局을 이루고 丙丁火를 만나지 않으면 金寒水冷이라 하여 한평생 외롭고 가난한데, 火를 만나면 조금 괜찮으며, 혹 丙火가 투출하여 辛金을 만나도 묘함이 되지 않으며, 丁火를 만나면 제법 길하다.

臘月壬水는 先取丙火하고 丁甲爲佐하니 故水冷金寒

엔 愛丙丁이라 用火者는 木妻火子니라

12월의 壬水는 먼저 丙火를 취하고 丁火와 甲木을 보좌로 삼으니, 그러므로 水가 냉하고 金이 寒할 때에는 丙丁火를 좋아하는 것이다. 火를 쓰는 경우에는 木이 처가 되고 火가 자식이 된다.

水旺居垣須有智요 水土混雜必愚頑하며 壬癸路經南域이면 主健하니 富貴堪圖라 又云惟有水木傷官格은 才官相見始爲歡이니라

水가 旺하고 제방에 머물면 반드시 지혜가 있고, 水土가 혼잡하면 반드시 어리석고 완고하며, 壬癸水가 길이 남쪽을 지나면 대체로 강건하니 富貴를 도모할 만하다. 또 水木傷官格은 財官과 서로 만나야 비로소 기뻐한다고 하였다.

三春癸水

正月癸水는 値三陽之後니 雨露之精으로 其性至柔라 先用辛金하여 生癸水之源하고 次用丙火照暖하면 名陰陽和合하여 萬物發生하며 辛丙兩透면 金榜有名이니라

정월의 癸水는 三陽이 진행하는 뒤를 만났으니, 雨露(우로)의 精氣로 그 성질이 지극히 부드러우므로, 먼저 辛金을 써서 癸水의 근원을 생하고, 다음으로 丙火를 써서 따뜻함을 비추면 음양이 화합하여 만물이 발생한다고 이름하며, 辛金과 丙火가 함께 투출하면 금방(과거급제자의 방)에 이름이 오른다.

或支成火局하여 辛金受傷에 有壬出救者면 富貴하고 無壬者면 貧窮하며 或丙出天干하고 辛在酉丑이라도 亦有衣衿하며 若辛丙皆無면 貧寒下格이오 或辛透丙藏이면 恩榮之造요 丙辛在柱면 以富得官이니라

혹 지지가 火局을 이루어 辛金이 손상당할 때 壬水가 나타나 구제함이 있으면 부귀하고, 壬水사 없으면 빈궁하며, 혹 丙火가 천간에 출현하고 辛金이 酉丑에 있어도 衣衿이 있으며, 만약 辛과 丙이 둘 다 없으면 빈한한 하격의 命이며, 혹 辛金이 투출하고 丙火가 내장되면 은혜로운 영광이 있는 명조이며, 丙과 辛이 柱 중에 있으면 富로써 관직을 얻는다.

或戊透月上하고 坐辰時하여 不見比劫이요 丙丁出干

이면 此爲化合이니 定主腰金이로되 見刑沖則否니라

혹 戊土가 月上에 투출하고 辰時에 앉아서 비겁을 만나
지 않고 丙丁火가 출간하면 이것이 바로 化合格이니, 반드
시 허리에 금띠를 두르는데, 刑沖을 만나면 불가능하다.

或支成水局이요 宜有丙透에 無壬者면 衣祿不少며
若見丙火重重도 又作貴推니라

혹 지지가 水局을 이루고 丙火의 투출이 있을 때 壬水의
爭財가 없으면 의식과 봉록이 적지 않으며, 만약 丙火가
중중함을 만나도 귀격으로 추론한다.

正月癸水는 辛金爲主요 庚金次之며 丙亦不可少니
若無庚辛이면 雖有丙火라도 無用之人이며 或火多土多
면 殘疾不免이라 用辛者는 土妻金子니라

정월의 癸水는 辛金을 위주로 하고 庚金이 그다음이며,
丙火도 역시 적어서는 안 되는데, 만약 庚辛金이 없으면
丙火가 있더라도 쓸모없는 사람이며, 혹 火土가 많으면 잔
질(만성고질병)을 면치 못한다. 辛金을 쓰는 경우에는 土가
처가 되고 金이 자식이 된다.

二月癸水는 不剛不柔나 乙木司令하여 洩弱元神이라
專用庚金為用이요 辛金次之니 庚辛俱透하고 無丁出干
者면 貴由科甲이나 無庚辛者면 常人이니라

2월의 癸水는 강하지도 부드럽지도 않은데, 乙木이 사령
하여 元神을 누설하여 약하게 하므로, 오로지 庚金을 용신
으로 삼고 辛金이 그다음이니, 庚과 辛이 함께 투출하고
丁火의 출간이 없으면 과거급제를 통하여 귀하게 되지만,
庚辛이 없으면 평상인이다.

或庚透辛藏이면 榮封有准이요 庚藏辛透면 亦有衣衿
이며 庚辛兩藏이면 富中取貴니 或刀筆揚名하며 或庚
辛重見이요 有己丁出干者면 亦貴니라

혹 庚金이 투출하고 辛金이 저장되면 벼슬에 봉해지고,
庚金이 저장되고 辛金이 투출해도 衣衿이 있으며, 庚과 辛
이 둘 다 저장되면 부유한 가운데 귀를 취하는데, 혹은 도
필(문서작성)로 이름을 날리며, 혹 庚과 辛이 거듭 보이고
己土와 丁火의 출간이 있어도 귀하게 된다.

或支成木局이요 月時又見木者면 為洩水太過니 定主

貧困多災면 即運入西方이라도 亦屬無用이니라

혹 지지가 木局을 이루고 月과 時에 다시 또 木을 만나면 癸水의 누설함이 너무 지나치니, 반드시 빈곤하고 재앙이 많으며, 비록 운이 서방으로 들어가더라도 쓸모없는 命에 속한다.

癸 癸 癸 丁
丑 亥 卯 未
水木傷官, 又名飛天祿馬格, 方伯.
水木상관이며 또 비천녹마격인데, 방백벼슬을 하였다.

癸 癸 癸 丁
丑 卯 卯 亥
用丑土中辛金, 又丁火出干, 侍郞.
丑土 중 辛金을 쓰며 또 丁火가 천간에 투출하니, 시랑벼슬을 하였다.

庚 癸 己 庚
申 酉 卯 子
庚辛兩透, 位至閣老.

庚과 辛이 함께 투출하니, 지위가 각로(재상)에 이르렀다.

三月癸水는 要分淸明穀雨하니 淸明後엔 火氣未熾라
專用丙火라야 爲陰陽合諧며 穀雨後엔 雖用丙火라도
尙宜辛甲佐之니 如辛卯壬辰癸未丙辰에 生上半月이면
用丙火라야 顯達하며 生下半月이면 必無傷辛金癸水라
야 方妙니 然丙亦不可少라 用丙이면 木妻水子[70]니라

3월의 癸水는 반드시 청명과 곡우를 분별해야 하니, 청
명 후에는 火氣가 아직 성하지 않으므로, 오로지 丙火를
써야만 음양이 서로 조화를 이루며, 곡우 후에는 비록 丙
火를 쓰더라도 반드시 辛金과 甲木으로 그것을 보좌해야
한다. 가령 辛卯·壬辰·癸未·丙辰인 경우에 上半月에 태
어났으면 丙火를 써야 현달하고, 下半月에 태어났으면 반
드시 辛金과 癸水를 손상함이 없어야 비로소 묘한 것인데,
그러나 丙火도 적어서는 안 된다. 丙火를 쓰면 木이 처가
되고 火가 자식이 된다.

三月癸水는 從化者多하니 得化者榮祿이요 不化者平

---

70) 水子는 火子가 되어야 함.

常이라

3월의 癸水는 從化하는 경우가 많은데, 化를 이룬 경우에는 영화로운 봉록이 있고, 化하지 못한 경우에는 평상인이다.

或支成水局이요 又見己土에 無木이면 乃假殺格이니 有甲出者면 常人이라

혹 지지에 水局을 이루고 또 己土를 만난 경우에 木이 없으면 假殺格인데, 甲木이 있으면 평상인이다.

或支坐四庫요 又得甲透면 可謂顯達名揚이니 無甲者면 僧道孤苦라

혹 지지에 四庫가 자리 잡고 다시 또 甲木의 투출을 이루면 현달하여 이름을 날린다고 할 수 있으나, 甲木이 없으면 승도의 命으로 외롭고 고생스럽다.

或支成木局이요 無金이면 名傷官生才格이니 主聰明博學하고 衣祿充饒하니라

혹 지지에 木局을 이루고 金이 없으면 생관생재격이라

하니, 대체로 총명하고 학식이 넓으며 의식과 봉록이 넉넉
하다.

三月癸水는 辛甲皆酌用하니 下半月엔 土妻金子니라

3월의 癸水는 辛金과 甲木을 모두 참작하여 쓰는데, 하
반월엔 土가 처가 되고 金이 자식이 된다.

辛 癸 甲 丁
酉 亥 辰 酉

用辛無丙, 辛金得所, 倖人.

辛金을 쓰는데 丙火가 없으며, 辛金이 자리를 얻으니, 행
인(임금의 총애를 받는 사람)이 되었다.

甲 癸 壬 丙
寅 巳 辰 寅

上半月生, 官至總兵. 下半月生, 武擧.

상반월에 태어난 사람은 벼슬이 총병(출정군의 총책)에
이르렀고, 하반월에 태어난 사람은 무과에 급제하였다.

辛 癸 丙 戊
酉 丑 辰 午

生下半月, 出將入相.

하반월에 태어났는데, 나가서는 장수가 되고 들어와서는
재상이 되었다.

丙 癸 壬 丙
辰 丑 辰 寅

才資殺格, 駙馬.

財가 殺을 돕는 격으로, 부마가 되었다.

三夏癸水

四月癸水는 喜辛金為用이요 無辛用庚하니 若辛高透
하고 不見丁火하며 加以壬透면 主科名榮貴로 聲播四
夷하며 若有丁破格하며 貧無立錐나 有壬可免하며 辛
藏無丁이면 貢監衣衿이니라

4월의 癸水는 辛金을 용신으로 삼는 것이 좋으며, 辛金
이 없으면 庚金을 쓰는데, 만약 辛金이 높이 투출하고 丁

火를 만나지 않으며 거기에 壬水의 투출을 더하면 과거급
제와 영화롭고 존귀함으로 명성이 사방 오랑캐 땅까지 전
파되며, 만약 丁火가 있어 격을 파하면 가난하여 송곳을
세울 만한 땅도 없는데, 壬水가 있으면 면할 수 있으며, 辛
金이 저장되고 丁火가 없으면 국자감의 학생이 되어 靑衿
을 입을 수 있다.

或一派火土乏辛이면　即有己庚이라도　亦不能生水요
又無比肩羊刃이면　必至熬乾癸水라　損目無疑요　若庚壬
兩透하며　洩制火土면　名劫印化晉이니　極貴之造로되
有丁見干者則否요　如有庚無壬이라도　亦無丁破庚者면
堪入儒林이요　有庚無辛者면　異路成名이니　總之컨대
四月癸水는　專用辛金이라야　方妙니라

혹 한줄기 火土가 있을 때 辛金이 모자라면 비록 己土와
庚金이 있더라도 水를 生할 수 없으며, 또 비견이나 양인
이 없으면 반드시 癸水를 볶아서 마르게 하는 데 이르므
로, 눈을 손상하게 될 것이 틀림없으며, 만약 庚金과 壬水
가 함께 투출하여 火土를 누설하고 제재하면 劫과 印이 晉
(지상에 광명이 나타나는 상)이 된다고 이름하니, 지극한
命造가 되는데, 丁火가 천간에 보여서는 안 되며, 혹 庚金

이 있고 壬水가 없더라도 丁火가 庚金을 파괴함이 없으면
유림에 들어갈 수 있으며, 庚金이 있고 辛金이 없으면 다
른 길을 통하여 이름을 이루게 된다. 총괄하여 논하자면, 4
월의 癸水는 오로지 辛金을 써야만 비로소 묘한 것이다.

辛 癸 己 甲
酉 酉 巳 辰
辛透庚藏, 身强殺旺, 方伯.
辛金이 투출하고 庚金이 저장되어 身이 강하고 殺이 旺
하니 방백이 되었다.

癸 癸 己 甲
亥 酉 巳 辰
才旺生官, 尙書.
財가 旺하여 官을 생하니 상서가 되었다.

五月癸水는 至弱無根이니 必須庚辛為生身之本이로
되 但丁火司權이라 金難敵火니 安能滋養癸水리오 宜
見比劫이라야 方得辛金之用이니 五月癸水는 庚辛壬參
酌並用이 可也니라

5월의 癸水는 지극히 근이 없어서 반드시 庚辛金이 身을 생하는 근본으로 삼아야 하는데, 다만 丁火가 권세를 맡으므로 金이 火를 대적하기 어려우니, 어떻게 癸水를 자양할 수 있겠는가? 마땅히 비겁을 만나야만 비로소 辛金의 작용을 이루게 되는 것이니, 5월의 癸水는 庚辛壬을 참작하여 병용하는 것이 옳다.

如庚辛透干이요 又見壬癸者면 定主鍾鼎名家하며 或有金透요 支見申子辰者라도 亦主金榜掛名하며 或無水出干이요 支只一水면 雖有庚辛이나 一富之造라 故曰水源會夏면 富重貴輕이라 하여 又曰金水會夏天이면 富貴永無邊이요 運行火土地면 快樂似神仙이라 하나라

만약 庚辛金이 천간에 투출하고 다시 또 壬癸水를 만나면 반드시 종과 솥에 功을 세긴 名家門을 주장하며, 혹 金이 투출하고 지지에 申子辰을 만나도 금방(과거급제)에 이름을 걸며, 혹 水의 출간이 없고 지지에 다만 하나의 水가 있으면 비록 庚辛金이 있더라도 하나의 부유할 명조에 불과할 뿐이다. 그러므로 "水源(申子辰)이 여름에 회국을 하면 富는 중하나, 貴는 경하다"고 말하며, 또 "金水가 여름에 회국하여 旺하면 富貴가 영원히 무궁하며, 火土의 자리

로 운행하면 쾌락함이 신선과 같다"고 하는 것이다.

　　或支成火局에　無壬出干이면　定主僧道요　或二壬一庚
同透면　衣錦腰金이니라

　혹 지지가 火局을 이루었을 때 壬水가 출간하지 않으면
반드시 승도를 주장하며, 혹 두 壬水와 하나의 庚金이 함
께 투출하면 비단옷을 입고 금띠를 두른다.

　　或一派己土에　無甲出制면　此作從殺而論하며　又主大
貴하니　凡從殺者는　切不可破格이라야　方吉이니라

　혹 한줄기 己土가 있을 때 甲이 나타나 제재함이 없으면
이것은 종살로 간주하여 논하며, 大貴를 주장하는데, 무릇
종살하는 경우에는 절대로 격을 파괴하지 말아야만 吉한
것이다.

　　六月癸水는　有上下月之分하여　下半月庚辛有氣요　上
半月庚辛休囚니　凡六癸日이　多不驗者는　何也오　俗士不
知此理니　因未中有乙己同宮하여　破而不破라　故癸水不
能從殺이니　所以專用庚辛이라　如上半月金神衰弱하고

火氣炎烈이라 宜比劫助身이라야 可云富貴니 與五月一理며 下半月庚辛有氣라 即無比劫亦可니 又忌丁透라 即丁在支亦不吉이니 其生剋制化가 與五月略同이니라

6월의 癸水는 상반월과 하반월의 구분이 있어서, 하반월에는 庚辛金이 有氣하고 상반월엔 庚辛金이 휴수되는 것인데, 무릇 6월의 癸日이 응험하지 않은 까닭은 어째서인가? 세속의 술사들이 이러한 이치를 모르기 때문이니, 未에 乙木과 己土가 宮을 함께하고 있어서 파괴하려 해도 파괴되지 않았기 때문에 癸水가 從殺할 수 없는 것이니, 이 때문에 오로지 庚辛金을 쓰는 것이다. 상반월에는 金神이 쇠약하고 火氣가 세차게 뜨거우므로, 마땅히 비겁으로 身을 도와야 富貴를 말할 수 있으니, 5월과 같은 이치이며, 하반월에는 庚辛金이 有氣하므로 비록 비겁이 없더라도 괜찮은데, 다시 또 丁火의 투출을 꺼리므로 비록 丁火가 지지에 있더라도 불길한 것이니, 그 생극제화가 5월과 대략 같다.

庚 癸 癸 乙

申 未 未 酉

下半月, 庚申得地, 宰輔.

하반월생으로 庚辛金이 자리를 얻으니, 재보(재상)가 되었다.

丙 癸 辛 己
辰 未 未 未

上半月, 庚辛尙弱, 知州.

상반월생으로 庚辛金이 오히려 약하므로 지주가 되었다.

三秋癸水

七月癸水는 正母旺子相之時니 癸雖死申이나 殊不知
申中有庚生之라 名死處逢生하여 弱中復强이니 即運行
西北이라도 亦不死也라 但庚司令하여 剛銳極矣라 必
取丁火爲用이니 或丁透有甲이면 名有燄之火하여 必主
科甲이요 或丁透無甲하고 又無壬癸면 即有一二庚金이
라도 亦有生監이니 有二丁更妙요 或金多乏丁制者면
貧困之人이니라

　7월의 癸水는 바로 母가 旺하여 子가 도움을 받는 때이
니, 癸가 비록 申에서 死한다고 하지만 申 中에 庚金이 있

어서 癸水를 生하므로, 이름하기를 死處逢生이라 하여 약한 가운데 다시 강해지니, 비록 운이 서북으로 행하더라도 死하지 않음을 전혀 모르기 때문이다. 다만 庚金이 사령하여 굳세고 예리함이 지극하므로 반드시 丁火를 용신으로 취해야 하니, 혹 丁火가 투출하고 甲木이 있으면 불꽃이 있는 불이라 하여 반드시 과거에 급제하며, 혹 丁火가 투출하고 甲木이 없으며, 다시 또 壬癸水도 없으면 혹 한두 개의 庚金이 있어도 또 생도나 감생은 될 수 있는데, 두 개의 丁火가 있으면 다시 묘하게 되며, 혹 金이 많고 丁火의 제재가 모자라는 경우에는 빈곤한 사람이다.

　或一丁坐午면 名獨才格이니 主金玉滿堂하고 富中取貴하니 若在未戌이면 則是常人이며 或柱見二戌二未요 又得丙丁藏支며 干見甲出하고 無水면 亦作富貴而推니라

　혹 하나의 丁火가 午에 앉으면 獨財格이라 하니, 대체로 금은보석이 집안에 가득하고 富한 가운데 貴를 취하게 되는데, 만약 未나 戌 중에 내장되어 있으면 평상인이 되며, 혹 柱 중에 두 개의 戌이나 두 개의 未를 만나고 또 丙丁이 지지에 저장됨을 만나며 천간에 甲의 출현을 만나고 水가 없으면 또한 富貴로 추론한다.

甲 癸 戊 丁

寅 卯 申 酉

傷官生才格, 丁甲兩出, 位至尙書.

상관생재격으로 丁火와 甲木이 모두 투출하니, 지위가
상서에 이르렀다.

乙 癸 庚 戊

卯 未 申 午

丁火得位, 大富壽考, 子貴.

丁火가 자리를 얻으니 富와 壽를 누렸으며, 자식이 귀하
게 되었다.

辛 癸 丙 辛

酉 酉 申 酉

火無力, 又被辛合, 身旺無依, 貧僧.

火가 무력하고 다시 또 辛에게 합을 당하여, 身旺하나
의지할 곳이 없으니, 가난한 승려가 되었다.

八月癸水는 辛金虛靈이라 非頑金可比니 正金白水淸
이라 故取辛金爲用하고 丙火佐之면 名水暖金溫이니

如丙與辛隔位同透면　主科甲功名이요　或丙透辛藏이면
一榜之士요　或土多尅水면　生意中人이니　八月癸水는
丙辛皆用이니라

8월의 癸水는 辛金이 허하고 영묘하여, 頑金에 비할 수
있는 바가 아니니, 바로 金白水淸하므로, 辛金을 취하여
용신으로 삼고 丙火를 보좌로 삼으면, 水暖金溫이라 하니,
만약 丙火와 辛金이 자리를 멀리하여 함께 투출하면 과거
에 급제하여 공명을 이루며, 혹 丙火가 투출하고 辛金이
저장되면 과거에 급제하는 선비이며, 혹 土가 많아서 水를
극하면 상업에 종사하는 中人이니, 8월의 癸水는 丙火와
辛金을 모두 쓴다.

丙 癸 乙 庚
辰 亥 酉 寅
乙庚化金, 以助辛, 太守.
乙木과 庚金이 金으로 化하여 辛金을 도우니, 태수가 되었다.

癸 癸 丁 辛
亥 巳 酉 酉
金水多, 丁透丙藏, 四柱不雜, 福壽錦長.

金水가 많은데, 丁火가 투출하고 丙火가 저장되어 사주가 혼잡하지 않으니, 福과 壽가 길게 이어졌다.

九月癸水는 失令無根하고 戊土司權하여 剋制太過하니 專用辛金發水之源이요 要比肩滋甲制戊라야 方妙니라

9월의 癸水는 시절을 놓치고 뿌리가 없으며, 戊土가 권세를 맡아 剋制가 태과하니, 오로지 辛金을 써서 發水의 근원으로 삼아야 하며, 비견으로 甲木을 자양하여 戊土를 제압해야만 비로소 묘하게 된다.

或辛甲兩透하고 支見子癸면 定主平步靑雲이요 或癸甲兩透면 富貴成名이요 或有甲辛無癸者면 亦有恩封이요 或有甲癸無辛者면 富大貴小요 有甲無癸辛者면 常人이요 二者俱無면 貧賤之格이라

혹 辛金과 甲木이 모두 투출하고 지지에서 子 중 癸水를 만나면 반드시 느긋하게 입신출세하며, 혹 癸水와 甲木이 모두 투출하면 富貴하여 명성을 이루며, 혹 甲木과 辛金이 있고 癸水가 없으면 은혜로 벼슬에 봉해짐이 있으며, 혹 甲木과 癸水가 있고 辛金이 없으면 富는 크나 貴는 작으며, 甲木이 있고 癸水와 辛金이 없으면 평상인이며, 두 가지가 함께 없으면 빈천한 격이다.

或有甲見壬者면 頗許衣衿이라

혹 甲木이 있고 壬水를 만나면 제법 衣衿을 기대할 수
있다.

九月癸水는 辛甲並用이니라

9월의 癸水는 辛金과 甲木을 아울러 같이 쓴다.

甲 癸 丙 癸
寅 卯 戌 亥
食神生才格, 總督.
식신생재격으로 총독벼슬을 하였다.

癸 癸 庚 壬
亥 丑 戌 辰
甲辛俱無, 爲人奴僕.
甲木과 辛金이 함께 없으니, 남의 노복이 되었다.

三冬癸水

十月癸水는 旺中有弱하니 何也오 因亥搖木하여 洩散元神이니 宜用庚辛為妙요 得庚辛兩透하고 不見丁傷者면 功名有准이니라

10월의 癸水는 旺한 가운데 약함이 있으니, 무엇 때문인가? 亥가 木을 요동케 하여 元神을 누설하고 흩어지게 하기 때문이니, 마땅히 庚辛金을 써야만 묘하며, 庚辛金이 둘 다 투출하고 丁火에게 손상당하지 않으면 功名을 윤허함이 있다.

或支成木局하고 有丁出干이면 為木旺火相하여 制住庚辛不生水니 必主清寒이요 或成木局하고 干見丙丁이면 異路之榮이라

혹 지지가 木局을 이루고 丁火의 출간이 있으면 木이 旺하고 火가 도움을 받아 庚辛金을 제압하여 水를 생하지 못하니, 반드시 청렴하고 빈한하며, 혹 木局을 이루고 천간에 丙丁火가 보이면 異路의 영화로움이 있다.

或一派壬水에 不見戊制면 名冬水汪洋하니 奔波到老

로 若得戊透면 淸貴堪誇니라

혹 한줄기 壬水가 있을 때 戊土의 제지를 만나지 않으면 冬水가 왕양하다고 말하니 늙도록 애쓰고 고생하는데, 만약 戊土의 투출을 만나면 淸貴함을 자랑할 만하다.

或一派庚辛에 得丁出制면 主名利雙全이요 若不見丁이면 又主貧薄이라

혹 한줄기 庚辛金이 있을 때 丁火가 출현하여 제재해줌을 만나면 名利가 모두 온전하며, 만약 丁火를 만나지 않으면 또한 매우 가난하다.

或四柱火多면 名才多身弱이니 富屋貧人이니라

혹 사주에 火가 많으면 이름을 財多身弱이라 하니, 부잣집의 가난한 사람이다.

癸 癸 癸 癸
亥 丑 亥 亥
天元一氣格, 惜無火土.
天元一氣격인데, 애석하게도 火土가 없다.

壬 癸 辛 壬

子 亥 亥 申

飛天祿馬格, 進士.

비천녹마격으로, 진사가 되었다.

十一月癸水는 値冰凍之時하여 金水無交歡之象하니
專用丙火解凍이라야 庶不致成冰이요 又要辛金滋扶나
無丙有辛이면 不妙니 凡冬季癸水는 有丙透解凍이면
則金溫水暖하여 兩兩相生하니 要不見壬透라야 自然登
科及第하여 紫誥金章이니라

　11월의 癸水는 얼음이 어는 시기를 만나 金水가 서로 함
께 즐기는 象이 없으니, 오로지 丙火를 써서 해동해야만
얼음이 되는 데 이르지 않으며, 다시 또 辛金의 자양으로
돕는 것을 필요로 하나, 丙火가 없고 辛金만 있으면 묘하
지 않으니, 무릇 겨울철의 癸水는 丙火가 투출하여 해동함
이 있으면 金이 온화하고 水가 따뜻하여 둘이 서로 상생하
게 되는데, 반드시 壬水를 만나지 않아야만 자연스럽게 과
거에 급제하여 높은 관리가 된다.

　或一派壬水에 無丙出干이면 寒困之士요 一派癸水면

孤賤之流이며 或支成水局에 得丙火重出干者면 又主蟒袍
玉帶之榮이니라

혹 한줄기 壬水에 丙火의 출간이 없으면 빈궁하고 곤궁
한 선비이고, 한줄기 癸水가 있으면 고독하고 하천한 무리
이며, 혹 지지가 水局을 이루었을 때 丙火가 거듭 출간함
을 만나면 또한 망포(용의 무늬가 있는 관복)를 입고 옥대
(옥으로 장식한 띠)를 두르는 영광을 누린다.

或支成金局에 丙火無踪者면 芒鞋革履之流라

혹 지지가 金局을 이루었을 때 丙火가 자취도 없으면 짚
신과 가죽신을 신는 무리(僧道)이다.

如辛年丙月癸日에 有火者면 主恩榮寵錫이요 繞膝芝
蘭이며 無火者면 捐資得貴하여 位重當朝라

가령 辛年・丙月・癸日생인 경우에 火가 있으면 임금의
총애를 받고 슬하에 선량한 자녀들이 있으며, 火가 없으면
재물을 헌납하고 貴를 얻어 당대의 조정에 지위가 높다.

或一派戊己면 名殺重身輕이니 非貧即夭니라

혹 戊己土가 있으면 殺重身輕이라 하니, 가난하지 않으
면 요절한다.

用火者는 木妻火子요 用辛者는 土妻金子니라

火를 쓰는 경우에는 木이 처가 되고 火가 자식이 되며,
辛金을 쓰는 경우에는 土가 처가 되고 金이 자식이 된다.

十二月癸水는 寒極成冰하여 萬物不能舒泰라 宜丙火
解凍이니 或丙透年時하고 加以壬透하며 支中多戊면
名水輔陽光이니 主顯達名臣이요 無戊者면 異途之職이
요 若有丙無壬이면 釁門之客이요 有壬無丙에 戊又出
干者면 皂隷之流니라

12월의 癸水는 寒氣가 지극하고 얼음을 이루어 만물이
편안하지 못하므로 마땅히 丙火로 해동해야 하니, 혹 丙火
가 年과 時에 투출하고 거기에 壬의 투출을 더하며 지지
중에 戊土가 많으면 水가 양광(태양)을 돕는다고 이름하니
현달하여 名臣이 되고, 戊土가 없으면 다른 길로 직책을
맡으며, 만약 丙火가 있고 壬水가 없으면 독서만 하는 사

람이고, 壬水가 있고 丙火가 없으며 戊土가 또 출간하면
남의 하인이 된다.

或支見子丑하고 比肩出干이면 卽有丙透라도 不能解
凍이니 此屬平常이요 或無癸水하고 有辛與合도 亦不
爲美요 有丁出이면 頗吉이니라

　혹 지지에 子丑을 만나고 比肩이 출간하면 비록 丙火의
투출이 있더라도 해동할 수 없으니, 이러한 경우에는 평상
인에 속하며, 혹 癸水가 없고 辛金이 있어서 丙火와 합을
이루어도 아름답지 않으며, 丁火의 출간이 있으면 제법 길
하다.

或一片癸己會黨하고 年透丁火면 名雪後燈光이니 夜
生者貴요 日生者否며 若無丁火면 又主孤貧이니라

　혹 한 조각의 癸水와 己土가 무리를 이루고 年干에 丁火
가 투출하면 눈이 온 뒤에 등잔불빛이라 이름하니, 밤에
태어나면 貴하나 낮에 태어나면 貴하지 않으며, 만약 丁火
가 없으면 또한 외롭고 가난하다.

或支成水局에 無丙者는 四海爲家니 一生勞苦니라

혹 지지가 水局을 이루고 丙火가 없는 경우에는 四海를
집으로 삼으니, 평생토록 애쓰고 고생한다.

**或支成火局에 有庚辛透者면 衣食充足이요 無金出이
면 孤苦零丁이라**

혹 지지가 火局을 이루었을 때 庚辛金의 투출이 있으면
의식이 충족하고, 金의 투출이 없으면 외롭고 고달프며 의
지할 곳이 없다.

**或支成金局에 丙透得地면 名金溫水暖하여 彼此相生
하니 定許光大門閭요 聲馳翰苑이며 乏丙者면 卽文章
駭世라도 總爲孫山이니라**

혹 지지가 金局을 이루고 丙火가 투출하여 자리를 얻으
면 金은 온화하고 水는 따뜻하여 피차가 상생하니, 틀림없
이 가문을 크게 빛내고 명성이 한원에 드날리게 되며, 丙
火가 부족하면 비록 문장이 세상을 놀라게 하더라도 모두
빛을 내지 못한다.

**或支成木局하여 洩水太過면 主殘病呻吟하며 得金出
干輔救면 技藝之流라**

혹 지지가 木局을 이루어 水를 누설함이 너무 지나치면 만성병으로 신음하며, 金이 출간하여 구제해줌을 만나면 기예에 종사하는 부류가 된다.

凡冬月用丙하되 須丙火得地라야 方妙니 不然이면
即重重丙火出干이나 安能輕許富貴哉리오

무릇 冬月의 癸水가 丙火를 쓰되 반드시 丙火가 자리를 얻어야만 비로소 묘한 것이니, 그렇지 않고 비록 丙火의 출간이 중첩되더라도 어찌 경솔하게 富貴를 기대할 수 있겠는가?

부록

天干十提要

甲木喜用提要

正月:(丙 癸) 調和氣候爲要, 丙火爲主, 癸水爲佐.

正月甲木은 丙과 癸를 쓰는데 기후를 調和하는 것을 중요하게 여기므로 丙火를 위주로 삼고 癸水를 보좌로 삼는다.

二月:(庚 丙丁戊己) 陽刃駕煞, 專用庚金, 以戊己滋煞爲佐. 無庚用丙丁洩秀, 不取制煞.

二月甲木은 庚과 丙丁戊己를 쓰는데 양인이 煞을 능가하므로 오로지 庚金을 쓰고 戊己가 煞을 자양하는 것을 보좌로 삼으며, 庚이 없으면 丙丁을 써서 빼어난 氣를 누설시키고 제살을 취하지 않는다.

三月:(庚 丁壬) 用庚金必須丁火制之, 爲傷官制煞. 無庚用壬.

三月甲木은 庚과 丁壬을 쓰는데 庚金을 쓸 때에는 반드시 丁火를 억제하여 상관제살이 되어야 하며, 庚이 없으면 壬을 쓴다.

四月:(癸 丁庚) 調和氣候, 癸水爲主. 原局氣潤, 庚丁爲用.

四月甲木은 癸와 丁庚을 쓰는데 기후를 조화하려면 癸水를 위주로 삼고 원국의 氣가 윤택하면 庚丁을 용으로 삼는다.

五月:(癸 丁庚) 本性虛焦, 癸爲主要. 無癸用丁, 亦宜運行北地. 木盛先庚, 庚盛先丁.

五月甲木은 癸와 丁庚을 쓰는데 本性이 허초(허하게 지치고 초조하다)하므로 癸를 중요하게 여기며, 癸가 없어 丁을 쓸 때에도 또한 마땅히 운이 北地로 행해야 하며, 木이 盛(성)하면 庚을 우선으로 하고 庚이 盛(성)하면 丁을 우선으로 한다.

六月:(癸 庚丁) 上半月同五月用癸, 下半月用庚丁.

六月甲木은 庚과 丁壬을 쓰는데 앞의 반달은 午月과 같으므로 癸를 쓰고 뒤의 반달은 庚丁을 쓴다.

七月:(庚 丁壬) 傷官制煞, 無丁用壬, 富而不貴.

七月甲木은 庚과 丁壬을 쓰는데 상관으로 살을 제압해야하며, 丁이 없어서 壬을 쓰게 되면 富하더라도 貴하지는 않다.

八月:(庚 丁丙) 用丁制煞, 用丙調候, 丁丙並用爲佐.

八月갑목은 庚과 丁丙을 쓰는데 丁을 써서 살을 제압하고 丙을 써서 조후하니 丁丙을 함께 써서 보좌로 삼는 것이다.

九月:(庚 甲丁壬癸) 土旺者用甲木, 木旺者用庚金, 丁壬癸爲佐.

九月甲木은 庚과 甲丁壬癸를 쓰는데 土가 왕한 경우에는 甲木을 쓰고, 木이 旺한 경우에는 甲木을 쓰고, 木이 旺한 경우에는 庚金을 쓰고 丁壬癸를 보좌로 삼는다.

十月:(庚 丁丙戊) 用庚金, 取丁火制之, 丙火調候. 水旺用戊.

十月甲木은 庚과 丁丙戊를 쓰는데 庚을 쓰는 경우에는 丁火로 그것을 제압하고 丙火로 조후하며, 水가 旺하면 戊를 쓴다.

十一月:(丁 庚丙) 木性生寒, 丁先庚後, 丙火爲佐, 必須支見巳寅, 方爲貴格.

十一月甲木은 丁과 庚丙을 쓰는데 木性에 寒氣가 생기므로 丁이 우선이고 庚이 뒤이며, 丙火를 보좌로 삼으니 반드시 지지에 巳·寅을 만나야 비로소 귀격이 된다.

十二月:(丁 庚丙)丁火必不可少, 通根巳寅, 甲木爲助, 用庚劈甲引丁.

十二月甲木은 丁과 庚丙을 쓰는데 丁火가 반드시 모자라지 말아야 하고 巳·寅에 통근해야 甲木에게 도움을 주며, 庚을 써서 甲木을 쪼개고 丁火를 이끈다.

乙木喜用提要

正月:(丙 癸)取丙火解寒. 略取癸水爲滋潤, 不宜困丙. 火多用癸.

정월 乙木은 丙과 癸를 쓰는데 丙火를 취하여 寒氣를 해소하고, 癸水를 간략하게 취하여 윤기를 더하되, 丙은 곤고해서는 안 되니, 火가 많은 경우에는 癸水를 쓴다.

二月:(丙 癸) 以癸滋木, 用丙洩秀, 不宜見金.

2월 乙木은 丙과 癸를 쓰는데, 癸로 木을 자양하고 丙으로 秀氣를 노설하는 것이면 金을 만나지 말아야 한다.

三月:(癸 丙戊) 若支成水局, 取戊爲佐.

3월 乙木은 癸와 丙·戊를 쓰는데, 만약 지지에 水局을 이루었으면 戊를 취하여 보좌로 삼는다.

四月:(癸) 月令丙火得祿, 專用癸水, 調候爲急.

4월 乙木은 癸를 쓰는데, 월령에 丙火가 녹을 만나므로 오로지 癸水를 써야 하니, 조후를 급하게 여기기 때문이다.

五月:(癸 丙) 上半月專用癸水, 下半月丙癸並用.

5월 乙木은 癸와 丙을 쓰는데, 상반월은 오로지 癸水를 쓰고 하반월은 丙과 癸를 함께 쓴다.

六月:(癸 丙) 潤土滋木, 喜用癸水, 柱多金水, 先用丙火. 夏月壬癸, 切忌戊己雜亂

6월 乙木은 癸와 丙을 쓰는데, 土를 적시고 木을 자양하려면 癸水를 喜用하고, 사주에 金水가 많으면 丙火를 먼저 쓰며, 夏月의 壬癸를 쓸 때에는 戊己가 섞이는 것을 절대 꺼린다.

七月:(丙 癸己) 月垣庚金司令, 取丙火制之, 或癸水化之. 不論用丙用癸, 皆己土爲佐

7월 乙木은 丙과 癸己를 쓰는데, 월령에 庚金이 사령하므로 丙火를 취하여 그것을 억제하거나, 혹은 癸水로 이끌어 변화해야하며, 丙을 쓰거나 癸를 쓰는 것을 논할 것 없이 모두 己土를 보좌로 삼는다.

八月:(癸 丙丁) 上半月癸先丙後, 下半月用丙先癸後. 無癸用壬, 支成金局, 又宜用丁.

8월 乙木은 癸와 丙·丁을 쓰는데, 상반월은 癸先丙後로 쓰고, 하반월은 丙先癸後로 쓰되, 癸가 없으면 壬을 쓰며, 지지에 金局을 이룬 경우에는 또한 丁을 써야한다.

九月:(癸 辛) 以金發水之源, 見甲, 名藤蘿繫甲.

9월 乙木은 癸와 辛을 쓰는데, 金으로 水의 근원을 일으키며, 甲을 만나면 등라계갑이라 한다.

十月:(丙 戊) 乙木向陽, 專取丙火, 水多以戊爲佐.

10월 乙木은 丙과 戊를 쓰는데, 乙木은 태양을 향하므로 오로지 丙火를 취하며, 水가 많은 경우에는 戊를 보좌로 삼는다.

十一月:(丙) 寒木向陽, 專用丙火, 忌見癸水.

11월 乙木은 丙을 쓰는데, 차거운 木은 태양을 향하므로 오로지 丙火를 스며, 癸水를 만나는 것을 꺼린다.

十二月:(丙) 寒谷回春, 專用丙火.

12월 乙木은 丙을 쓰는데, 차가운 골짜기에 봄이 돌아오는 때이니, 오로지 丙火를 쓴다.

丙火喜用提要

正月:(壬 庚) 壬水爲用, 庚金發水之源爲佐.

정월 丙火는 壬과 庚을 쓰는데, 壬水를 用으로 삼고, 庚金의 발원을 보좌로 삼는다.

二月:(壬 己) 專用壬水, 水多用戊制之, 身弱用印化之, 無壬用己.

2월 丙火는 壬과 己를 쓰는데, 오로지 壬水를 쓰되, 水가 많으면 戊土를 써서 그것을 제지하고 身이 약하면 印을 써서 그것을 인화하며, 壬水가 없으면 己를 쓴다.

三月:(壬 甲) 專用壬水, 土重以甲爲佐.

3월 丙火는 壬과 甲을 쓰는데, 오로지 壬水를 쓰고, 土가 중하면 甲을 보좌로 삼는다.

四月:(壬 庚癸) 以庚爲佐, 忌戊制壬, 無壬用癸.

4월 丙火는 壬과 庚·癸를 쓰는데, 庚을 보좌로 삼고, 戊가 壬을 제지하는 것을 꺼리며, 壬이 없으면 癸를 쓴다.

五月:(壬 庚) 壬庚以通根申宮爲妙.

5월 丙火는 壬과 庚 을 쓰는데, 壬과 庚이 申宮에 통근하는 것을 묘하게 여기는 것이다.

六月:(壬 庚) 以庚爲佐.

6월 丙火는 壬과 庚을 쓰는데, 庚을 보좌로 삼는다.

七月:(壬 戊) 壬水通根申宮, 壬多必取戊制.

7월 丙火는 壬과 戊를 쓰는데, 壬水가 申宮에 통근하기 때문이며, 壬이 많으면 반드시 戊土의 제지를 취해야 한다.

八月:(壬 癸) 四柱多丙, 一壬高透爲奇, 無壬用癸.

8월 丙火는 壬과 癸를 쓰는데, 사주에 丙이 많으면 하나의 壬이 높이 빼어난 것을 기이하게 여기며, 壬이 없으면 癸를 쓴다.

九月:(甲 壬) 忌土晦光, 先取甲疏土, 次用壬水.

9월 丙火는 甲과 壬을 쓰는데, 土가 빛을 어둡게 하는 것을 꺼리므로, 먼저 甲을 취하여 土를 소통시키고, 다음에 壬水를 쓴다.

十月:(甲 戊庚壬) 月垣壬水秉令, 水旺用甲木化之, 身煞兩旺, 用戊制之. 火旺用壬, 木旺宜庚.

10월 丙火는 甲과 戊·庚·壬을 쓰는데, 월령에 壬水가 당령하니, 水가 旺하면 甲木을 써서 그것을 引化하고, 身과 煞이 둘 다 旺하면 戊를 써서 그것을 제지하며, 火가 旺하면 壬을 쓰고, 木이 旺하면 庚이 적합하다.

十一月:(壬 戊己) 氣進二陽, 丙火弱中復强, 用壬水, 取戊制之,
無戊用己.

11월 丙火는 壬과 戊·己를 쓰는데, 氣가 二陽으로 나아가므로 丙
火가 약한 가운데 다시 강해지니, 壬水를 쓰되 戊를 취하여 그것을
억제하며, 戊가 없으면 己를 쓴다.

十二月:(壬 甲) 喜壬爲用, 土多不可少甲.

12월 丙火는 壬과 甲을 쓰는데, 壬을 用으로 삼으며, 土가 많은
경우에는 甲이 모자라서는 안 된다.

丁火喜用提要

正月:(甲 庚) 用庚金劈甲引丁.

정월 丁火는 甲과 庚을 쓰는데, 庚金으로 甲木을 쪼개어 丁을
이끌게 한다.

二月:(庚 甲) 以庚去乙, 以甲引丁.

2월 丁火는 庚과 甲을 쓰는데, 庚金으로 乙을 제거하고 甲으로
丁을 이끈다.

三月:(甲 庚) 用甲木引丁制土, 次看庚金. 木盛用庚, 水盛用戊.

3월 丁火는 甲과 庚을 쓰는데, 甲木을 써서 丁을 이끌고 土를
제압하며, 다음에 庚金을 보는 것이니, 木이 성하면 庚을 쓰고,
水가 성하면 戊를 쓴다.

四月:(甲 庚) 取甲引丁, 甲多又取庚爲先.

4월 丁火는 甲과 庚을 쓰는데, 甲을 취하여 丁을 이끌되, 甲이 많으면 다시 또 庚을 취하는 것을 우선으로 삼는다.

五月:(壬 庚癸) 火多以庚壬兩透爲貴, 無壬用癸, 爲獨煞當權.

5월 丁火는 壬과 庚·癸를 쓰는데, 火가 많으면 庚과 壬이 둘 다 투출하는 것을 귀하게 여기며, 壬이 없으면 癸를 쓰니, 獨殺이 권세를 잡는다.

六月:(甲 壬) 以甲木化壬引丁爲用, 用甲不能無庚, 取庚爲佐.

6월 丁火는 甲과 壬을 쓰는데, 甲木이 壬을 化하고 丁을 이끄는 것을 用으로 삼으며, 甲을 쓸 때에는 庚이 없어서는 안 되니, 庚을 취하여 보좌로 삼는다.

七月:(甲 庚丙戊) 庚取劈甲, 無甲用乙. 用丙暖金晒甲, 無庚甲而用乙者, 見丙爲枯草引燈. 水旺用戊.

7월 丁火는 甲과 庚·丙·戊를 쓰는데, 庚을 취하여 甲木을 쪼개며, 甲이 없으면 乙을 쓴다. 丙을 써서 金을 따듯하게 하고 甲木에 햇볕을 쬐며, 庚·甲이 없어서 乙을 쓰는 경우에 丙을 만나면 마른 풀이 등불을 당기게 된다. 水가 旺하면 戊를 쓴다.

八月:(甲 庚丙戊) 庚取劈甲, 無甲用乙. 用丙暖金晒甲, 無庚甲而用乙者, 見丙爲枯草引燈. 水旺用戊.

8월 丁火는 甲과 庚·丙·戊를 쓰는데, 庚을 취하여 甲木을 쪼개며, 甲이 없으면 乙을 쓴다. 丙을 써서 金을 따듯하게 하고 甲木에 햇볕을 쬐며, 庚·甲이 없어서 乙을 쓰는 경우에 丙을 만나면 마른 풀이 등불을 당기게 된다. 水가 旺하면 戊를 쓴다.

九月:(甲 庚戊) 一派戊土無甲, 爲傷官傷盡.

9월 丁火는 甲과 庚·戊를 쓰는데, 한줄기 戊土에 甲이 없으면
傷官傷盡이다.

十月:(甲 庚) 庚金劈甲引丁, 甲木爲尊, 庚金爲佐, 戊癸權宜酌用.

10월 丁火는 甲과 庚을 쓰는데, 庚金으로 甲을 쪼개어 丁을 인
도하므로, 甲木을 존귀하게 여기고 庚金을 보좌로 삼으며, 戊와
癸는 경우에 따라 알맞게 쓴다.

十一月:(甲 庚) 庚金劈甲引丁, 甲木爲尊, 庚金爲佐, 戊癸權宜取用.

11월 丁火는 甲과 庚을 쓰는데, 庚金으로 甲을 쪼개어 丁을 인도
하므로, 甲木을 존귀하게 여기고 庚金을 보좌로 삼으며, 戊와 癸는
경우에 따라 알맞게 쓴다.

十二月:(甲 庚) 庚金劈甲引丁, 甲木爲尊, 庚金爲佐, 戊癸權宜取用.

12월 丁火는 甲과 庚을 쓰는데, 庚金으로 甲을 쪼개어 丁을 인
도하므로, 甲木을 존귀하게 여기고 庚金을 보좌로 삼으며, 戊와
癸는 경우에 따라 알맞게 쓴다.

戊土喜用提要

正月:(丙 甲癸) 無丙照暖, 戊土不生. 無甲疏劈, 戊土不靈. 無癸滋
潤, 萬物不長. 先丙次甲次癸.

정월 戊土는 丙과 甲·癸를 쓰는데, 丙火의 따뜻하게 비추어줌이 없으면 戊土가 생장하지 못하고, 甲의 소통시켜 쪼개줌이 없으면 戊土가 빼어나지 않으며, 癸의 적셔서 윤택하게 함이 없으면 만물이 자라지 못하니, 丙을 먼저 쓰고 甲이 다음이며 癸가 그다음이다.

二月:(丙 甲癸) 無丙照暖, 戊土不生. 無甲疏劈, 戊土不靈. 無癸滋潤, 萬物不長. 先丙次甲次癸.

2월 戊土는 丙과 甲·癸를 쓰는데, 丙火의 따뜻하게 비추어줌이 없으면 戊土가 생장하지 못하고, 甲의 소통시켜 쪼개줌이 없으면 戊土가 빼어나지 않으며, 癸의 적셔서 윤택하게 함이 없으면 만물이 자라지 못하니, 丙을 먼저 쓰고 甲이 다음이며 癸가 그다음이다.

三月:(甲 丙癸) 戊土司令, 先用甲疏. 次丙次癸.

3월 戊土는 甲과 丙·癸를 쓰는데, 戊土가 사령하므로 먼저 甲을 써서 소통시키고 다음에 丙을 쓰며 그다음에 癸를 쓴다.

四月:(甲 丙癸) 戊土建祿, 先用甲疏劈, 次取丙癸.

4월 戊土는 甲과 丙·癸를 쓰는데, 戊土가 건록을 만났으므로, 먼저 甲을 써서 소통시켜 쪼개고, 다음에 丙과 癸를 취한다.

五月:(壬 甲丙) 調候爲急, 先用壬水, 次取甲木, 丙火配用.

5월 戊土는 壬과 甲·丙을 쓰는데, 조후를 급하게 여기므로, 먼저 壬水를 쓰며, 다음 甲木을 쓰고 丙火를 짝하여 쓴다.

六月:(癸 甲丙) 調候爲急, 癸不可缺, 丙火配用, 土重不能無甲.

6월 戊土는 癸와 甲·丙을 쓰는데, 조후를 급하게 여기므로 癸를 빠뜨려서는 안 되고, 丙火를 짝하여 쓰며, 土가 중하면 甲이 없어서는 안 된다.

七月:(丙 癸甲) 寒氣漸增, 先用丙火, 水多, 用甲洩之.

7월 戊土는 丙과 癸·甲을 쓰는데, 한기가 점점 증가하므로 먼저 丙火를 쓰며, 水가 많으면 甲을 써서 그것을 누설시킨다.

八月:(丙 癸) 賴丙照暖, 喜水滋潤.

8월 戊土는 丙과 癸를 쓰는데, 丙의 照暖에 의지하고 水의 滋潤을 기뻐한다.

九月:(甲 丙癸) 戊上當權, 先用甲木, 次取丙火, 見金, 先用癸水, 後取丙火.

9월 戊土는 甲과 丙·癸를 쓰는데, 戊土가 당권하므로 먼저 甲木을 쓰고 다음에 丙火를 쓰며, 金을 만나면 먼저 癸水를 쓰고 뒤에 丙火를 취한다.

十月:(甲 丙) 非甲不靈, 非丙不暖.

10월 戊土는 甲과 丙을 쓰는데, 甲이 아니면 빼어나지 않고, 丙이 아니면 따뜻하지 않다.

十一月:(丙 甲) 丙火爲尙, 甲木爲佐.

11월 戊土는 丙과 甲을 쓰는데, 丙火를 으뜸으로 삼고 甲木을 보좌로 삼는다.

十二月:(丙 甲) 丙火爲尙, 甲木爲佐.

12월 戊土는 丙과 甲을 쓰는데, 丙火를 으뜸으로 삼고 甲木을 보좌로 삼는다.

己土喜用提要

正月:(丙 庚甲) 取丙解寒, 忌見壬水. 如水多, 須以土爲佐, 土多用甲, 甲多用庚.

정월 己土는 丙과 庚·甲을 쓰는데, 丙을 취하여 한기를 해소하며, 壬水를 만나는 것을 꺼린다. 만약 水가 많으면 반드시 土를 보좌로 삼으며, 土가 많으면 甲을 쓰고, 甲이 많으면 庚을 쓴다.

二月:(甲 癸丙) 用甲忌與己土合化, 次用癸水潤之.

2월 己土는 甲과 癸·丙을 쓰는데, 甲木을 쓸 때에는 己土와 合化하는 것을 꺼리며, 다음에 癸水를 써서 土를 윤택하게 한다.

三月:(丙 癸甲) 先丙後癸, 土暖而潤, 隨用甲疏.

3월 己土는 丙과 癸·甲을 쓰는데, 먼저 丙을 쓰고 뒤에 癸를 써서, 土를 따뜻하고 윤택하게 하고 이어서 甲을 써서 소통시킨다.

四月:(癸 丙) 調候不能無癸, 土潤不能無丙.

4월 己土는 癸와 丙을 쓰는데, 조후하려면 癸가 없어서는 안 되고, 土가 젖어 있으면 丙이 없어서는 안 된다.

五月:(癸 丙) 調候不能無癸, 土潤不能無丙.

5월 己土는 癸와 丙을 쓰는데, 조후하려면 癸가 없어서는 안 되고, 土가 젖어 있으면 丙이 없어서는 안 된다.

六月:(癸 丙) 調候不能無癸, 土潤不能無丙.

6월 己土는 癸와 丙을 쓰는데, 조후하려면 癸가 없어서는 안 되고, 土가 젖어 있으면 丙이 없어서는 안 된다.

七月:(丙 癸) 丙火溫土, 癸水潤土, 七月庚金司權, 丙能制金, 癸以洩金.

7월 己土는 丙과 癸를 쓰는데, 丙火는 土를 따뜻하게 하고 癸水는 土를 적시며, 7월의 庚金이 권세를 맡으니, 丙은 金을 제압할 수 있고 癸는 金을 누설할 수 있다.

八月:(丙 癸) 取辛輔癸.

8월 己土는 丙과 癸를 쓰는데, 辛을 취하여 癸를 보좌한다.

九月:(甲 丙癸) 九月土盛, 宜甲木疏之, 次用丙癸.

9월 己土는 甲과 丙·癸를 쓰는데, 9월은 土가 성하므로 마땅히 甲木으로 그것을 소통시켜야 하고 다음에 丙·癸를 쓴다.

十月:(丙 甲戊) 三冬己土, 非丙暖不生. 初冬壬旺, 取戊土制之, 土多取甲木疏之.

10월 己土는 丙과 甲·戊를 쓰는데, 三冬의 己土는 丙의 따뜻함이 아니면 생장하지 못하며, 初冬에는 壬이 旺하므로 戊土를 취하여 그것을 제지하고, 土가 많으면 甲木을 취하여 그것을 소통시킨다.

十一月:(丙 甲戊) 三冬己土, 非丙暖不生. 壬水太旺, 取戊土制之, 土多取甲木疏之.

11월 己土는 丙과 甲·戊를 쓰는데, 三冬의 己土는 丙의 따뜻함이 아니면 생장하지 못하며, 壬水가 太旺하면 戊土를 취하여 그것을 제지하고, 土가 많으면 甲木을 취하여 그것을 소통시킨다.

十二月:(丙 甲戊) 三冬己土, 非丙暖不生. 壬水太旺, 取戊土制之, 土多取甲木疏之.

12월 己土는 丙과 甲·戊를 쓰는데, 三冬의 己土는 丙의 따뜻함이 아니면 생장하지 못하며, 壬水가 太旺하면 戊土를 취하여 그것을 제지하고, 土가 많으면 甲木을 취하여 그것을 소통시킨다.

庚金喜用提要

正月:(戊 甲壬丙丁) 用丙暖庚性, 患土厚埋金, 須甲疏洩. 火多用土, 支成火局用壬.

정월 庚金은 戊와 甲·壬·丙·丁을 쓰는데, 丙을 써서 庚의 성질을 따뜻하게 하고, 土가 두터워서 金을 매장하는 것이 걱정스러우면 甲을 써서 소통시키며, 火가 많으면 土를 쓰고, 지지에 火局을 이루면 壬을 쓴다.

二月:(丁 甲庚丙) 庚金暗强, 專用丁火, 借甲引丁, 用庚劈甲, 無丁用丙.

2월 庚金은 丁과 甲·庚·丙을 쓰는데, 庚金이 암합하여 강하므로 오로지 丁火를 쓰고, 甲을 빌려 丁을 인도하며 庚을 써서 甲을 쪼개고, 丁이 없으면 丙을 쓴다.

三月:(甲 丁壬癸) 頑金宜丁, 旺土用甲, 不用庚劈. 支火宜癸, 干火宜壬.

3월 庚金은 甲과 丁·壬·癸를 쓰는데, 金이 무딜 때에는 丁이 적합하며, 土가 旺하면 甲을 쓰고 庚으로 쪼개지 않으며, 지지에 火가 있으면 癸가 적합하고, 천간에 火가 있으면 壬이 적합하다.

四月:(壬 戊丙丁) 丙不鎔金, 惟喜壬制. 次取戊土, 丙火爲佐. 支成金局, 變弱爲强, 須用丁火.

4월 庚金은 壬과 戊·丙·丁을 쓰는데, 丙은 金을 녹이지 못하므로 오로지 壬의 극제가 좋고, 다음으로 戊土를 취하며 丙火를 보좌로 삼는다. 지지가 金局을 이루면 弱이 변하여 强이 되므로 반드시 丁火를 쓴다.

五月:(壬 癸) 專用壬水, 癸次之, 須支見庚辛爲助. 無壬癸, 用戊己洩火之氣.

5월 庚金은 壬과 癸를 쓰는데, 오로지 壬水를 쓰고 癸가 그다음이며, 반드시 지지에 庚辛을 만나야 도움이 되며, 壬癸가 없으면 戊己를 써서 火氣를 누설시킨다.

六月:(丁 甲) 若支會土局, 甲先丁後.

6월 庚金은 丁과 甲을 쓰는데, 만약 지지에 土局을 회합하면 甲을 먼저 쓰고 丁을 뒤에 쓴다.

七月:(丁 甲) 專用丁火, 甲木引丁.

7월 庚金은 丁과 甲을 쓰는데, 오로지 丁火를 쓰고 甲木으로 丁을 인도한다.

八月:(丁 甲丙) 用丁甲煆金, 兼用丙火調候.

8월 庚金은 丁과 甲·丙을 쓰는데, 丁과 甲을 써서 金을 단련하고 겸하여 丙火를 써서 조후한다.

九月:(甲 壬) 土厚先用甲疏, 次用壬洗. 忌見己土濁壬.

9월 庚金은 甲과 壬을 쓰는데, 土가 두터우면 먼저 甲을 써서 소통시키고 다음에 壬을 써서 씻으며, 己土를 만나 壬을 탁하게 함을 꺼린다.

十月:(丁 丙) 水冷金寒愛丙丁, 甲木輔丁.

10월 庚金은 丁과 丙을 쓰는데, 水冷金寒하므로 丙·丁을 좋아하며, 甲木으로 丁을 돕는다.

十一月:(丁 甲丙) 仍取丁甲, 次取丙火照暖, 一派金水, 不入和暖之鄕, 孤貧. 丙丁須臨寅巳午未戌支, 方爲有力.

11월 庚金은 丁과 甲·丙을 쓰는데, 곧 丁과 甲을 취하고 다음에

丙火의 따뜻하게 비춤을 취하며, 한줄기 金水도 온화하고 따뜻한 곳에 들어가지 못하면 외롭고 가난하다. 丙丁은 반드시 寅·巳·午·未·戌 지지에 임해야만 비로소 유력하다.

十二月:(丙 丁甲) 仍取丁甲, 次取丙火照暖, 一派金水, 不入和暖之鄕, 孤貧. 丙丁須臨寅巳午未戌支, 方爲有力.

12월 庚金은 丁과 甲·丙을 쓰는데, 곧 丁과 甲을 취하고 다음에 丙火의 따뜻하게 비춤을 취하며, 한줄기 金水도 온화하고 따뜻한 곳에 들어가지 못하면 외롭고 가난하다. 丙丁은 반드시 寅·巳·午·未·戌 지지에 임해야만 비로소 유력하다.

辛金喜用提要

正月:(己 壬庚) 辛金失令, 取己土爲生身之本, 欲得辛金發用, 全賴壬水之功. 壬己並用, 以庚爲助.

정월의 辛金은 己와 壬庚을 쓰는데, 辛金이 실령했으므로 己土를 취하여 生身의 근본으로 삼으며, 辛金의 발용을 얻으려면 완전히 壬水의 功에 의지하니, 壬己를 병용하고 庚을 보조로 삼는다.

二月:(壬 甲) 與正月同.

2월 辛金은 壬과 甲을 쓰는데, 정월과 같다.

三月:(壬 甲) 若見丙火合辛, 須有癸制丙. 支見亥子申, 爲貴.

3월 辛金은 壬과 甲을 쓰는데, 만약 丙火를 만나 辛과 합을 이루면, 반드시 癸가 있어서 丙을 억제해야 하며, 지지에 亥子申을 만나면 귀하다.

四月:(壬 甲癸) 壬水洗淘, 兼有調候之用, 更有甲木制戊, 一清徹底.

4월 辛金은 壬과 甲·癸를 쓰는데, 壬水로 씻고 일어서 가려내며, 겸하여 조후의 작용이 있고, 또 甲木이 있어서 戊를 억제하면 하나의 淸氣가 철저하다.

五月:(壬 己癸) 己無壬不濕, 辛無己不生, 故壬己並用. 無壬用癸.

5월 辛金은 壬과 己·癸를 쓰는데, 己는 壬이 없으면 습하지 않고 辛은 己가 없으면 생장하지 못하므로, 壬己를 병용하며, 壬이 없으면 癸를 쓴다.

六月:(壬 庚甲) 先用壬水, 取庚爲佐, 忌戊出, 得甲制之, 方吉.

6월 辛金은 壬과 庚·甲을 쓰는데, 먼저 壬水를 쓰고 庚을 취하여 보좌로 삼으며, 戊의 투출을 꺼리니 甲을 만나 그것을 제지해야만 비로소 吉하다.

七月:(壬 甲戊) 壬水爲尊, 甲戊酌用. 不可用癸水.

7월 辛金은 壬과 甲·戊를 쓰는데, 壬水를 으뜸으로 삼고, 甲과 戊를 알맞게 쓰며, 癸水를 써서는 안 된다.

八月:(壬 甲) 壬水淘洗, 如見戊己, 須甲制土, 支成金局, 無壬, 須用丁火.

8월 辛金은 壬과 甲을 쓰는데, 壬水로 일고 씻으며, 만약 戊己를 만나면 甲으로 土를 억제해야 하며, 지지에 金局을 이루고 壬이 없으면 반드시 丁火를 써야 한다.

九月:(壬 甲) 九月辛金, 火土爲病, 水木爲藥.

9월 辛金은 壬과 甲을 쓰는데, 9월의 辛金은 火土를 病으로 여기고 水木을 藥으로 삼는다.

十月:(壬 丙) 先壬後丙, 名金白水淸, 餘皆酌用.

10월 辛金은 壬과 丙을 쓰는데, 壬을 먼저 쓰고 丙을 뒤에 쓰면 이름을 金白水淸이라 하며, 나머지는 모두 알맞게 쓴다.

十一月:(丙 戊壬甲) 冬月辛金, 不能缺丙火溫暖, 餘皆酌用.

11월 辛金은 壬과 戊·壬·甲을 쓰는데, 冬月의 辛金은 丙火의 따뜻하게 해줌이 모자라서는 안 되며, 나머지는 모두 알맞게 쓴다.

十二月:(丙 壬戊己) 同上. 丙先壬後, 戊己次之, 總之丙火不可少也.

12월의 辛金은 丙과 壬·戊·己를 쓰는데, 위와 같으나, 丙을 먼저 쓰고 壬을 뒤에 쓰며, 戊己가 그다음이니, 요컨대 丙火가 적어서는 안 된다.

壬水喜用提要

正月:(庚 丙戊) 無比劫者, 不必用戊, 專用庚金, 以丙爲佐. 如比劫多, 又宜制之, 一戊出干, 名一將當關, 羣邪自伏.

정월 壬水는 庚과 丙·戊를 쓰는데, 비겁이 없는 경우에는 戊를 쓸 필요가 없고, 오로지 庚金을 쓰고 丙을 보좌로 삼으며, 만약 비겁이 많으면 또한 마땅히 그것을 억제해야 하니, 하나의 戊가 천간에 투출하면 이름하기를 한 명의 장수가 관문을 지키니 많은 삿된 무리가 저절로 복종한다고 하는 것이다.

二月:(戊 辛庚) 三春壬水絶地. 取庚辛發水之源. 水多用戊.

2월 壬水는 戊와 辛·庚을 쓰는데, 三春은 壬水의 절지이므로 庚
辛을 취하여 발수의 근원으로 삼고, 水가 많으면 戊를 쓴다.

三月:(甲 庚) 甲疏季土, 次取庚金發水源, 金多須丙制之爲妙.

3월 壬水는 甲과 庚을 쓰는데, 甲으로 季土를 소통시키고, 그다음
에 庚金을 취하여 水의 源을 발하며, 金이 많으면 반드시 丙으로 억
제하는 것을 묘하게 여긴다.

四月:(壬 辛庚癸) 壬水弱極, 取庚辛爲源, 壬癸比助.

4월 壬水는 壬과 辛·庚·癸를 쓰는데, 壬水의 약함이 지극하므로
庚辛을 취하여 발원으로 삼고 壬癸로 나란히 돕는다.

五月:(癸 庚辛) 取庚爲源, 取癸爲佐. 無庚用辛.

5월 壬水는 癸와 庚·辛을 쓰는데, 庚을 위하여 발원으로 삼고 癸
를 취하여 보좌로 삼으며, 庚이 없으면 辛을 쓴다.

六月:(辛 甲) 以辛金發水源, 甲木疏土.

6월 壬水는 辛과 甲을 쓰는데, 辛金으로 물줄기를 열고 甲木으로
土를 소통시킨다.

七月:(戊 丁) 取丁火佐戊制庚, 戊土通根辰戌, 丁火通根午戌, 方可
爲用.

7월 壬水는 戊와 丁을 쓰는데, 丁火를 취하여 戊를 보좌하고 庚을
억제하니, 戊土가 辰戌에 통근하고 丁火가 午戌에 통근해야만 비로
소 用이 될 수 있다.

八月:(甲 庚) 無甲, 用金發水之源, 名獨水犯庚辛, 體全之義.

8월 壬水는 甲과 庚을 쓰는데, 甲이 없으면 金을 써서 水源을 발
하니, 하나의 水가 庚辛을 범한다(만난다)고 하며, 본체가 온전해진

다는 뜻이다.

九月:(甲 丙) 以甲制戌中戊土, 丙火爲佐.

9월 壬水는 甲과 丙을 쓰는데, 甲으로 戌 중 戊土를 제지하고, 丙火를 보좌로 삼는다.

十月:(戊 丙庚) 和甲出制戊, 須以庚金爲救.

10월 壬水는 戊와 丙·庚을 쓰는데, 甲이 함께 투출하여 戊를 제지하면 반드시 庚金으로 제지해야 한다.

十一月:(戊 丙) 水旺宜戊, 調候宜丙, 丙戊必須兼用.

11월 壬水는 戊와 丙을 쓰는데, 水가 旺하면 戊가 적합하고 조후에는 丙이 적합하니, 丙과 戊를 반드시 겸용해야 한다.

十二月:(丙 丁甲) 上半月專用丙火, 下半月用丙, 甲木爲佐.

12월 壬水는 丙과 丁·甲을 쓰는데, 상반 월에는 오로지 丙火만을 쓰며, 하반 월에는 丙을 쓰고 甲木을 보좌로 삼는다.

癸水喜用提要

正月:(辛 丙) 用辛生癸水爲源, 無辛用庚. 丙不可少.

정월 癸水는 辛과 丙을 쓰는데, 辛을 써서 癸水를 생하는 것을 근원으로 삼으니, 辛이 없으면 庚을 쓰며, 丙이 모자라서는 안 된다.

二月:(庚 辛) 乙木司令, 專用庚金, 辛金次之.

2월 癸水는 庚과 辛을 쓰는데, 乙木이 사령하므로 오로지 庚金을 쓰고 辛金이 그다음이다.

三月:(丙 辛甲) 上半月專用丙火, 下半月雖用丙火, 辛甲爲佐.

3월 癸水는 丙과 辛·甲을 쓰는데, 상반월은 반드시 丙火를 쓰고, 하반월은 비록 丙火를 쓰더라도 辛과 甲을 보좌로 삼는다.

四月:(辛) 無辛用庚.

4월 癸水는 辛을 쓰는데, 辛이 없으면 庚을 쓴다.

五月:(庚 庚壬癸[71]) 庚辛爲生身之本, 但丁火司權, 金難敵火, 宜兼用比劫, 方得庚辛之用.

5월 癸水는 庚과 辛·壬·癸를 쓰는데, 庚과 辛을 生身의 근본으로 삼으며, 다만 丁火가 권세를 맡으므로 金이 火를 대적하기 어려우니, 마땅히 비겁을 겸용해야만 비로소 庚辛의 쓰임을 얻을 것이다.

六月:(庚 辛壬癸) 上月半金神衰弱, 火氣炎熱, 宜比劫幫身, 同五月. 下半月無比劫亦可.

6월 癸水는 庚과 辛·壬·癸를 쓰는데, 상반월은 金神이 쇠약하고 火氣가 뜨거우므로 마땅히 비겁으로 身을 도와야 하는 것이 5월과 같으며, 하반월은 비겁이 없어도 괜찮다.

七月:(丁) 庚金得祿, 必丁火制金爲用, 丁火以通根午戌未爲妙.

7월 계수는 丁을 쓰는데, 庚金이 녹을 얻으니, 반드시 丁火가 金을 억제하는 것을 用으로 삼으며, 丁火가 午·戌·未에 통근하는 것을 묘하게 여긴다.

八月:(辛 丙) 辛金爲用, 丙火佐之, 名水暖金溫, 須隔位同透爲妙.

8월 癸水는 辛과 丙을 쓰는데, 辛金을 用으로 삼고 丙火를 그것을 보좌하면, 水暖金溫이라 하며, 반드시 서로 사이를 띄어 함께 투출하

---

71) 庚壬癸는 辛壬癸가 되어야 함.

는 것을 묘하게 여긴다.

九月:(辛 甲壬癸) 專用辛金, 忌戊土, 要比劫滋甲制戊爲妙.

9월 癸水는 辛과 甲·壬·癸를 쓰는데, 오로지 辛金을 쓰고 戊土를 꺼리니, 반드시 비겁이 甲을 자양하여 戊를 억제해야만 묘하다.

十月:(庚 辛戊丁) 亥中甲木長生, 洩散元神, 宜用庚辛. 水多用戊, 金多用丁.

10월 癸水는 庚과 辛戊丁을 쓰는데, 亥 중 甲木이 長生이고 元神을 누설시키므로 마땅히 庚辛을 써야 하며, 水가 많으면 戊를 쓰고 金이 많으면 丁을 쓴다.

十一月:(丙 辛) 丙火解凍, 辛金滋扶.

11월 癸水는 丙과 辛을 쓰는데, 丙火는 해동하고 辛金은 자양하여 돕는다.

十二月:(丙 丁) 丙火解凍, 通根寅巳午未戌方妙. 癸巳會黨, 年透丁火, 名雪後燈光, 夜生者貴. 支成火局, 又宜用庚辛.

12월 癸水는 丙과 丁을 쓰는데, 丙火로 해동하므로 寅·巳·午·未·戌에 통근해야만 묘하며, 癸巳가 무리를 이루고 年干에 丁火가 투출하며, 이름하기를 눈이 온 뒤에 등불이 빛난다고 하는 것이니 밤에 태어나는 자가 貴하며, 지지에 火局을 이루면 또한 庚辛을 써야 한다.

그 이치에 빠져들고 명리에 대한 논리를 깨닫게 하는 마력의 『궁통보감』을 번역하게 되어 더욱 큰 긍지와 보람을 가지게 되었다. 사계절이 변화하는 일정한 자연의 이치에 입각한 논리이고, 그 자연의 이치에 따른 중화와 조후를 자세히 논하였으니, 구차한 다른 설명이 필요가 없다. 『궁통보감』은 가장 현대적 이론이라 볼 수 있으며, 그 이치가 항상성이 있고 과학적이며 객관적이기 때문에 초학자부터 전문가에 이르기까지 소장하고 반복하여 읽을 가치가 있는 훌륭한 책이다. 그리고 궁통을 공부하는 과정에서 독자들이 공감대를 강하게 얻기도 하고 혹 다른 견해나 의견을 도출해 낼 수 있는데, 이 또한 궁통의 또 다른 매력이고 명리 발전에 많은 도움이 되는 점이라 할 수가 있겠다.

번역을 하면서 개인적으로 인상 깊었던 것은 매우 체계적인 자연법칙에 의한 命의 논리를 설명하는 가운데 風水

나 蔭襲(음습), 즉 조상의 음덕과 세습을 말하는 부분이었다. 그리고 執鞭(집편)은 채찍을 잡는 직업인 마부를 일컫는데 여러 곳에서 언급된 바를 보고 그 시대의 사회상을 투명해 볼 수 있는 부분이었고, 미래사회에 대한 추측을 가름할 수 있는 내용으로 여겨졌다.

앞서 3인이 번역한 『자평진전』, 『이허중명서』, 『적천수천미』에 이은 『궁통보감』 역시 명리학우와 학자들에게 작은 보탬이 되었으면 한다. 또한 많이 성원해 주시고 격려해 주시기를 머리 숙여 바란다.

명학의 길잡이고 자평의 본보기라고 여기면서 『난강망』을 『궁통보감』이라 고치고 출판한 余春台의 原序 끝 부분에 나오는 "작자의 초심을 없애지 않고, 군자가 命을 아는 학문의 말씀을 넓히기 바랄 뿐이다"로 후기를 마감하려고 한다.

힘겹게 투병하시는 와중에서도 저희를 지도해 주시고 응원해 주신 이동윤 스승님의 쾌유를 간절히 기원 드린다. 씩씩하게 힘을 합쳐 함께 달려온 서소옥 선생님, 안명순 선생님에겐 많이 사랑한다는 말씀을 전한다.

2015년 2월 正明院에서
旦岩 김정혜

역자 후기

"命을 타고나는 것은 하늘에 달려 있고, 命을 아는 것은 사람에게 달려 있다"고 공자께서는 말씀하셨다. 오늘도 수많은 명리학 서적들과 씨름하며 命을 알아보기 위해 정진하시는 학인들께 감사함을 전한다.

세상에 전해지는 命書가 모두 얼마나 되는지는 모르지만 『窮通寶鑑』이란 古書에 인연이 닿아 甲午年 한 해 동안 命의 寒暖燥濕에 젖어서 살았다.

그동안 역자들이 출간한 『자평진전』, 『이허중명서』, 『적천수천미』에 이어 이번에 『궁통보감』을 번역하면서 문장 구석구석에 숨겨진 심오한 글귀들에 모두들 감탄을 하였다.

『窮通寶鑑』은 命의 형통함을 추구하고 곤궁함을 피하는 看法으로 전해 내려오던 四正四編, 吉凶神殺 등의 통상적인 관례를 제거하고 오로지 十干의 성정을 十二月에 배열하여 희기를 배합하고 理氣의 원리에 따라 前人들이 밝히지 못한 것을 밝혀 놓았다. 그러나 500년 동안이나 그 가치를 세인들이 중요하게 여기지 않아서 오랜 세월 동안 묻혀 있었던 命書였다.

古書들을 번역할 때마다 반성하고 느끼는 점은 古書들을 拜讀해 보지도 않고 명리 공부깨나 했다는 부류들의 얕은 지식으로 평가절하하는 데 합류하여 역자 역시도 "그렇다더라"로 치부하는 어리석음을 범하고 있음이다. 명리를 공부하는 사람들 중에 전문적인 학술과 심오한 이치를 통달하여 古書들마다 특색 있는 이론들을 원작자의 의도한 바대로 깨달은 사람들이 과연 얼마나 될지는 의문사항이다.

『窮通寶鑑』의 내용과 같은 『조화원약평주』를 간행하고 근대 命壇의 大家인 청나라 서락오 역시도 그 뜻이 매우 깊고 변화가 번거롭고 복잡하여 쉽게 통달하거나 잘못 이해해서 일곱 번이나 원고를 고쳤다고 하지 않던가. 그럼에도 불구하고 간혹 견강부회한 곳이 있고 억지로 글을 끌어모아서 제목과 어긋남을 면치 못했으며 잘못된 발췌로 인하여 틀린 글자가 여러 가지로 나타나 있음을 볼 수 있었다고 대북의 命學家인 韋千里는 말하고 있다. 이러한 점을 볼 때 古書를 연구하고 탐구함에 있어서 세인들의 섣부른 판단에 편승하여 함부로 論하지 말았으면 좋겠다.

역자는 古書들을 번역하면서 더욱 겸허함으로 교육에 임하고 있으며 한 점 작은 점에 불과한 학인이 이번 『窮通寶鑑』을 번역하여 세상에 내놓으면서 한편으로 우려되는 마음을 금할 길 없다. 그러나 이 책을 보시는 독자들께서 잘못된 부분이 있으면 바로 잡아주시고 깊은 성찰의 고견들로 지도 편달을 해주시면 고맙겠다.

『窮通寶鑑』을 번역하는 동안 고매하신 덕목과 아낌없는 열정으로 가르침 주신 이동윤 스승님께 깊은 감사를 드리며, 항상 솔선수범하시며 이끌어 주신 김정혜 硯友님과 나날이 행복한 모습으로 삶의 의미를 더해 주고 계시는 서소옥 硯友님께도 감사함을 전한다.

乙未年 春日 泉川연구실에서
寶槇 안명순

역자 후기

命의 理致를 공부해 갈수록 한 가지 분명하게 알아가게
되는 것은 '얼마나 모르는 것이 많은가'인 듯하다. 이 책을
번역하면서도 다시 한 번 절실히 느끼게 되었다. 분명『궁
통보감』을 공부하며 명리 기초를 다졌다 생각했는데, 이제
와 다시 번역하며 책을 살펴보니, 그동안 깨우치지 못했던
정밀한 원리들이 가득하였고, 또 한 번 그동안 얼마나 모
르고 있었던가를 통감하지 않을 수 없었다.

『궁통보감』은 명리학을 공부하는 학인이라면 누구나 한
번쯤은 접해보았을 명리학 필독서이다.『자평진전』이나『적
천수천미』와는 다르게 계절별로 십간의 희용을 구분해 논
한 것이 특징이다. 이 책을 통해 오행의 근원에 더욱 접근
하여 궁리해 볼 수 있고, 자칫 간과할 수 있는 十干의 쓰
임과 다름을 다시금 새겨볼 수 있게 된다.

『궁통보감』은 명리학 입문자의 경우, 十干의 이해와 오

행에 대한 폭넓은 시각을 가지기에 도움이 될 것이고, 명리학을 공부한 지 오래된 학인에게도 다시 한 번 오행의 기틀을 다지고 그 섬세한 이론을 점검하는 데 도움이 될 것이니, 命을 궁구하는 모든 학인들이 항상 곁에 두고 펼쳐볼 수 있으면 좋을 것이다.

언제나처럼 최대한 原書의 뜻을 해치지 않고 바르게 전달할 수 있는 데에 중점을 두어 한 글자도 빼놓지 않고 충실히 번역하려 노력했다. 부족한 부분은 독자들의 아량으로 채워지길 바란다.

항상 변함없이 존경스러운 모습으로 따뜻한 가르침을 주시는 이동윤 스승님께 한없는 감사의 말씀을 드리고, 오랜 시간 더욱 깊어지는 情으로 因緣의 소중함을 느끼게 해주시는 김정혜 선생님, 안명순 선생님께도 감사드린다.

2015년 2월 황령산 자락에서

樂淸 서소옥

현토
완역

궁통보감 證通寶鑑

초판인쇄   2015년 5월 27일
초판발행   2015년 5월 27일

옮긴이   김정혜·서소옥·안명순
펴낸이   채종준
펴낸곳   한국학술정보㈜
주소   경기도 파주시 회동길 230(문발동)
전화   031) 908-3181(대표)
팩스   031) 908-3189
홈페이지   http://ebook.kstudy.com
전자우편   출판사업부 publish@kstudy.com
등록   제일산-115호(2000. 6. 19)

ISBN   978-89-268-6993-2 93150